cute animal origami

# 可愛動物隨手摺

作者 ◎ 小林一夫
譯者 ◎ 賴純如

cute animal origami

# 可愛動物隨手摺

contents

虎皮鸚鵡

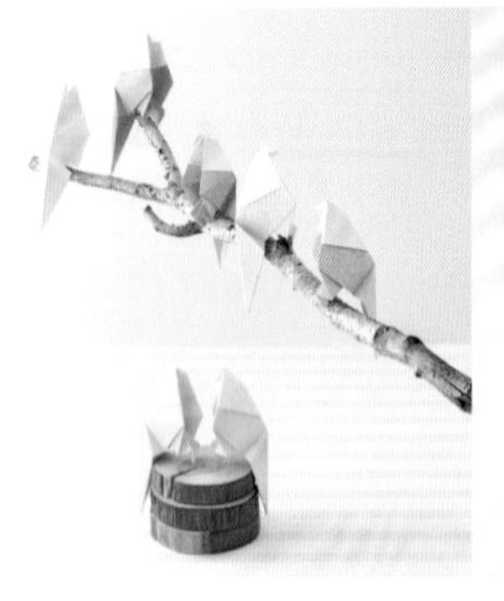

photo_p.10 how to_p.33

狗狗

photo_p.12 how to_p.34

貓咪

photo_p.14 how to_p.41

兔子

photo_p.16 how to_p.44

松鼠

photo_p.17 how to_p.48

鹿&小鹿

photo_p.18 how to_p.50

狐狸

photo_p.19 how to_p.52

熊

北極熊

photo_p.20 how to_p.54

photo_p.21 how to_p.54

綿羊

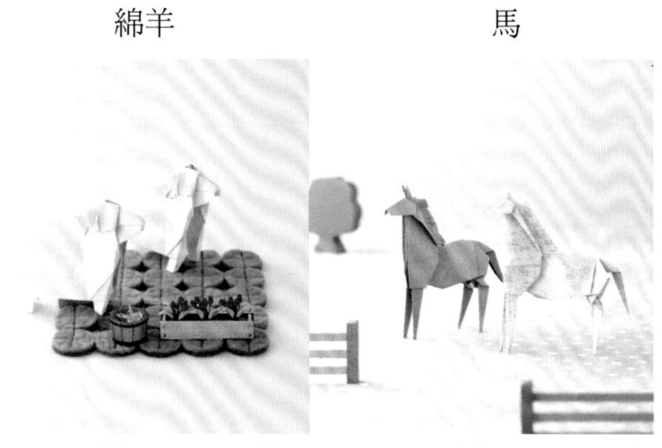

photo_p.22　how to_p.58

馬

photo_p.23　how to_p.60

貓熊

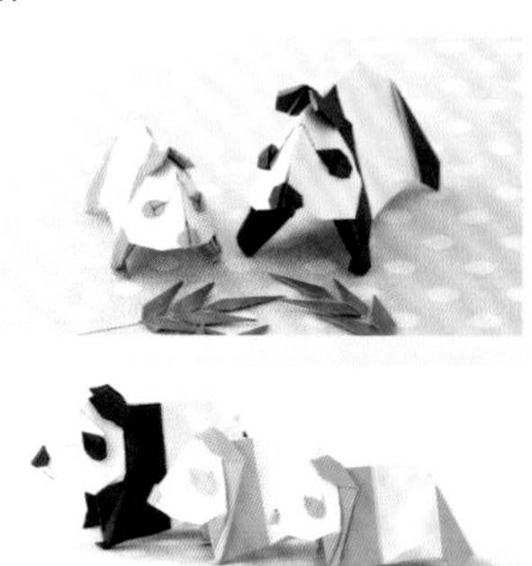

photo_p.24　how to_p.64

海獅＆海豹

photo_p.26　how to_p.68,70

海豚

photo_p.27　how to_p.72

貓頭鷹

photo_p.28　how to_p.74

天鵝

photo_p.29　how to_p.76

tool&material guide…p.4

basic lesson…p.5

point lesson…p.5～9

基礎摺法(記號圖與摺法)…p.30～32

cute
animal
origami

## tool 本書使用的工具

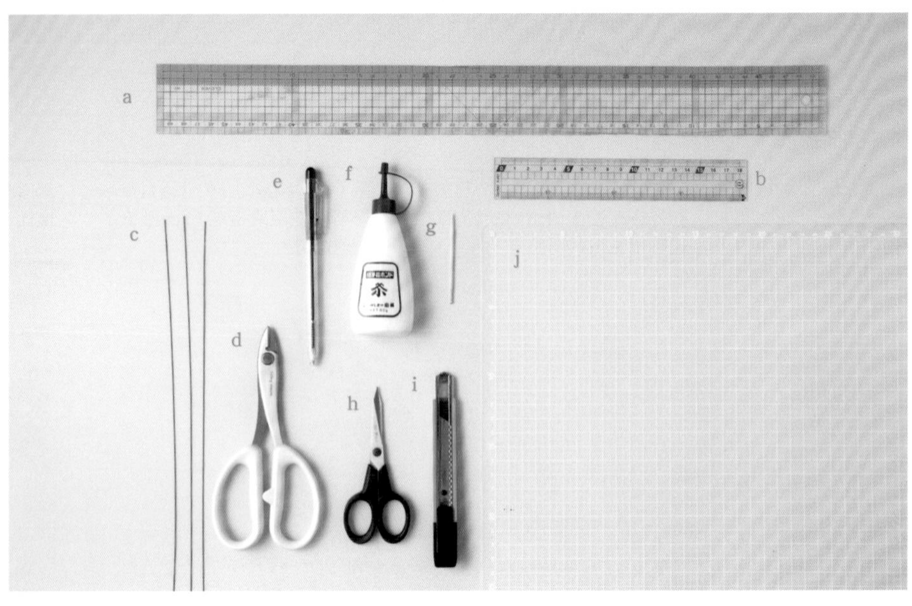

**a 長尺**
裁切大型紙張時，有長尺就會很方便。

**b 尺**
用於測量長度。

**c 鐵絲**
使用花藝鐵絲，做為莖的部分（本書是用於p.24的竹葉）。

**d 鐵絲剪**
用來調節莖的長短。

**e 原子筆**
用於畫出裁切線。

**f 黏膠**
用於黏著固定。膠水容易滲透紙張，讓紙張變得皺巴巴的，因此要使用糨糊或是手工藝用黏膠。

**g 牙籤**
用來將摺好的作品由內而外推出使其膨脹（本書是用於p.17的橡樹果）。

**h 剪刀**
用來剪出作品的耳朵或角。請使用順手的作業用剪刀。

**i 美工刀**
請使用刀刃銳利好裁的款式。本書是用於紙張的準備作業。

**j 切割墊**
以美工刀裁切紙張時用來墊在紙張下面。印有方格的種類在裁切時會比較方便。

## material 各式紙張

**和紙（雙面同色）**
正反面顏色都相同的和紙。雙面同色的紙張可以提高作品的完成度，很推薦使用。

**和紙（單面上色）**
只在正面上色，反面為白色的和紙。依作品而異，有些使用反面白色的紙張反而更能凸顯特色，在挑選時請多加留意。

**花紋紙**
例如刷毛引、砂子、圖案等各式各樣花紋的和紙。可以享受到不同於單色紙張的韻味。

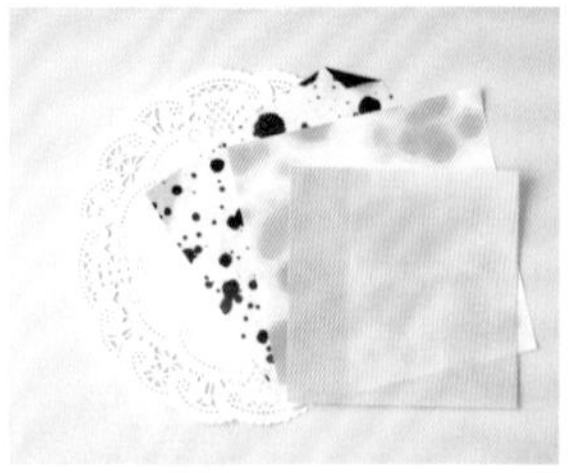

**其他**
有漸層或暈染的和紙會依照作品而產生不同的趣味。另外也可以用蕾絲紙等特殊的紙張來享受摺紙的樂趣。

## basic lesson

### 紙張的裁切法

＊使用直尺裁切時（以15cm×15cm為例）

1 準備紙張、切割墊、美工刀和直尺。使用較大的紙張時請事先裁切成方便使用的大小。

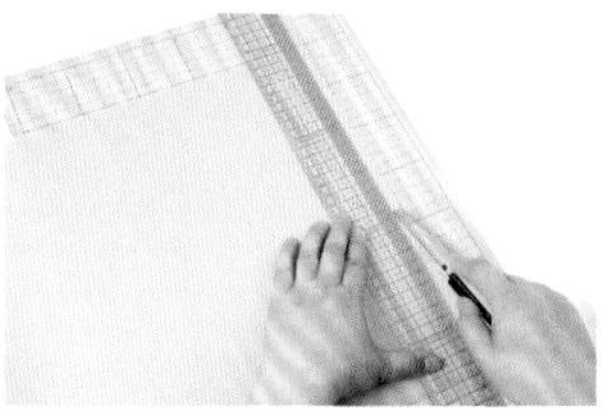

2 首先要將邊端切齊。以切割墊的方格為基準，配合直尺，將邊端筆直地裁切整齊。

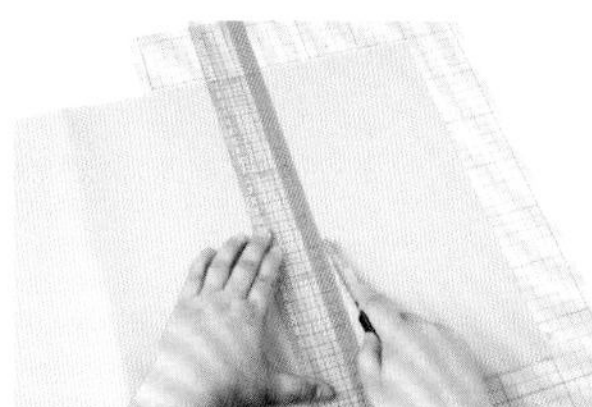

3 接下來，將裁切好的邊線對齊方格，在距離邊端15cm處筆直地裁切。

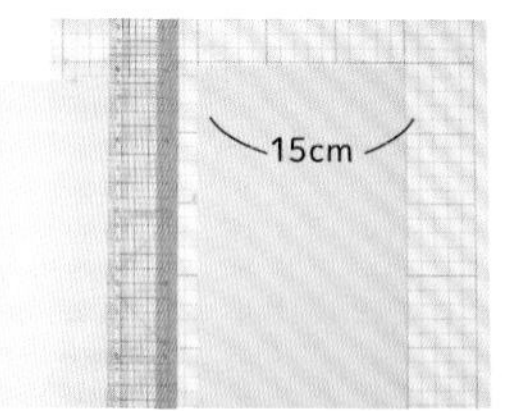

4 筆直地裁切成兩邊寬15cm的模樣。

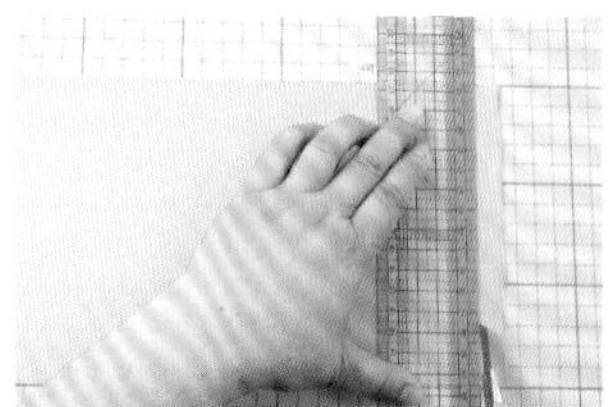

5 改變紙張的方向，同樣地將邊端切齊。

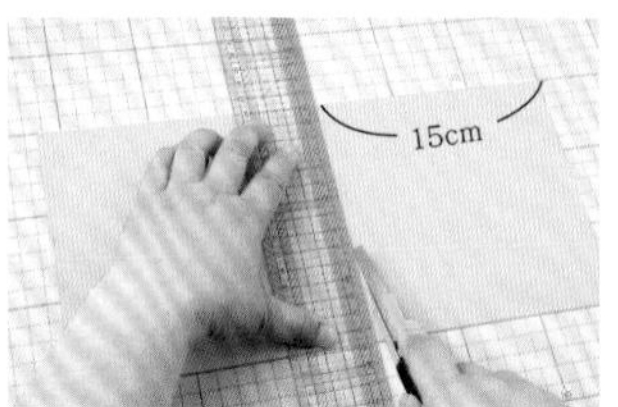

6 將裁切好的邊線對齊方格，在距離邊端15cm處筆直地裁切。

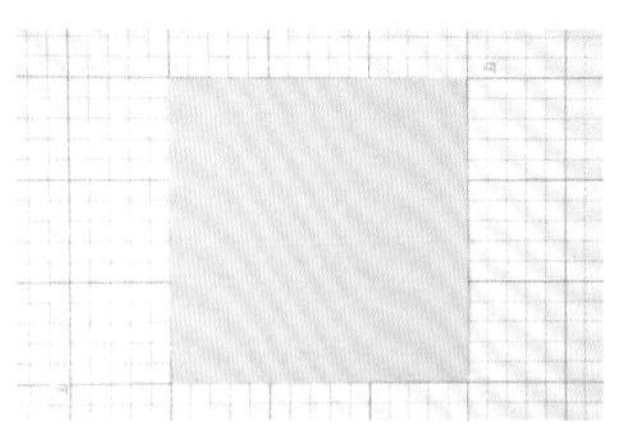

7 裁成15cm×15cm的大小了。利用方格，裁切成所需的大小吧！

●使用紙型裁切時

1 要準備好幾張同樣大小的紙張時，利用厚紙板等做成紙型來使用會比較方便。

2 配合紙型裁切。這時，要用單手確實地壓住紙型，避免紙型移動。改變方向時，要連同切割墊一起轉動。

●美工刀的使用法

○

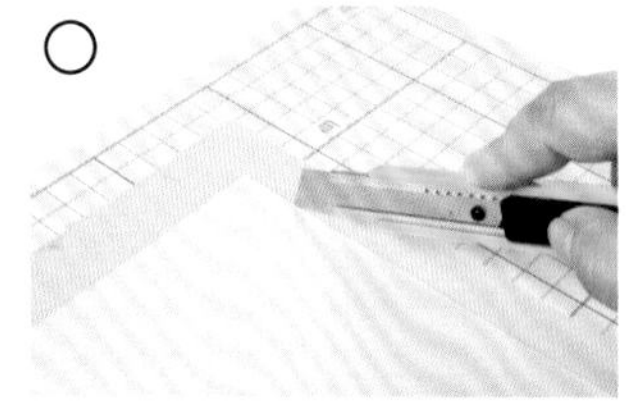

×

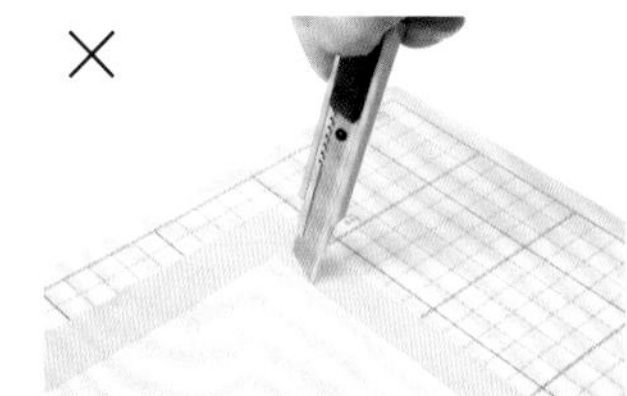

美工刀請選擇刀刃銳利好裁的款式。刀刃如果立起就無法順利裁切，因此要將刀刃斜放，注意不要將手指放在刀刃附近，慎重地裁切。

## point lesson

### 狗狗 photo_p.12 how to_p.34

### 上半身與下半身的組合法

＊為方便讀者了解，在此以不同顏色的上半身與下半身來做說明。

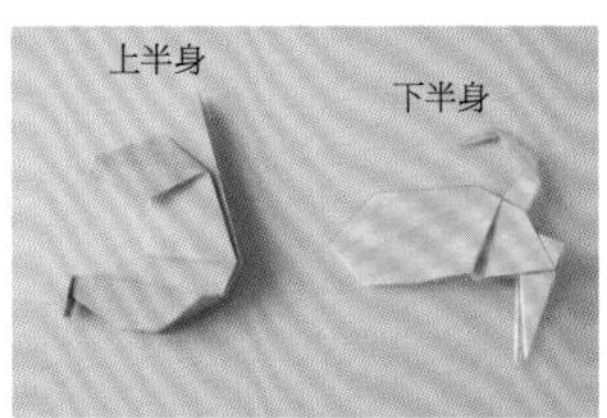

1 參照圖示各自摺好趴下姿勢的上半身與下半身。

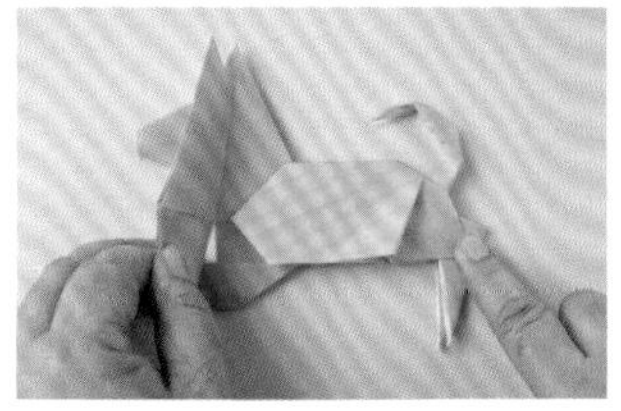

2 將上半身的前腳部分翻開，決定好下半身要塗黏膠的位置。

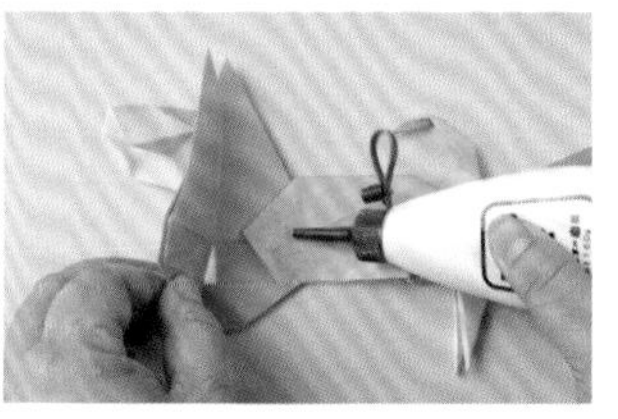

3 將 2 決定好的位置固定不動，以黏膠固定。 另一側也同樣以黏膠固定。

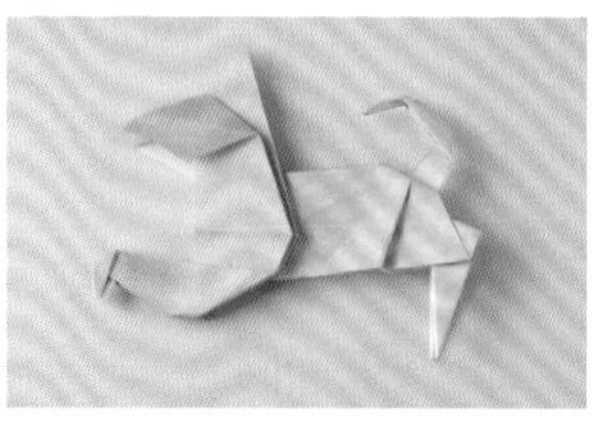

4 上半身與下半身組合完成了。

point lesson

5 待黏膠完全乾燥後，將後腳往上提。另一側的後腳也同樣往上提。

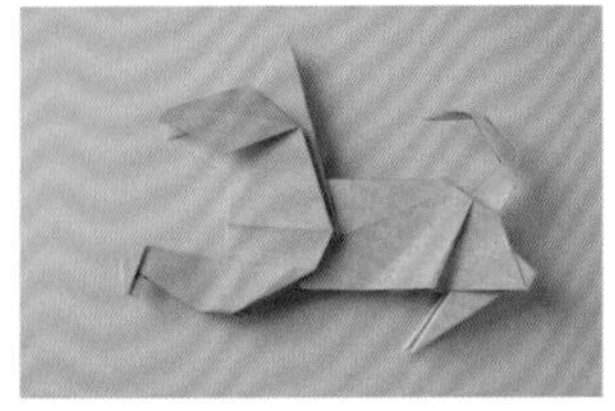

6 後腳往上提好的模樣。

7 調整與前腳的高度，將末端往內摺。

8 完成趴下姿勢了。

●別種姿勢的組合法

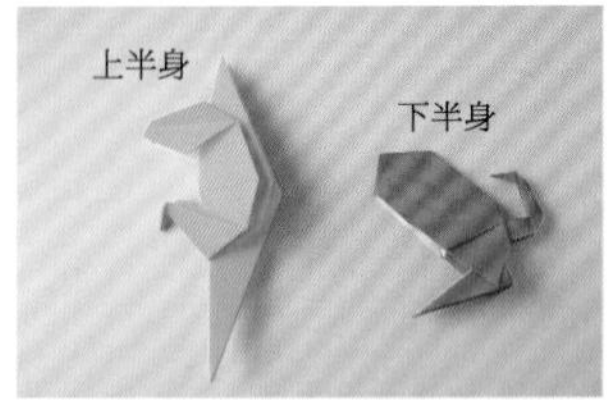

1 參照圖示各自摺好握手姿勢的上半身與下半身。

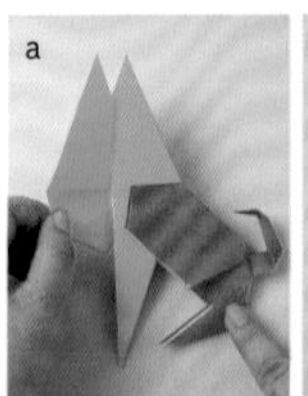

2 將上半身的前腳部分翻開，決定好下半身要塗黏膠的位置。依姿勢而異，塗黏膠的位置也會不一樣，要注意（a）。黏膠塗完的模樣（b）。

3 待黏膠乾燥後，將前腳與後腳的末端往內摺。

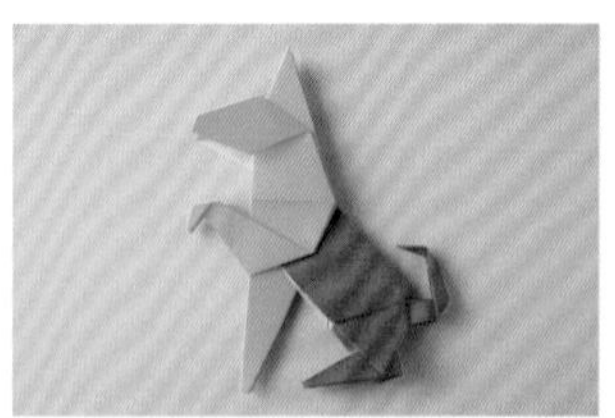

4 完成握手姿勢了。

## 兔子 photo_p.16 how to_p.44

### 在耳中塞入色紙的方法

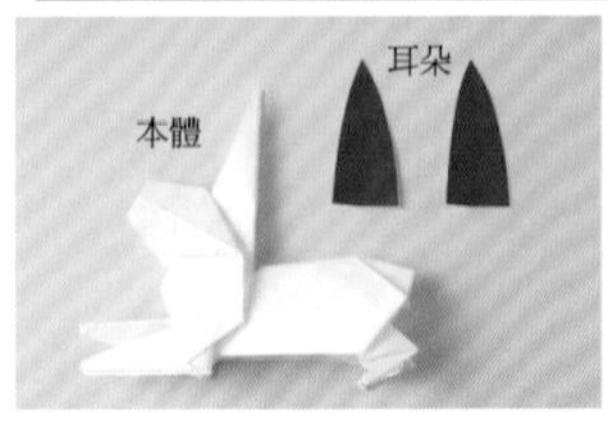

1 準備好本體與要塞入耳中的色紙 2 張。

2 將色紙塞入兔子本體的耳中，確認大小。如果太大時，就剪掉一些來進行調整。

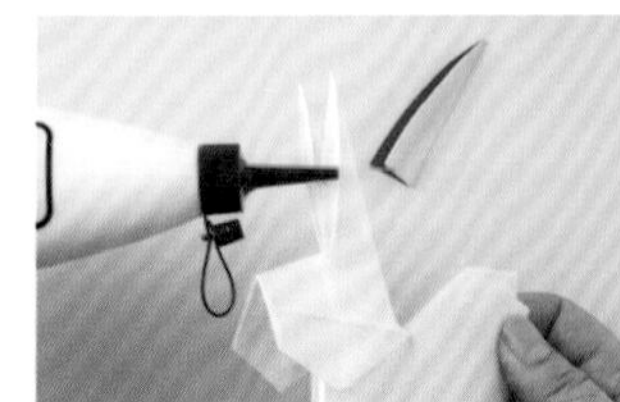

3 大小調整好後，先將色紙取出，在本體耳中塗上黏膠。

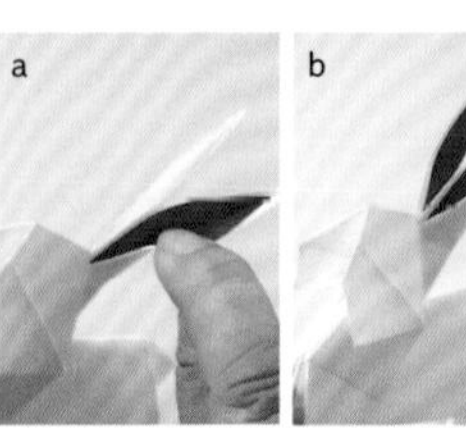

4 插入色紙，用手指輕輕按壓貼上（a）。左右耳朵都黏上色紙的模樣（b）。

## 紅蘿蔔 photo_p.16 how to_p.47

### 紅蘿蔔的組合法

＊為方便讀者了解，在此以比實物大的紙張來做說明。

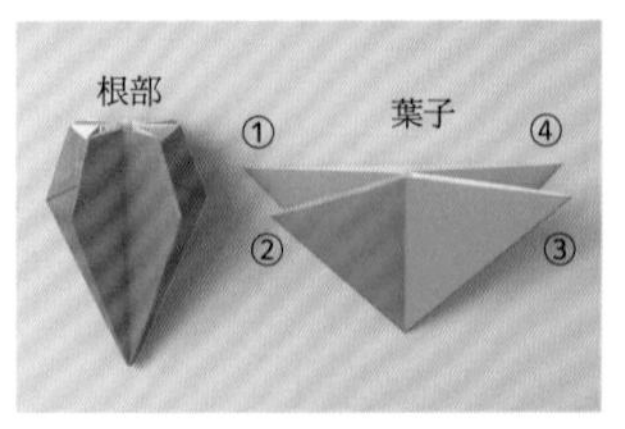

1 根部與葉子各自摺好的模樣。

●根部的整理法

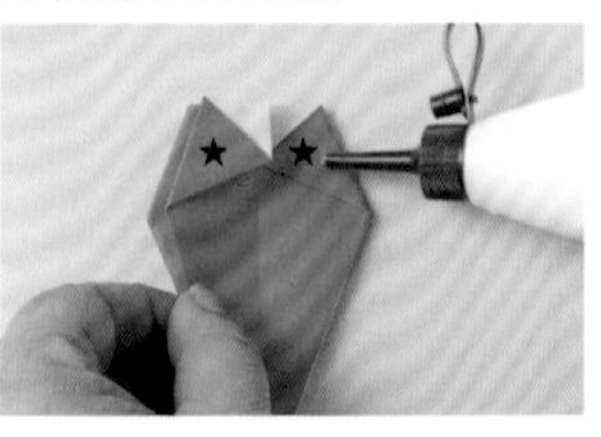

2 如圖所示，在根部的內側相鄰處（★）塗上黏膠。

3 以 2 的方式用黏膠固定好 4 個地方的模樣。

●葉子的整理法

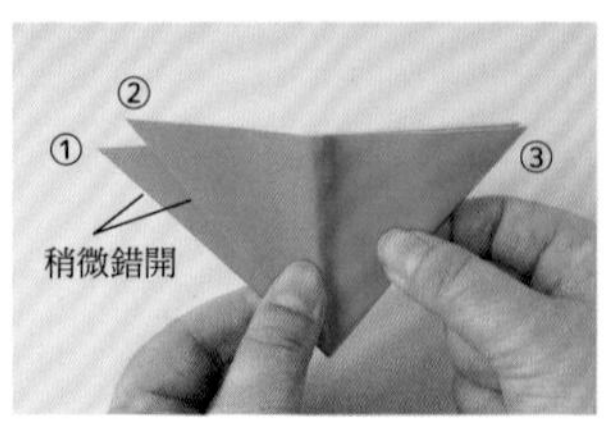

4 如圖所示，將原本的三角形葉子末端的②與①稍微錯開，中間隔開一些空間。

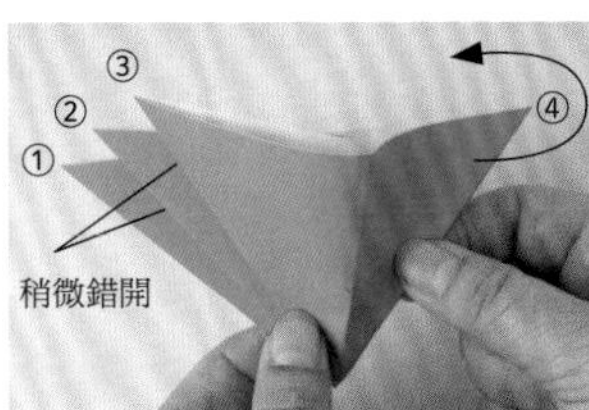

5 接著將③的葉子末端稍微錯開一點重疊在②的葉子上。④不要重疊在③上，而是要參照箭頭，往後摺向①的方向。

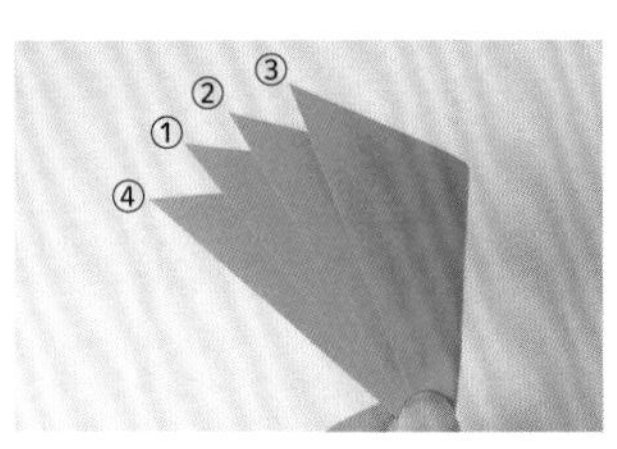

6 如圖所示，依照順序將葉子摺好的模樣。

7 將 6 的葉子翻面，依照箭頭從葉子的中心處捲起。

8 捲完後的模樣。用黏膠在葉子根部黏著固定。

● 黏合根部和葉子

9 將葉子根部插入 3 的紅蘿蔔根部中心，以黏膠固定。

10 完成了。

## 松鼠 photo_p.17 how to_p.48

### 耳朵的裁剪法

1 摺到裁剪耳朵之前的步驟。

2 不影響摺線地將頭部內側打開。

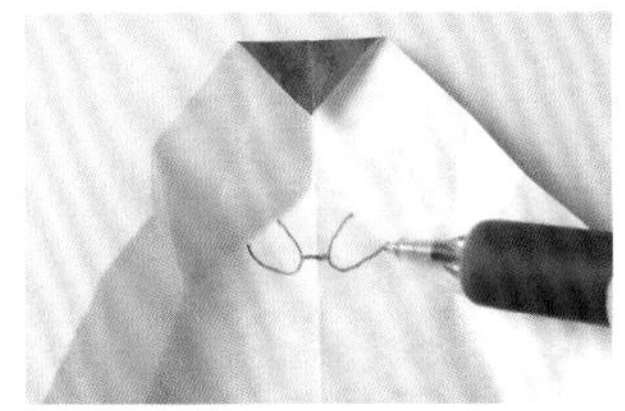

3 用原子筆畫上要裁剪出耳朵的位置。

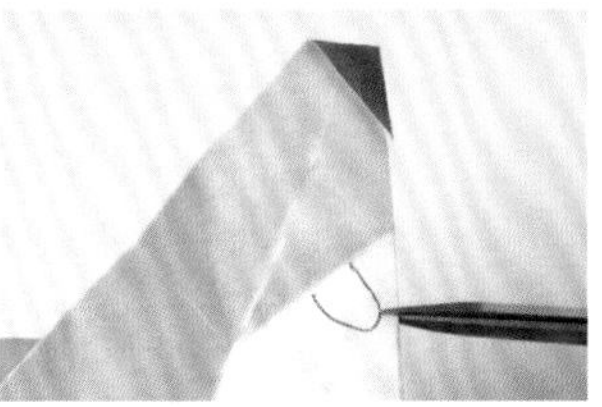

4 將色紙的反面朝外，在 3 畫好的線條內側以剪刀剪開。

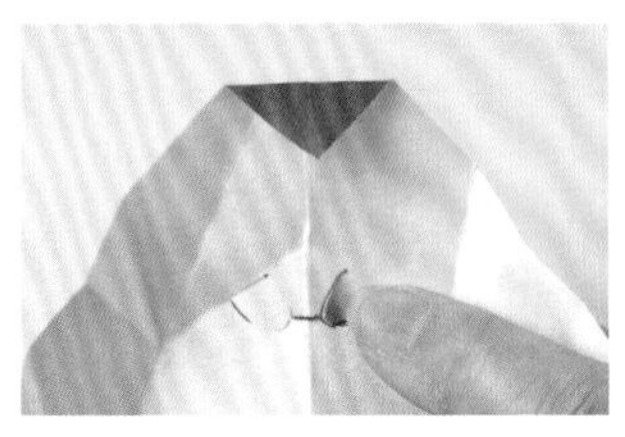

5 剪好後，將左右耳朵由內往外推到表面。

6 依照摺線摺回原本的模樣就完成了。

## 橡樹果 photo_p.17 how to_p.78

### 橡樹果的組合法

＊為方便讀者了解，在此以比實物大的紙張來做說明。

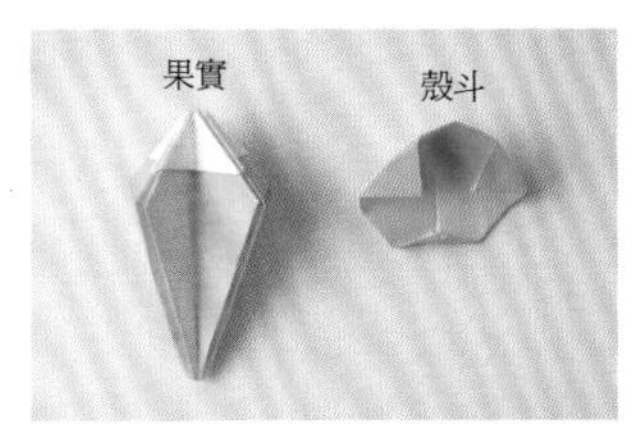

1 果實與殼斗各自摺好的模樣。

● 果實的整理法

2 從中心上部插入牙籤頭（圓鈍的那側），如照片般由內往外推。

3 將 4 個地方都往外推、使其鼓起的模樣。

● 殼斗的整理法

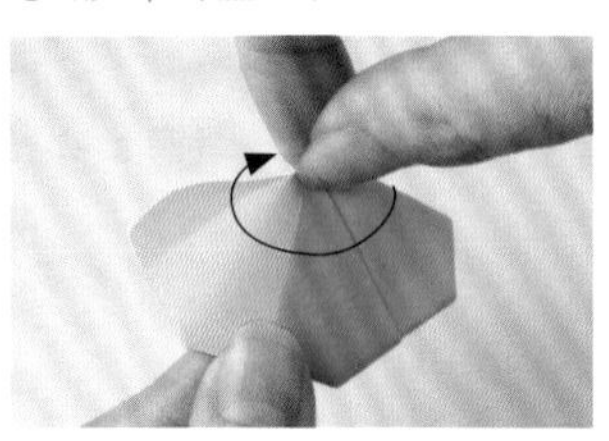

4 如照片般略微抓住殼斗上部，往箭頭方向扭轉。注意不要弄破紙張了。

# point lesson

5　殼斗上部扭轉完成。

6　將果實與殼斗黏合。只要先將殼斗往內摺的部分插入果實上端的其中一處，之後再用黏膠黏合，就不會脫落了。

## 鹿　photo_p.18　how to_p.50

### 角的裁剪法

＊為方便讀者了解，在此以比實物大的紙張來做說明。

1　摺到裁剪角之前的步驟。

2　參照圖示（p.51）用原子筆畫出角的形狀。

3　確實地按壓固定，依照線條以剪刀裁剪，避免前後的角在裁剪時錯開。

4　角的形狀裁剪完成。立起鹿的頸部後，進行向外翻摺。

### ● 角的整理法

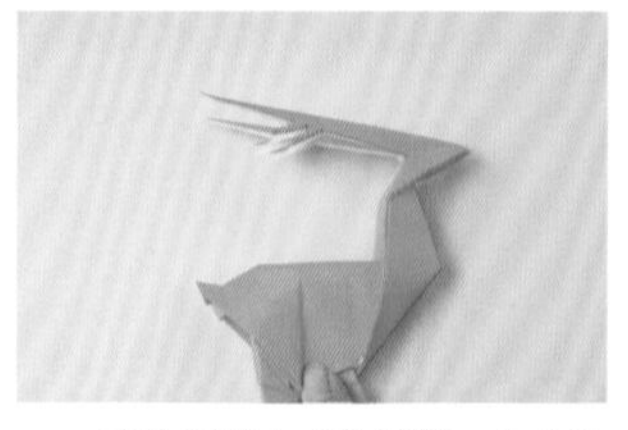

5　鹿的頭部完成的模樣。角會沿著頭部而朝下。

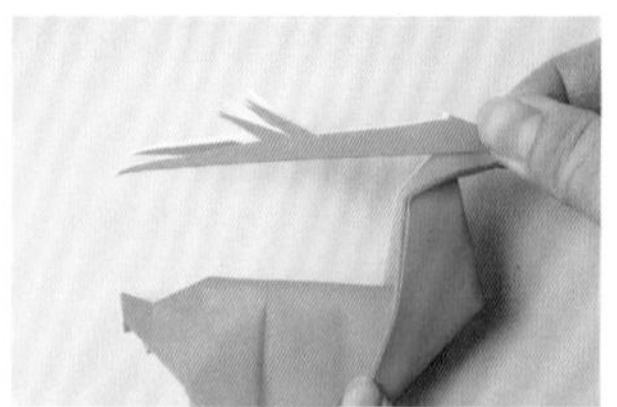

6　將5朝下的角直接翻到上面。

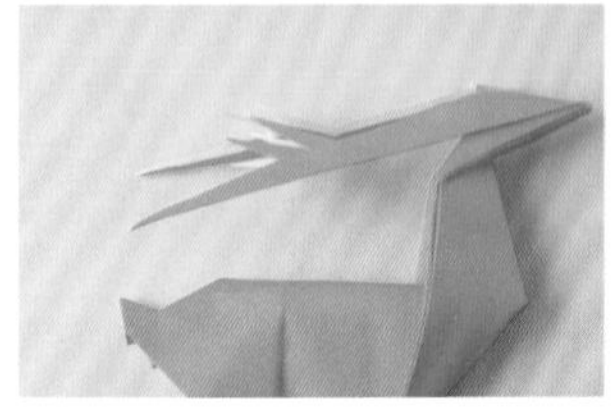

7　完成了。

## 雪的結晶　photo_p.21　how to_p.77

### 雪的結晶的做法

1　將依照指定大小裁切而成的長方形紙張做蛇腹摺。

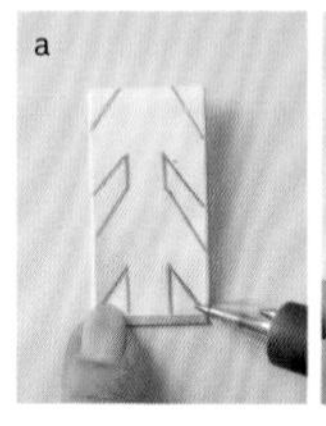

2　將1做好蛇腹摺的紙對摺。參照摺法圖（p.77），用原子筆畫上裁切線（a）。以剪刀依照裁切線剪下（b）。

3　剪好的模樣。展開確認有無漏剪的地方。

4　參照3，在★與★的背面塗上黏膠。

5　將★與★黏合。

6　☆也同4和5以黏膠黏合就完成了。

## 馬　photo_p.23　how to_p.60

### 鬃毛的裁剪法

1　摺到裁剪鬃毛之前的步驟。

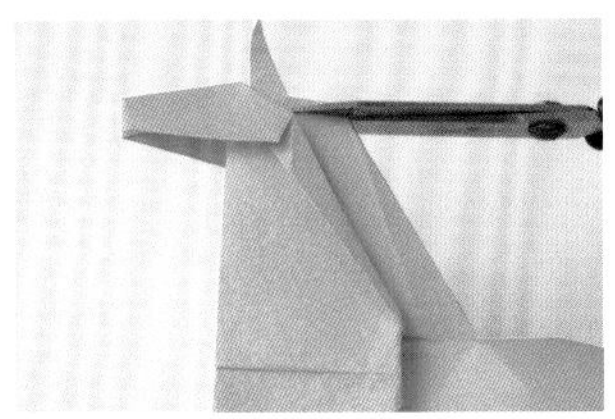

2　在鬃毛的最上方水平地剪開。

3　在距離根部1～2㎜的地方水平地細細剪開。一直剪到鬃毛的末端為止。

4　鬃毛剪好後，用手指稍微撥開，做出躍動感。

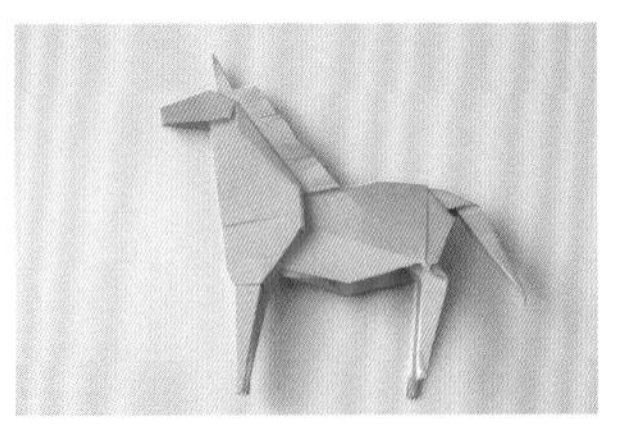

5　完成了。

# 竹葉 photo_p.24　how to_p.49

## 竹葉的組合法

＊為方便讀者了解，在此以比實物大的紙張來做說明。

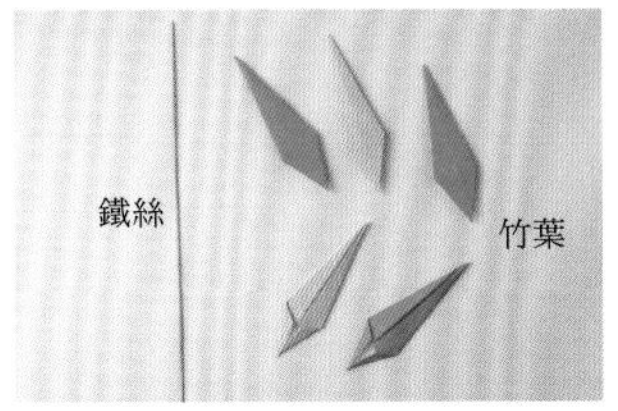

1　準備好鐵絲及5張摺好的竹葉。

2　在竹葉背面塗上黏膠，放上鐵絲，黏貼固定。

3　在第 2 張竹葉的根部塗上黏膠，在適當的位置與鐵絲黏貼固定。

4　第 3 張竹葉也和第 2 張竹葉一樣，在根部塗上黏膠。

5　將第 3 張竹葉重疊在第 2 張竹葉的後側。呈現鐵絲疊在最上面的狀態。

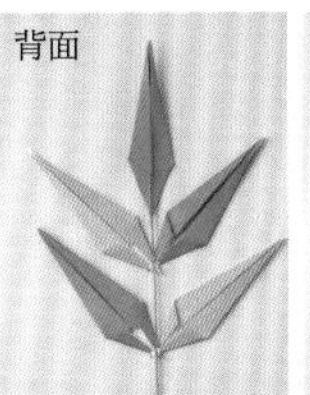

6　第 4 張、第 5 張竹葉也一樣用黏膠黏貼在鐵絲上。在此狀態下使其乾燥。

# 泳圈 photo_p.27　how to_p.73

## 零件的組合法

＊為方便讀者了解，在此以比實物大的紙張來做說明。

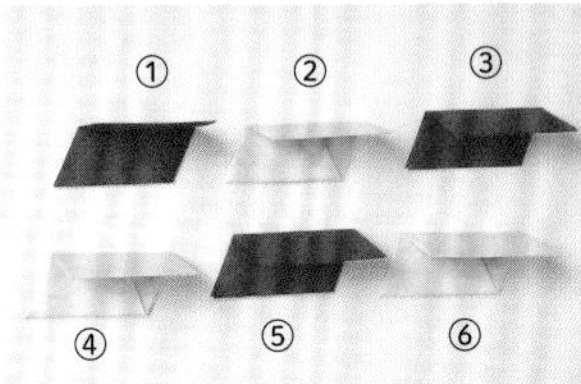

1　摺出 2 色 × 各 3 張，總共 6 張零件。

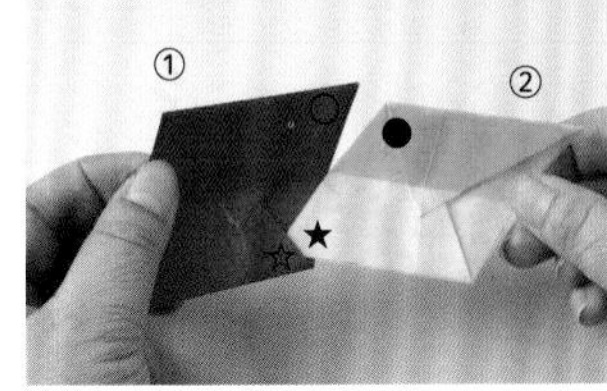

2　將②的★插入①的☆隙縫間。同樣地，將②的●插入①上側的○裡，做成立體狀。

3　做成立體狀的模樣。先確認在 2 中組合好的位置後，以黏膠固定。

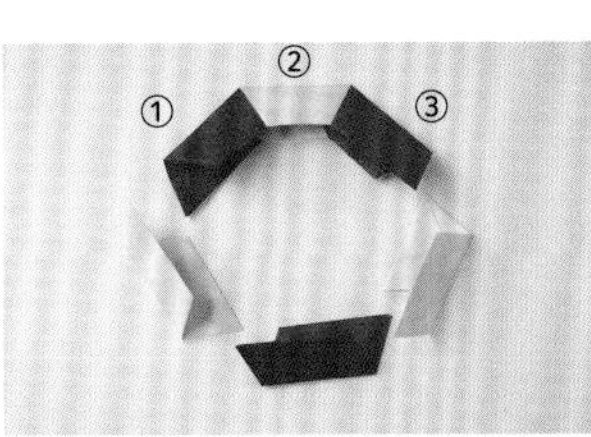

4　參照 2 和 3，組合③的零件。

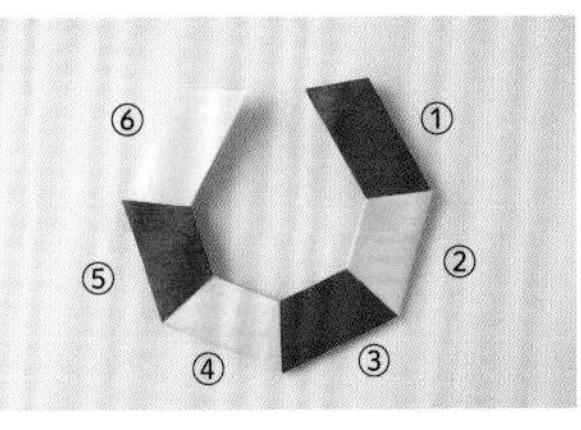

5　重複 2 和 3，將 6 張零件全部組合在一起的模樣。

6　將①和⑥拿起來組合，整理形狀（a）。黏貼完成的模樣（b）。

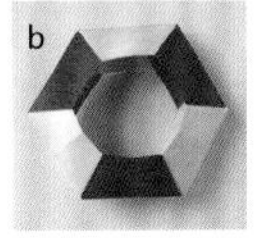

# 虎皮鸚鵡

how to_p.33

五顏六色的羽色非常美麗的虎皮鸚鵡們。
停在樹枝上，好像正在聊天呢！

融入日常擺設中，
營造出讓人放鬆舒適的空間。
摺法非常簡單，
請用各種紙張來摺摺看吧！

# 狗狗

how to 狗狗(a・b)_p.34 (c)_ p.38 骨頭_p.79
point lesson_p.5

聰明的狗狗們最擅長握手和趴下等才藝了。
如果牠們做得很好，別忘了要給予骨頭做為獎賞喔！
只要好好選擇用紙，也可以摺出雄赳赳的大麥町喔！

C

# 貓咪

how to_p.41

我行我素、氣質優雅的貓咪。
豎立的耳朵和修長的尾巴很可愛吧？
在脖子綁上緞帶，看起來更討喜了。

a
b

# 兔子

how to 兔子_p.44　紅蘿蔔_p.47
point lesson_p.6

看起來好像立刻就要跳走的兔子們。
也多摺一些牠們最愛的紅蘿蔔吧！

# 松鼠

how to 松鼠_p.48　橡樹果_p.78
point lesson_p.7

森林裡大家最喜歡的可愛松鼠。
收集了許多橡樹果，心情大好呢！

# 鹿&小鹿

how to _p.50
point lesson_p.8

在一旁溫柔守護著小鹿的成鹿。
用宛如被毛花紋的紙來摺就能增添高級感。

# 狐狸

how to _p.52

在山裡跑來跑去、活力十足的狐狸。
尾巴和鼻尖的白底是展示重點喔！

# 熊

how to 熊_p.54　樹木_p.77

即使摺法相同，只要改變紙張大小，就能完成母熊和2隻小熊。
加上綠意盎然的樹木，森林裡的故事就要開始了。

# 北極熊

how to 北極熊_p.54　雪的結晶_p.77

point lesson_p.8

和熊的摺法相同，只要換成白紙，就能變身為北極熊。
將美麗的雪的結晶做成掛飾，看起來也很不錯呢！

# 綿羊

how to _p.58

溫暖可人、悠遊自在的綿羊。
使用會鼓起的紙張來製作，
表現出綿羊被毛的質感吧！

# 馬

how to _p.60
point lesson_p.8

帥氣的鬃毛和凜然的站姿非常漂亮的馬兒們。
筆直挺立的姿態很適合放在玄關做裝飾呢！

# 貓熊

how to 貓熊_p.64　竹葉_p.49
point lesson_p.9

使用反面為白色的紙張來表現貓熊特有的花紋。
只要替換成大・中・小不同的紙張，就能做出親子貓熊。
大家一起和樂融融地享用最喜歡的竹葉吧！

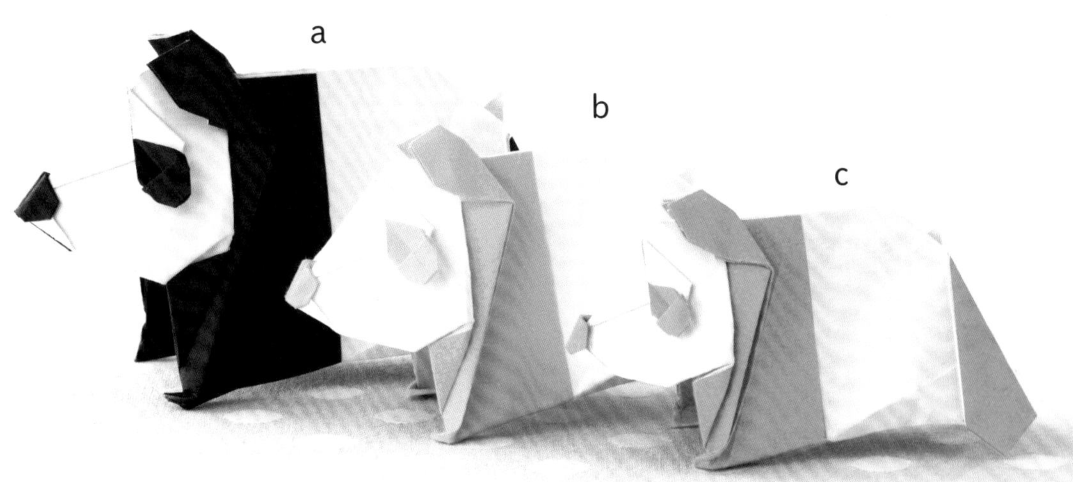
a
b
c

# 海獅＆海豹

how to 海獅_p.68　海豹_p.70　圈圈_p.69

海獅應該是在練習套圈圈吧？
將各種顏色的圈圈套在牠的脖子上吧！
海豹則正在冰上悠哉地休息。

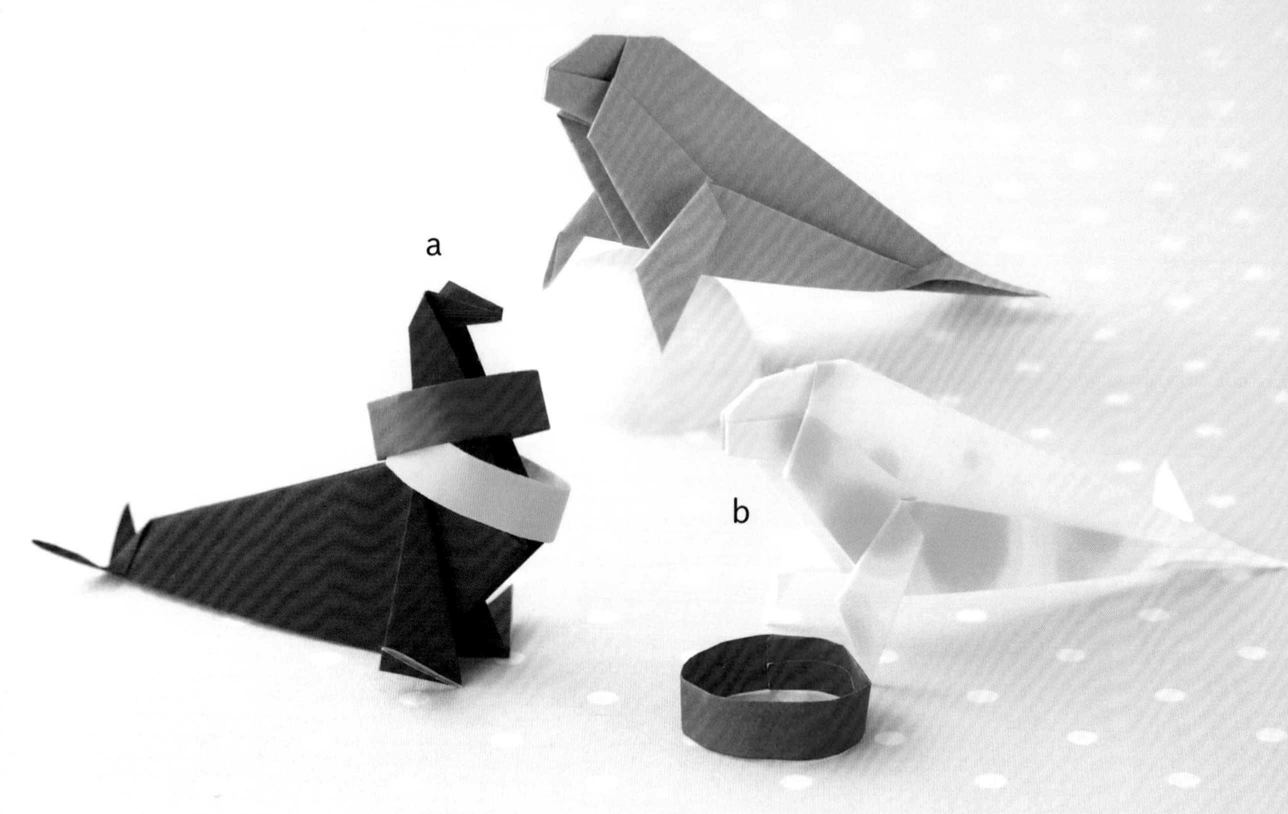

# 海豚

how to 海豚_p.72　泳圈_p.73

point lesson_p.9

水族館中最受歡迎的海豚們，
最喜歡色彩鮮豔而立體的泳圈了。
用清爽色調的紙張來摺，很適合做為夏天的裝飾呢！

# 貓頭鷹

how to _p.74

被冠以「福來郎」、「不苦勞」等充滿吉利的漢字
而被認為是吉祥物的貓頭鷹。
如果附贈在禮物裡送給經常關照自己的人，
對方應該會很高興才是。

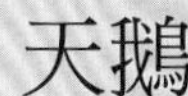

# 天鵝

how to _p.76

以圓形蕾絲紙摺成的天鵝。
蕾絲部分可以表現出美麗的羽毛，
非常適合宴會場合使用。

# 基礎摺法

本書所使用的記號圖與摺法。

## 正面與反面

有顏色的面為正面，
白色的面為反面。

反面

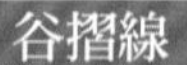

## 谷摺線

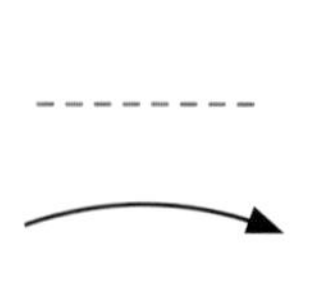

1

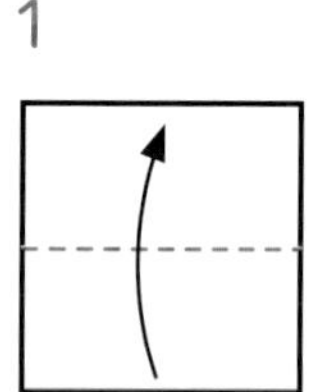

2

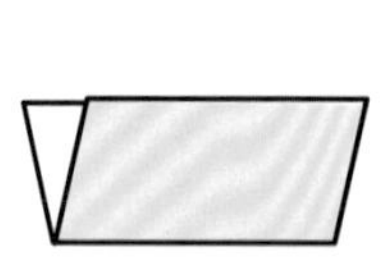

摺好的線條位於內側。

## 山摺線

1

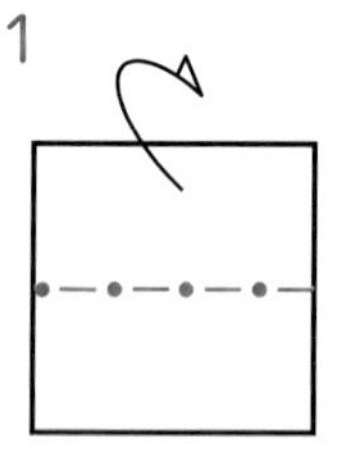

2

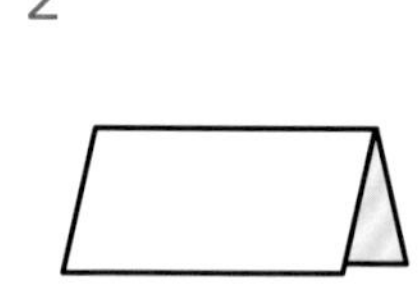

摺好的線條位於外側。

## 壓出摺線

1

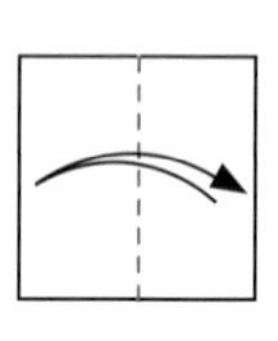

2

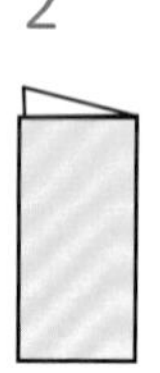

3

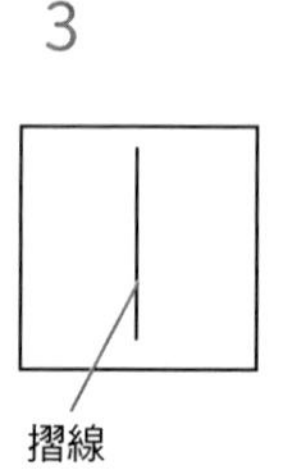

摺好後打開。

## 改變方向

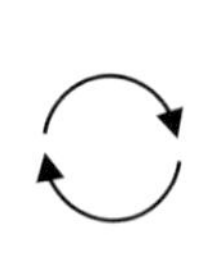

1

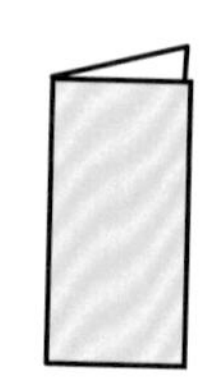

2

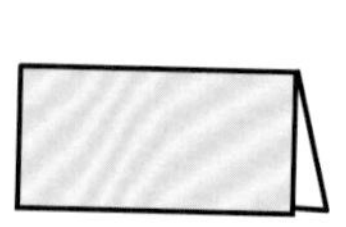

## 翻面

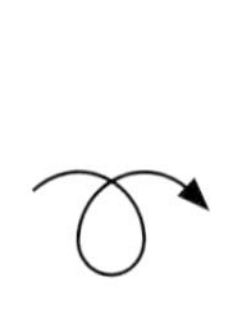

1

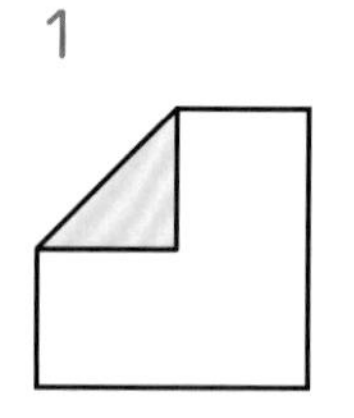

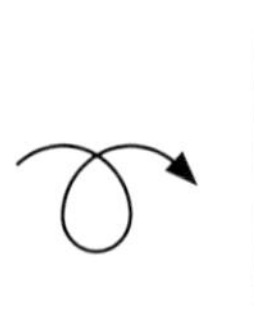

2

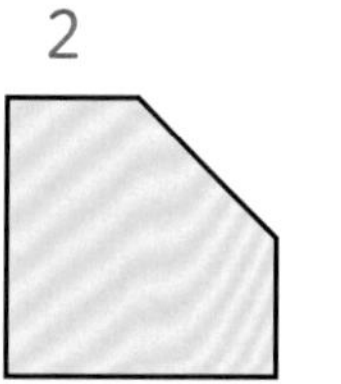

往左右翻面。
上下不變。

## 放大圖示

1

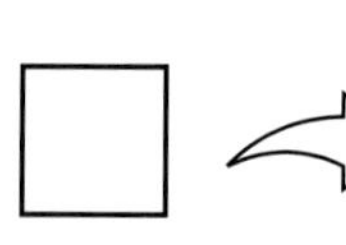

2

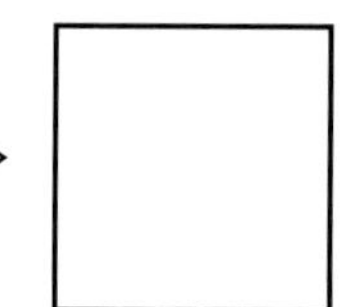

## 中間打開

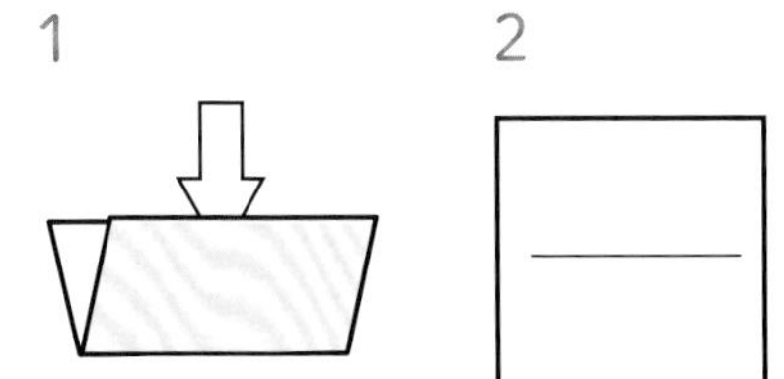

## 階梯摺

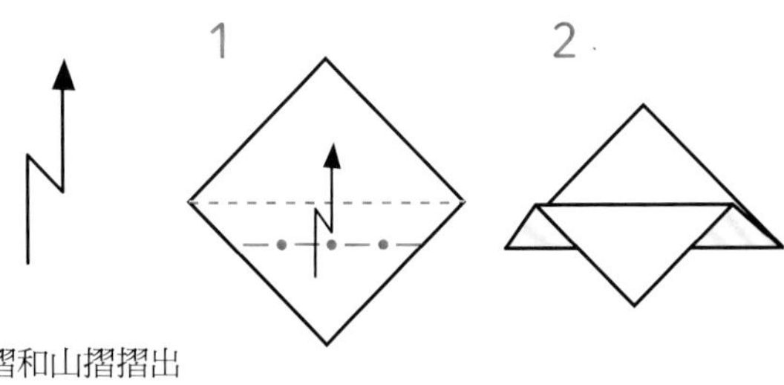

用谷摺和山摺摺出宛如階梯的模樣。

## 剪開

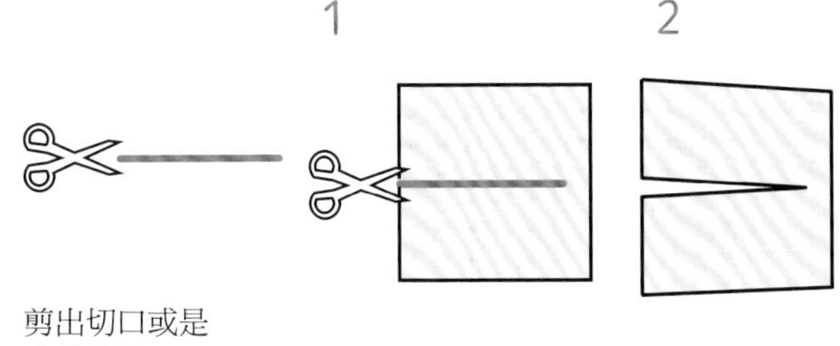

剪出切口或是直接剪掉。

## 捲摺

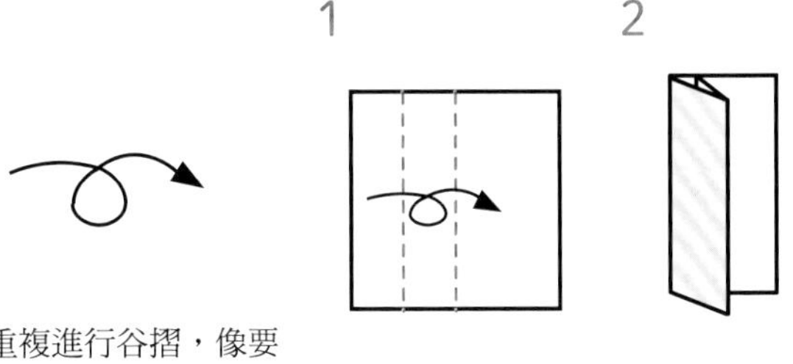

重複進行谷摺，像要捲起來般地摺疊。

## 插入其中

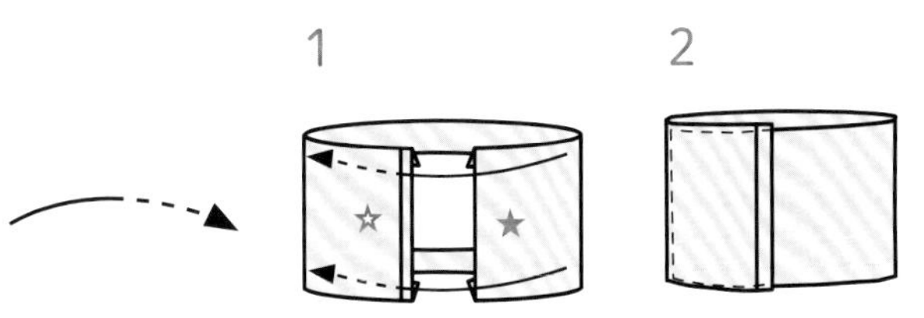

將★插入☆中。

## 等分

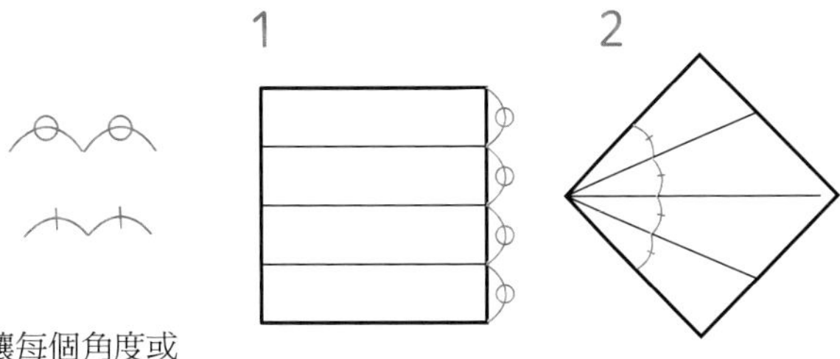

讓每個角度或邊長都相同。

## 三角摺

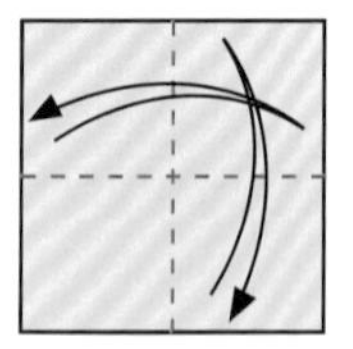

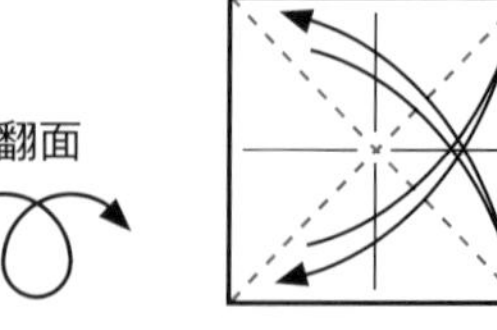

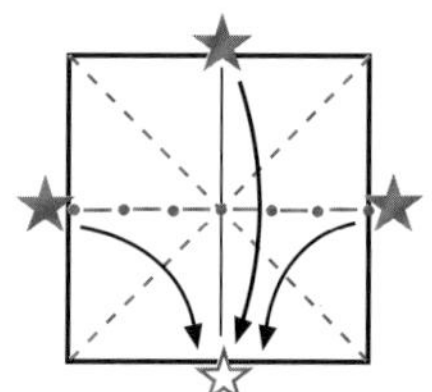

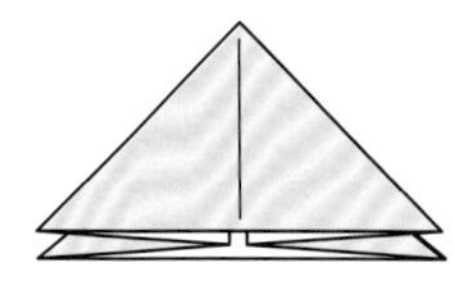

1 壓出摺線。

2 再次壓出摺線。

3 讓★對齊☆般地摺疊。

4 正在摺疊的模樣。

5 完成了。

## 四角摺

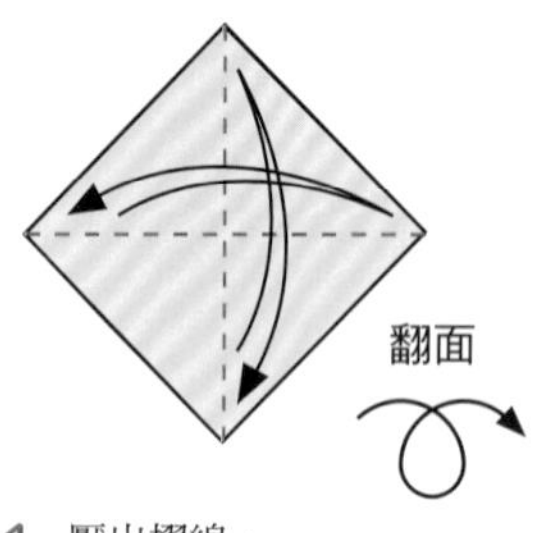

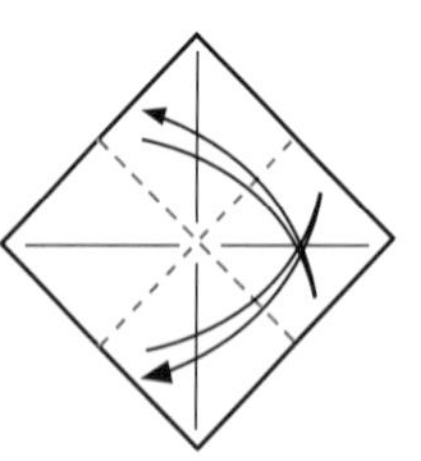

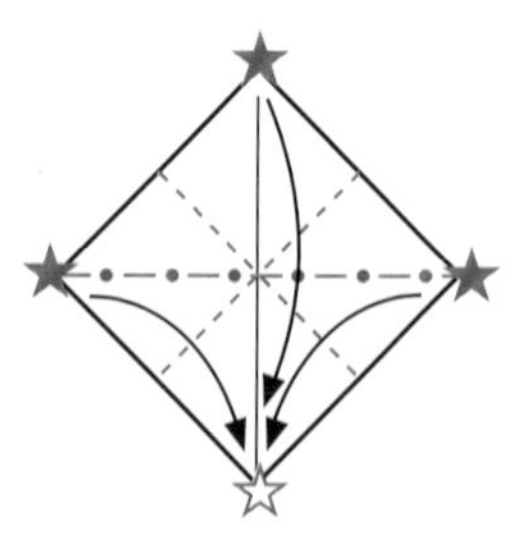

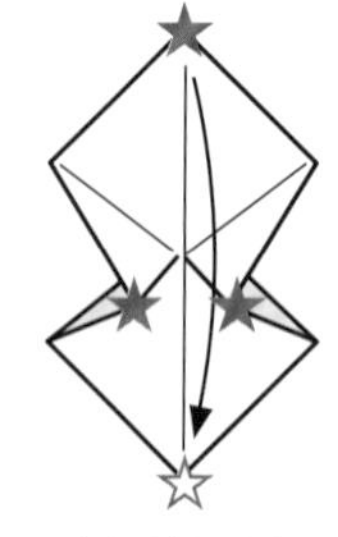

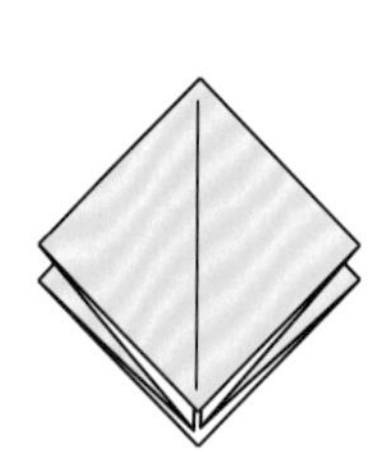

1 壓出摺線。

2 再次壓出摺線。

3 讓★對齊☆般地摺疊。

4 正在摺疊的模樣。

5 完成了。

## 向內壓摺

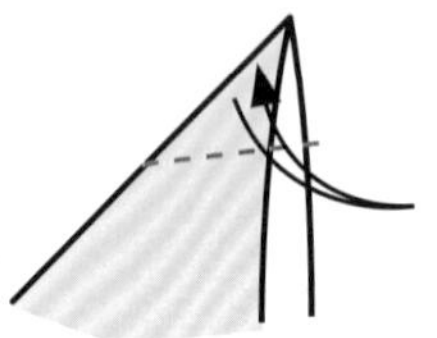

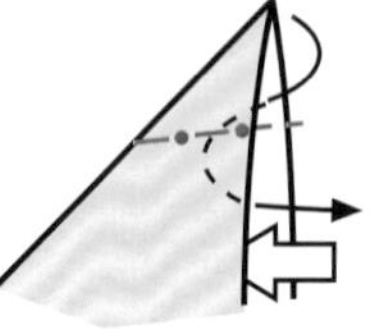

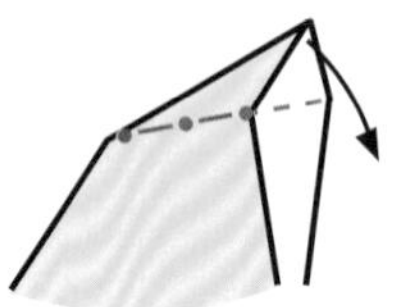

1 壓出摺線。

2 中間打開，將谷摺線變成山摺線。

3 壓入內側般地摺疊。

4 完成了。

## 向外翻摺

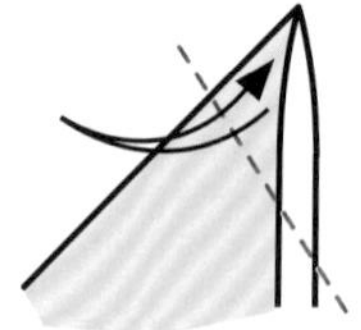

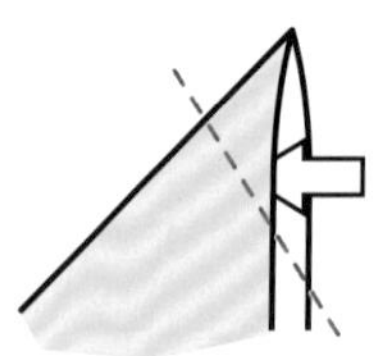

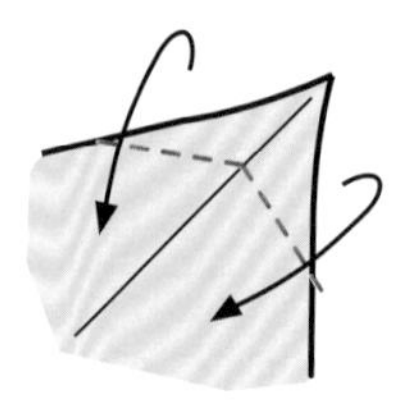

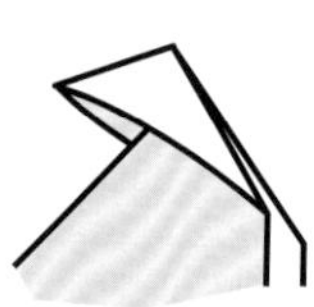

1 壓出摺線。

2 中間打開，將山摺線變成谷摺線。

3 往外翻開般地摺疊。

4 完成了。

# 虎皮鸚鵡

紙張大小（和紙）
15cm×15cm…1張

photo_ p.10、11
改編_ 湯浅信江

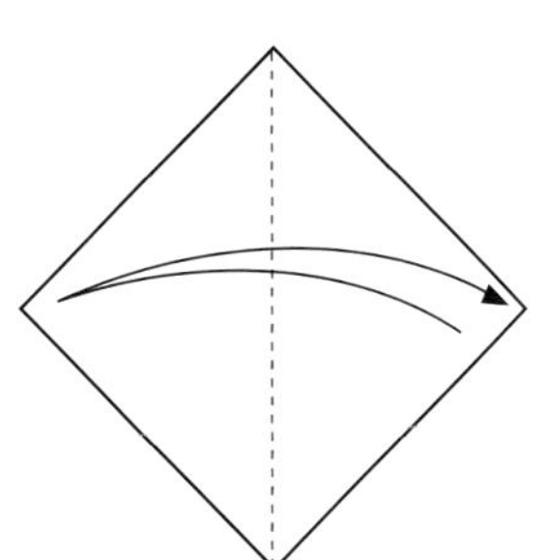
1 壓出摺線。

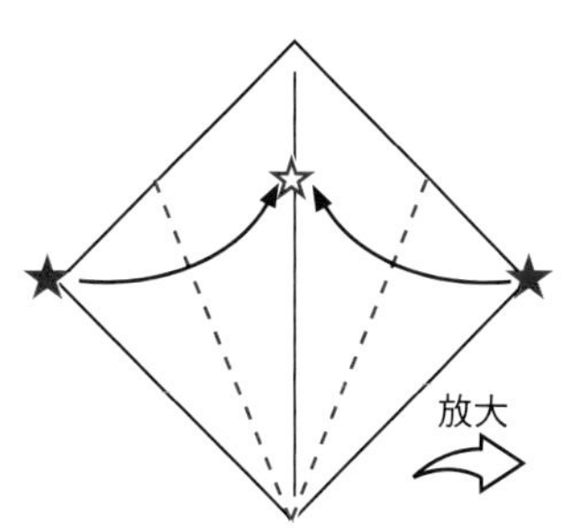

2 讓★對齊☆般地進行谷摺。

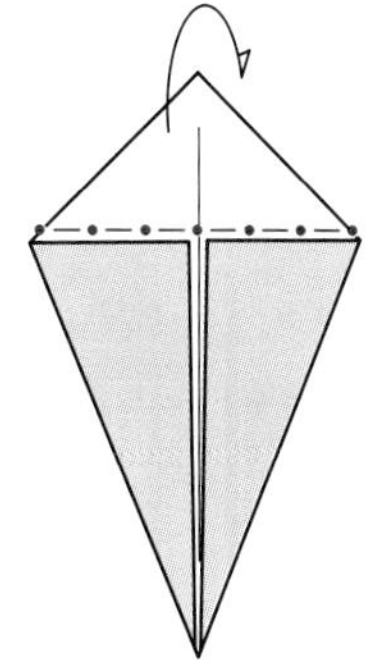
3 將上面的三角形往後摺。

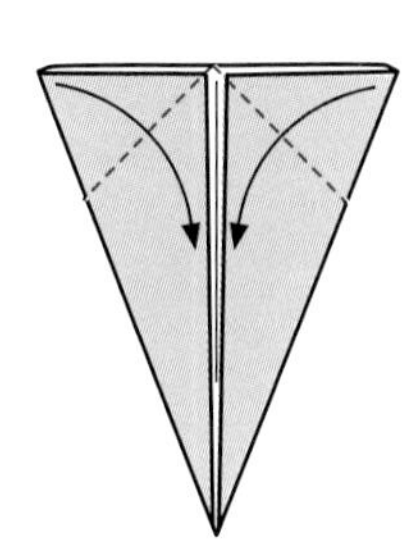
4 依照圖示進行谷摺。

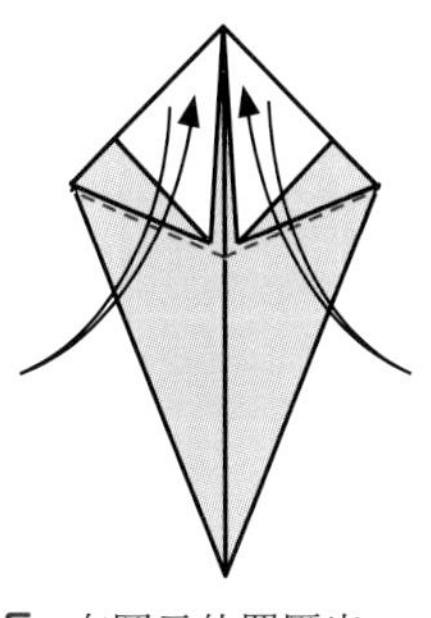
5 在圖示位置壓出摺線。回到4的形狀。

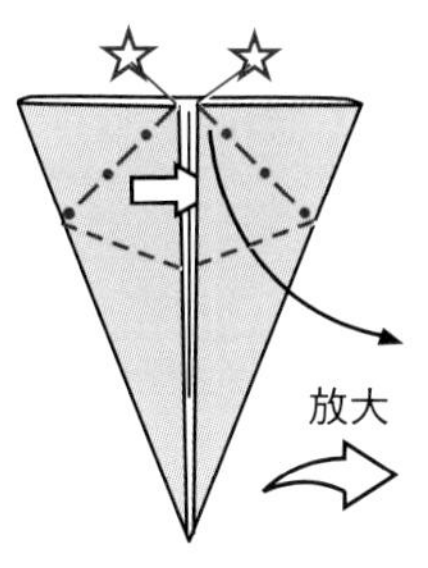

6 利用4、5壓出的摺線，抓住☆，往兩旁拉開。

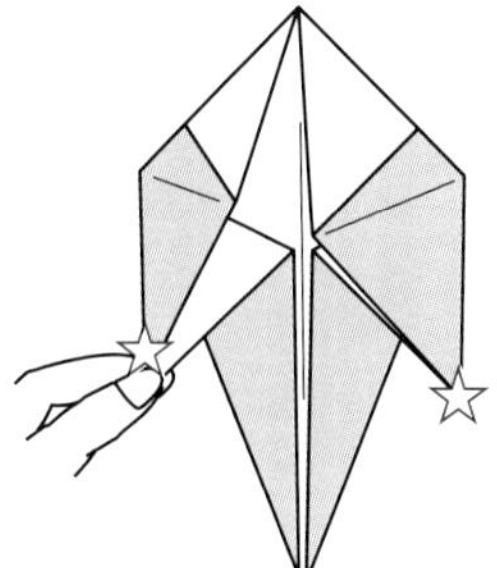
7 正在摺疊的模樣。

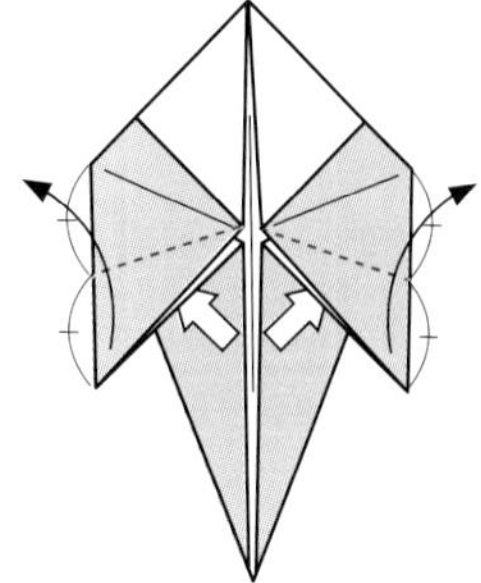
8 兩側都在圖示位置進行谷摺。

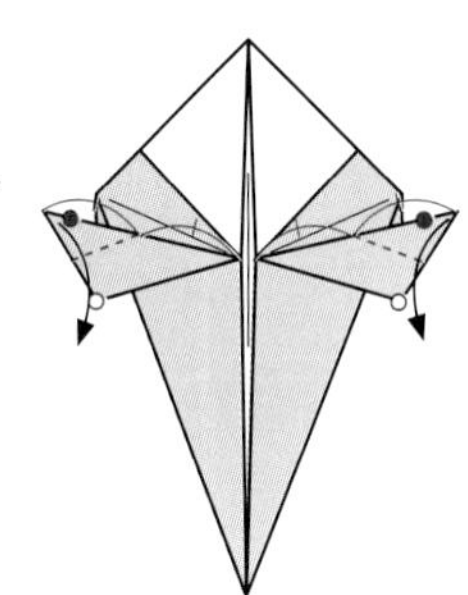
9 將8摺好的部分再次谷摺，讓●對齊○。

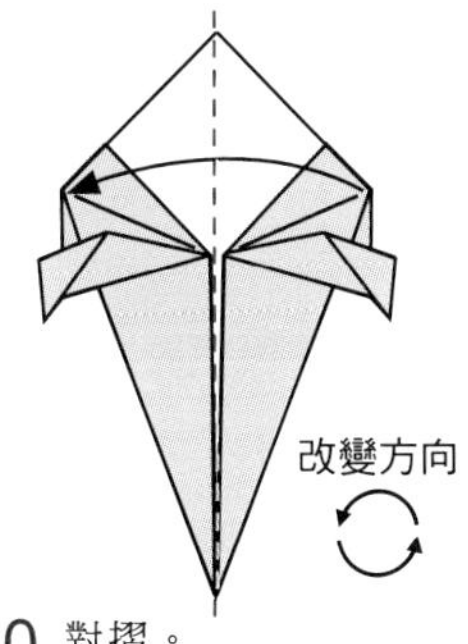

10 對摺。

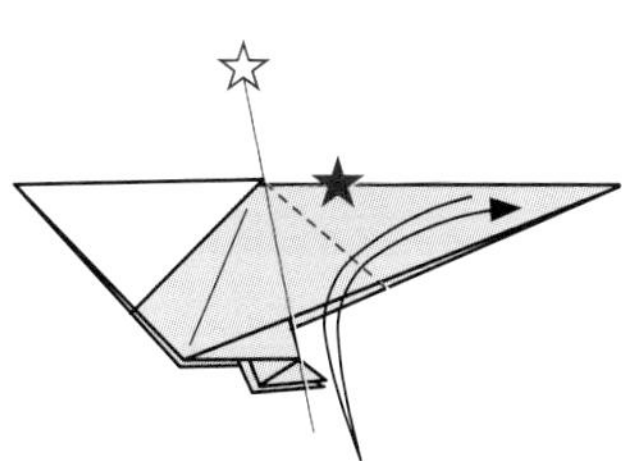
11 壓出摺線，讓★對齊☆線。

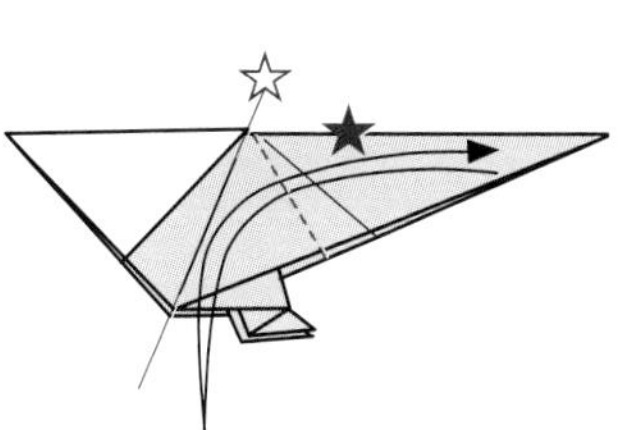
12 再次壓出摺線，讓★對齊☆線。

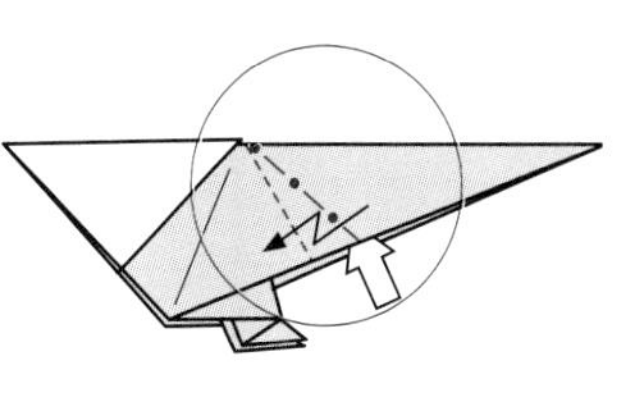
13 中間打開，前後側都在圖示位置上做階梯摺。

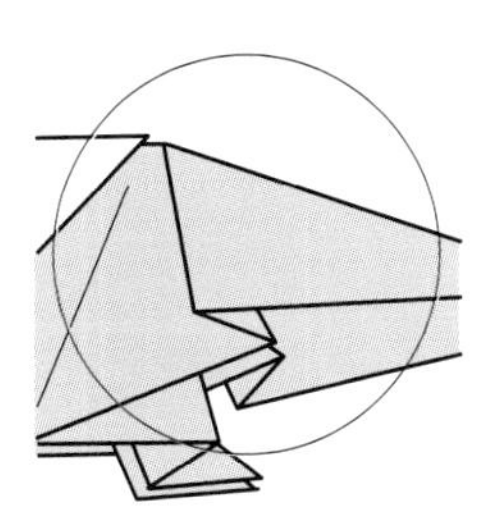
14 途中圖。

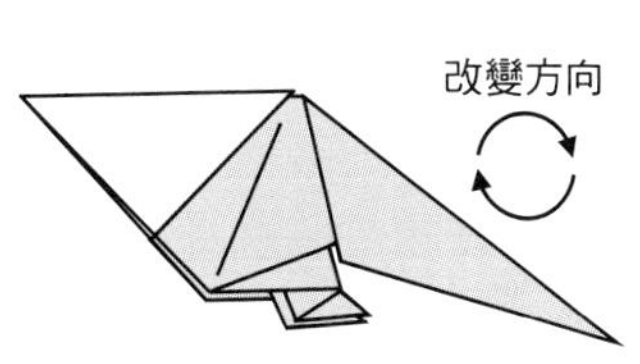

15 摺好的模樣。

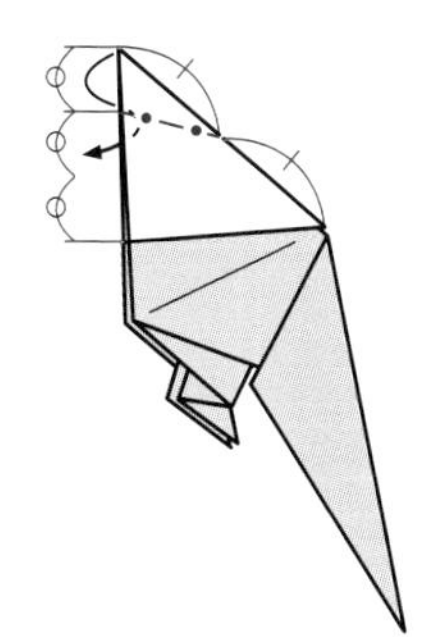
16 依照圖示做向內壓摺，製作頭部。

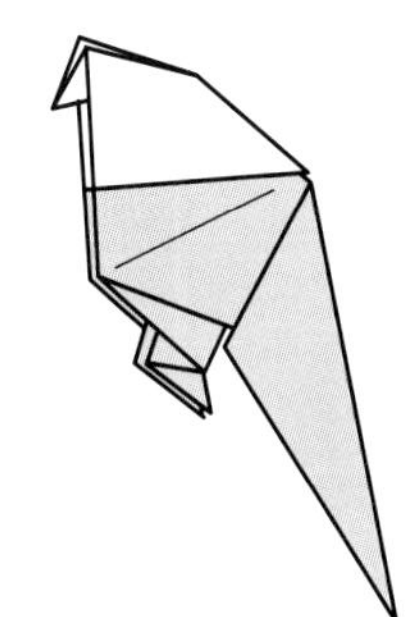
17 完成了。

# 狗狗

紙張大小（和紙）
a.b 18cm× 18cm…2 張
c 17cm× 17cm…2 張

photo to_ p.12、13
point lesson_ p.5
a.b 改編_ 湯浅信江　　c 原案_ 渡部浩美

## 狗狗a－上半身

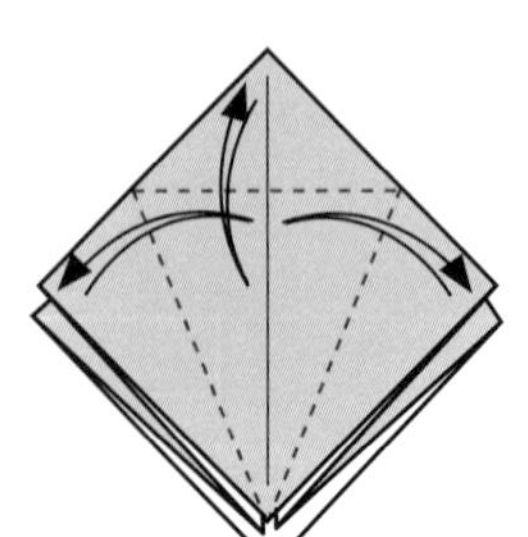

1
在四角摺上壓出摺線。

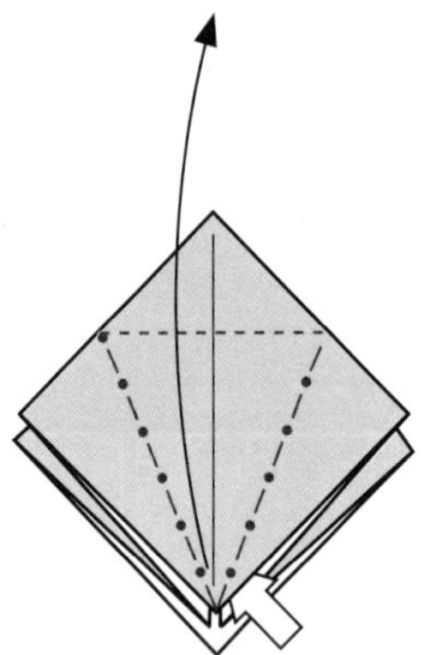

2
打開上面 1 張，進行摺疊。

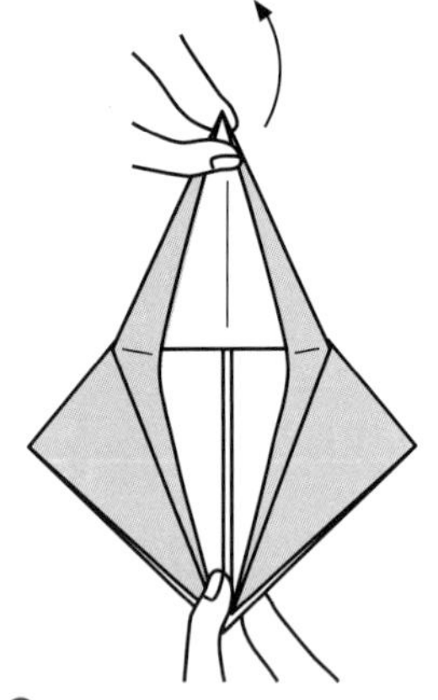

3
正在打開的模樣。如圖般往上拉。

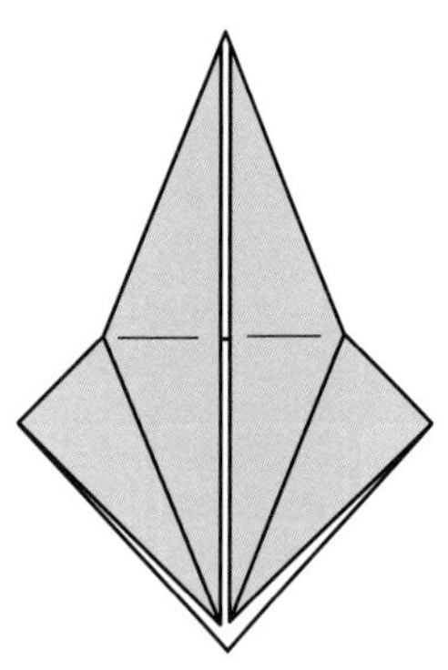

4
摺好的模樣。背面的摺法也同 1 ～ 3。

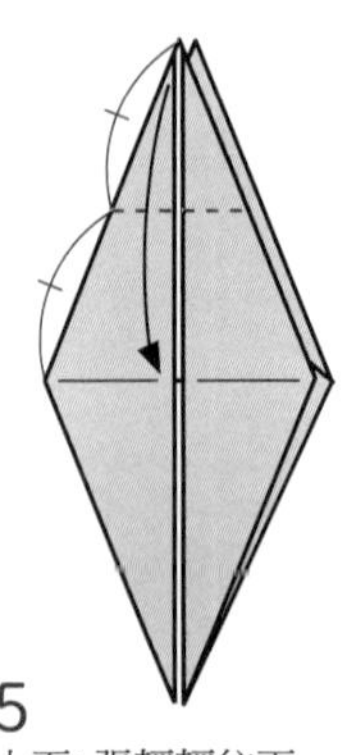

5
上面1張輕輕往下對摺。

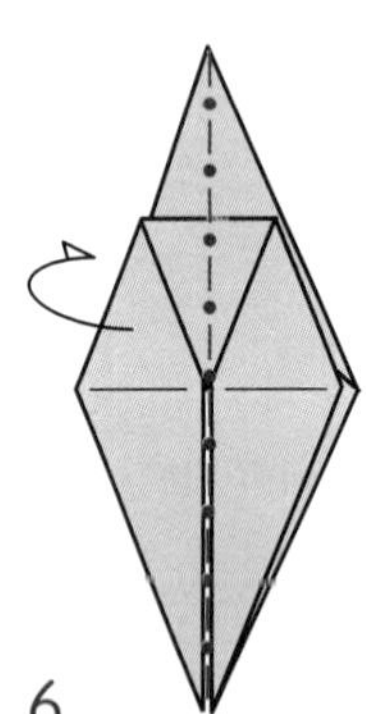

6
整體對半做山摺。

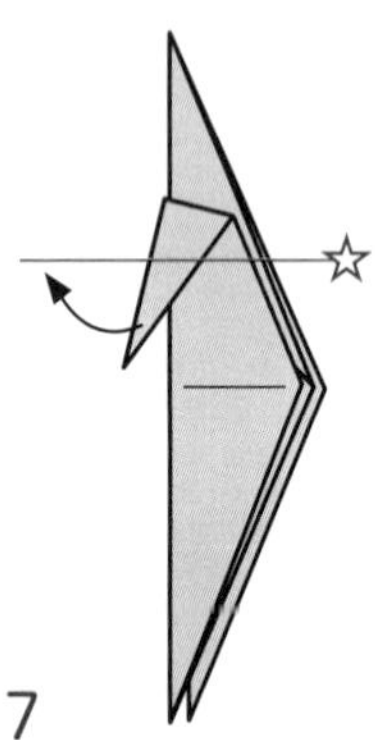

7
將 5 摺好的三角形對齊☆線往上拉。

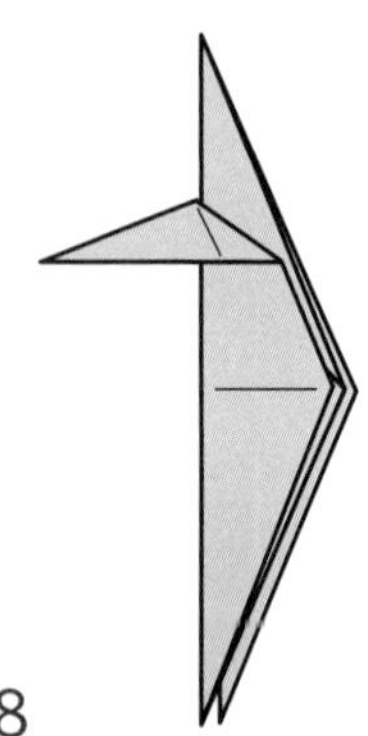

8
往上拉好的模樣。回到 5 的形狀。

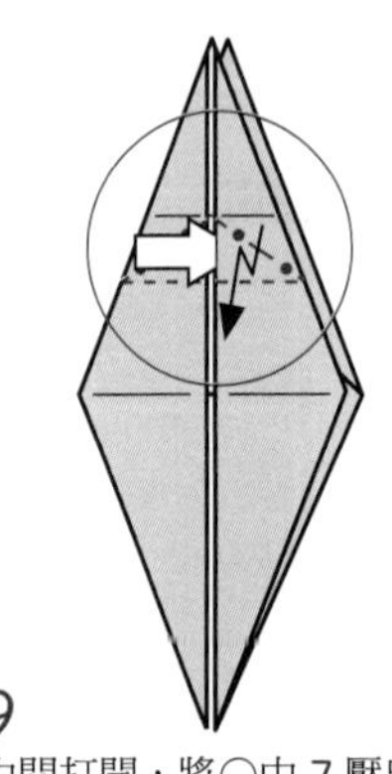

9
中間打開，將○中 7 壓出的摺線變成山摺線，進行階梯摺。

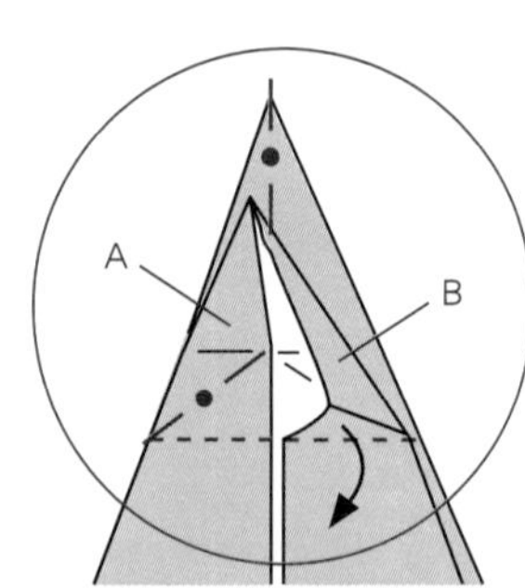

10
途中圖。B 和 A 同樣往下做階梯摺，跟 6 一樣整體對半做山摺。

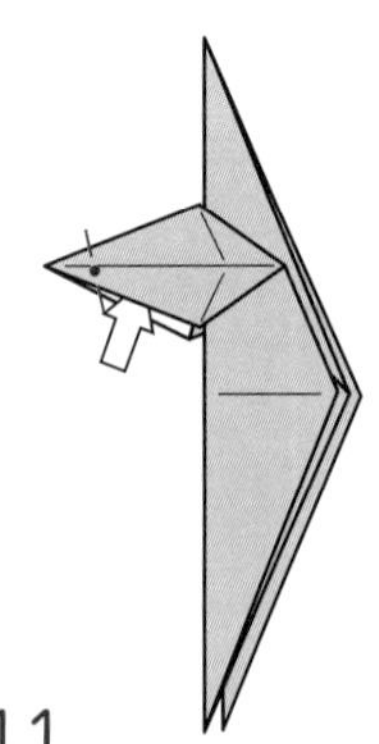

11
中間打開，將頭部末端摺入內側。

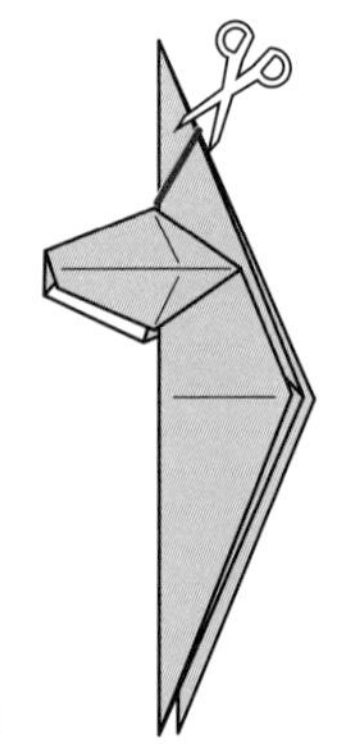

12
參照圖示，依照粗線以剪刀剪開，做出耳朵。

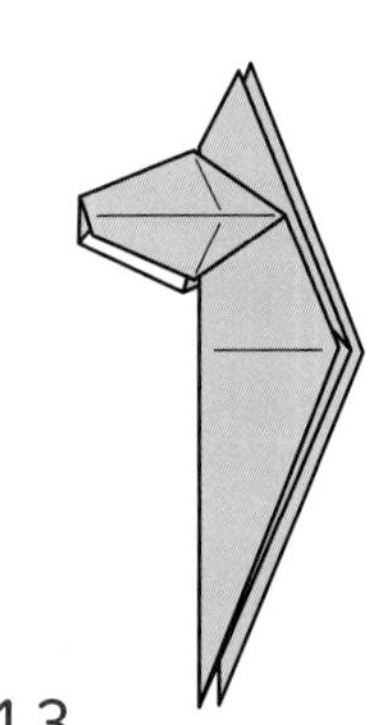

13
耳朵完成了。

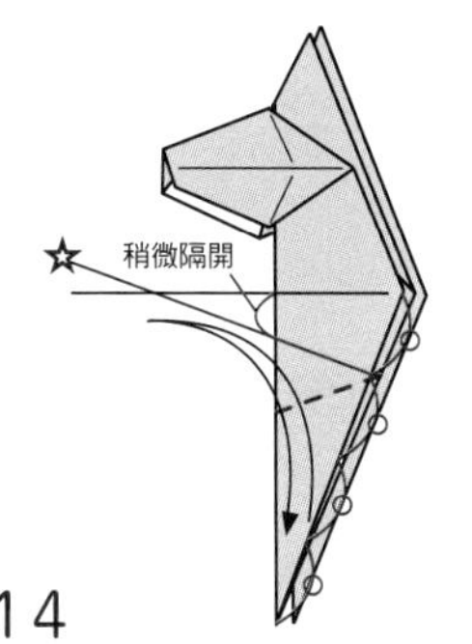

14 只將上面 1 組對齊☆線壓出摺線。

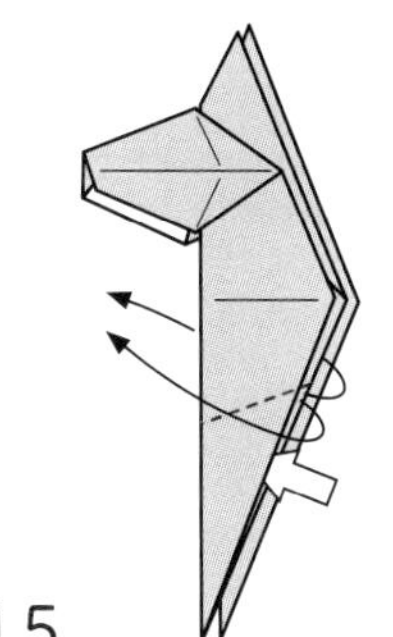

15 利用14 壓出的摺線向外翻摺。

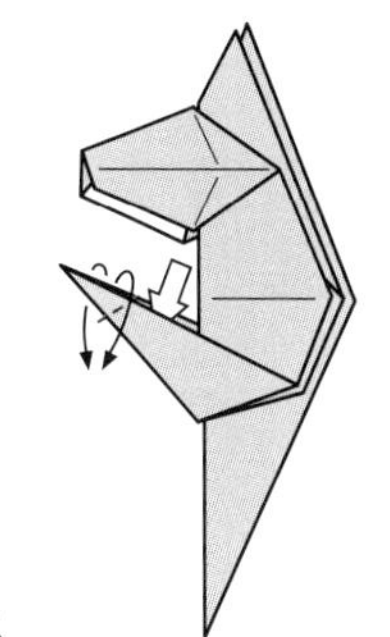

16 再將末端稍微向外翻摺。

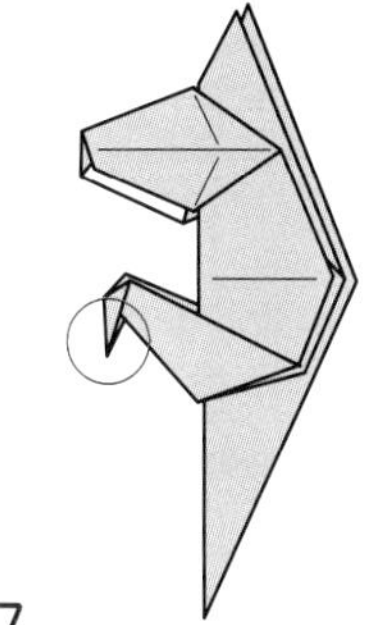

17 製作○內的腳掌部分。

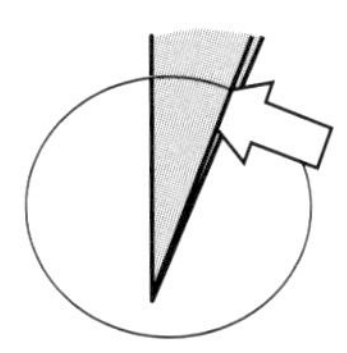

18 中間打開。

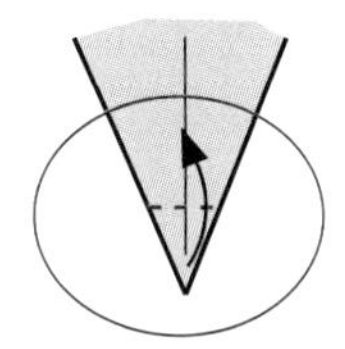

19 末端稍微做谷摺。

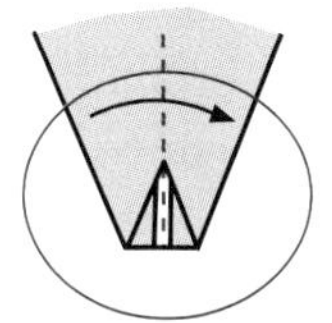

20 直接對半做谷摺。

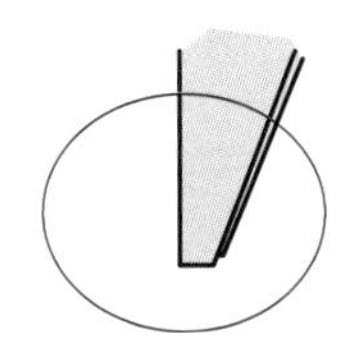

21 前腳完成了。

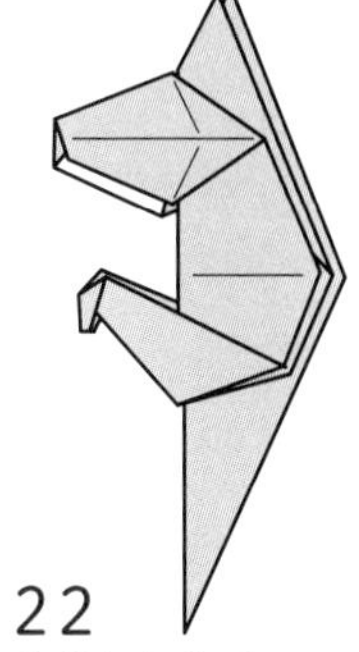

22 上半身完成了。

## 狗狗a－下半身

＊從狗狗a-上半身的5（p.34）開始

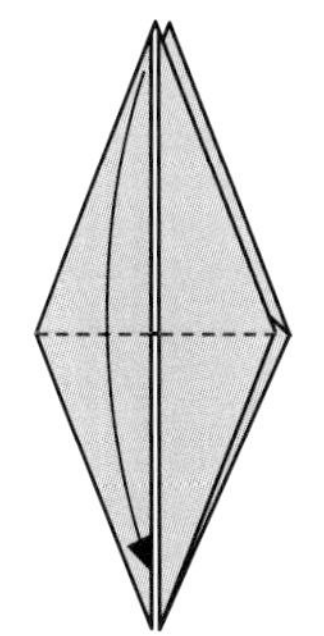

1 摺到上半身的 5，只將上面 1 組往下摺。

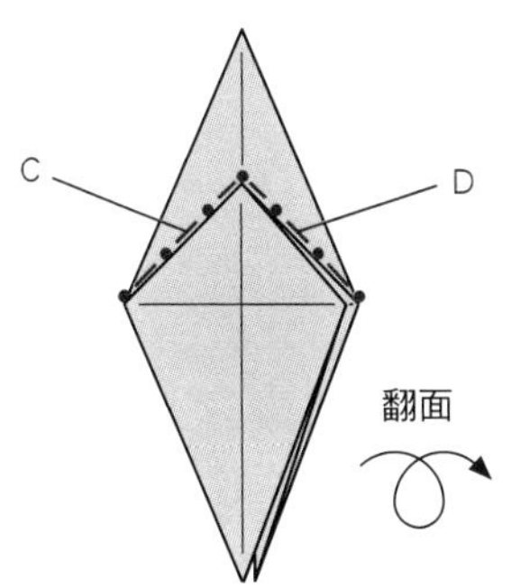

2 壓出山摺線 C、D。

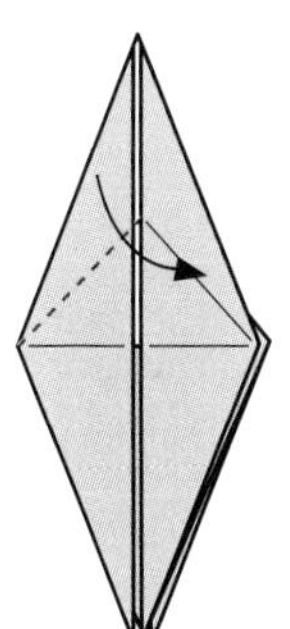

3 將 D 線做谷摺。

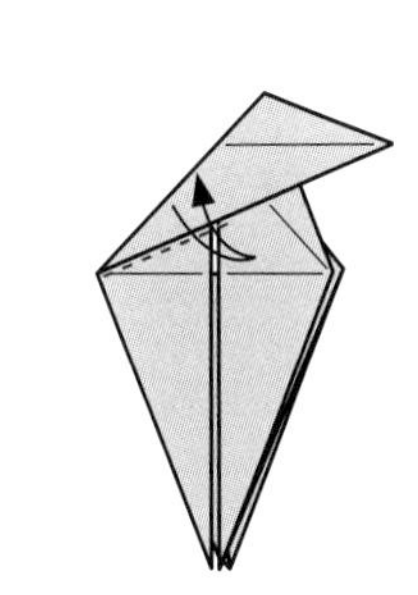

4 再次谷摺後恢復原狀。C 的山摺線摺法也同 3、4。

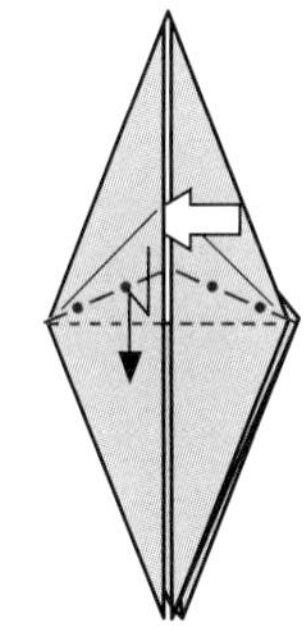

5 中間打開，將 4 壓出的摺線變成山摺線，進行階梯摺。

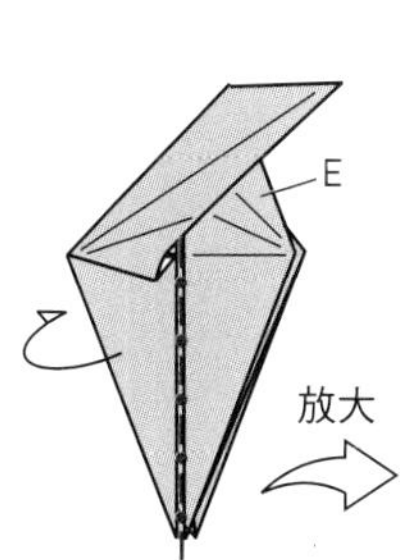

6 E也一樣摺好後，整體對半做山摺。

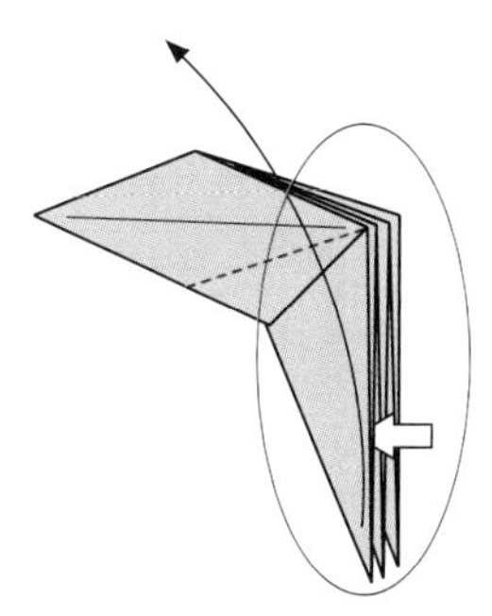

7 ○內的上面 1 組依照圖示往上翻開（參照 8）。

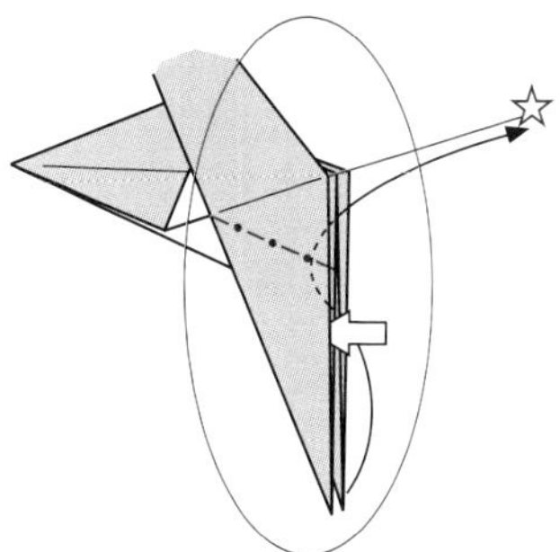

8 對齊☆線壓出摺線，向內壓摺。

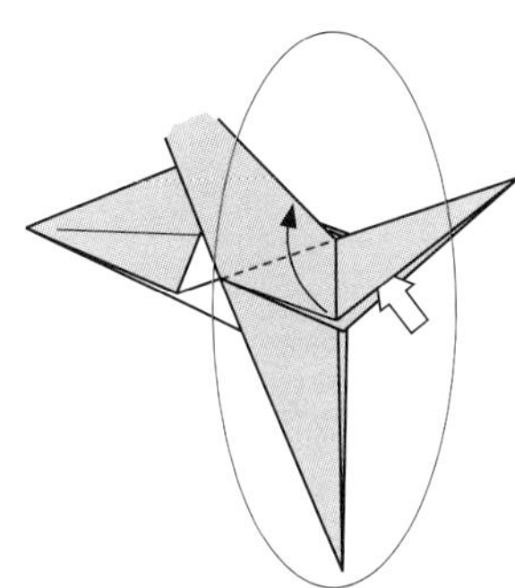

9 中間打開。

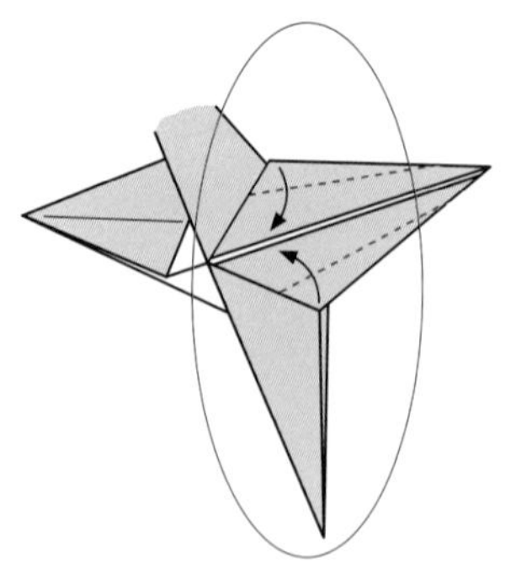

10 依照圖示進行谷摺（參照 11）。

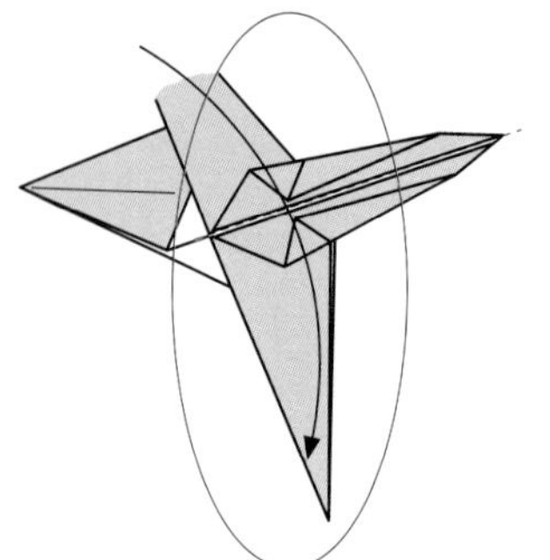

11 直接谷摺，做成12 的模樣。

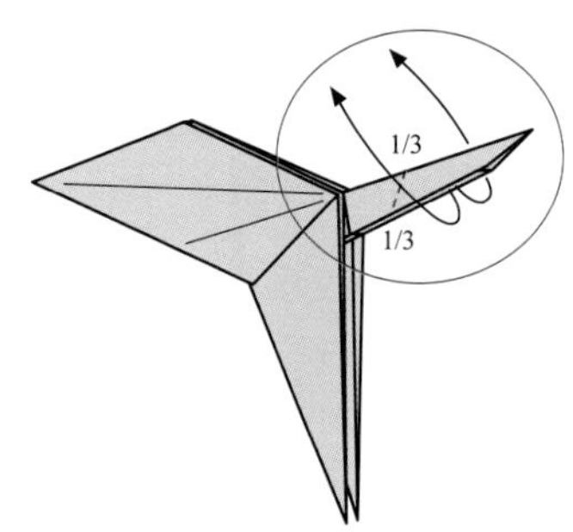

12 在○內的圖示位置向外翻摺。

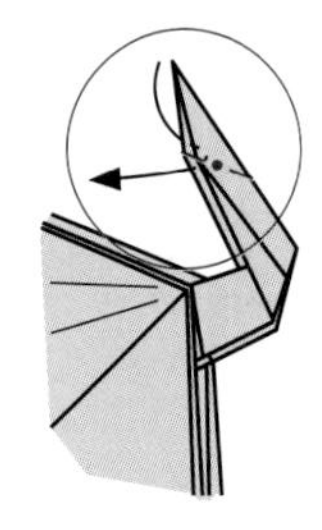

13 末端稍微向內壓摺。

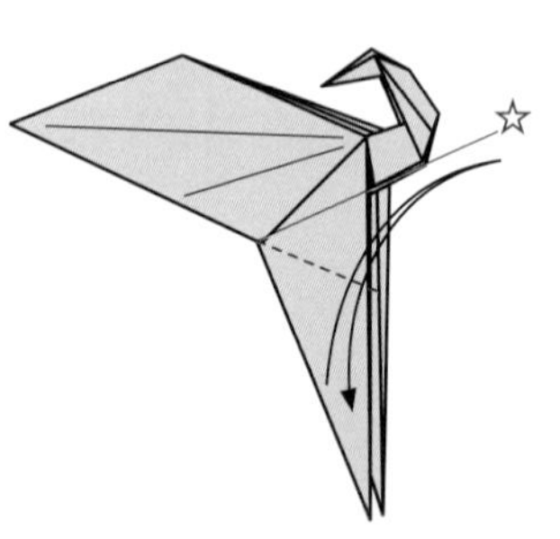

14 對齊☆線壓出摺線。

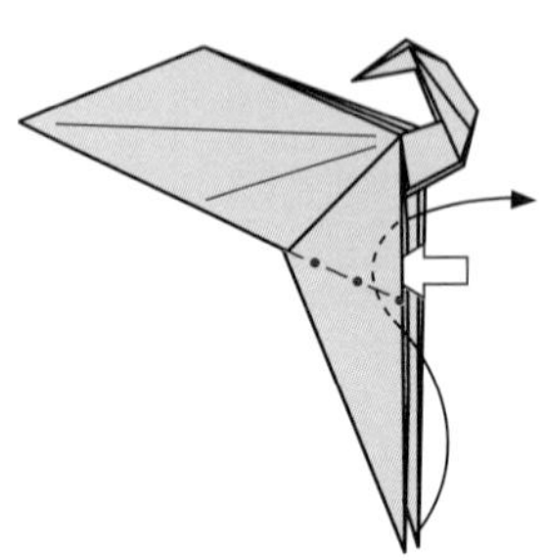

15 向內壓摺。

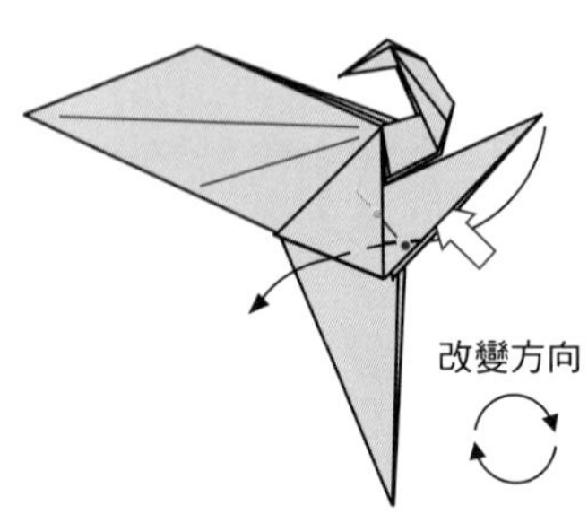

16 再次向內壓摺（參照 17）。

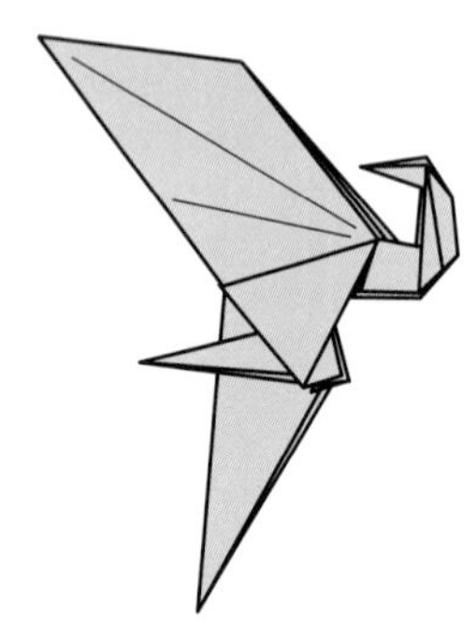

17 摺好的模樣。背面的摺法也同 14 ～ 16。

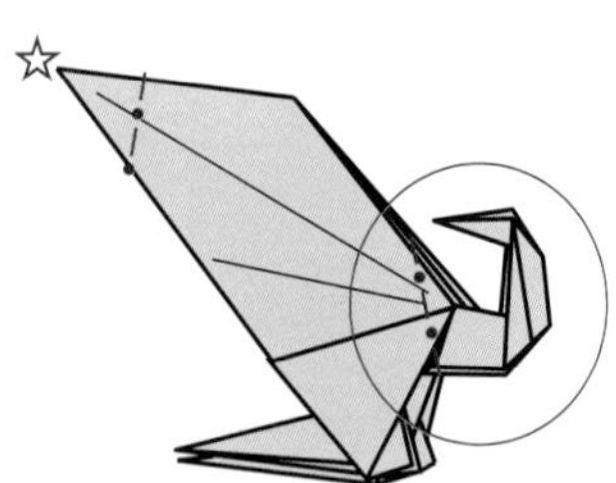

18 將☆摺入內側。○內的摺法參照 19。

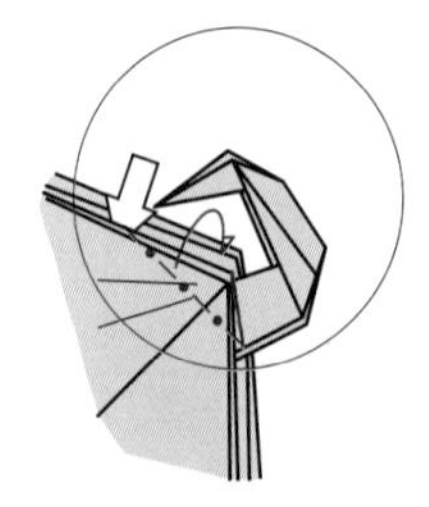

19 中間打開，一起摺入內側。

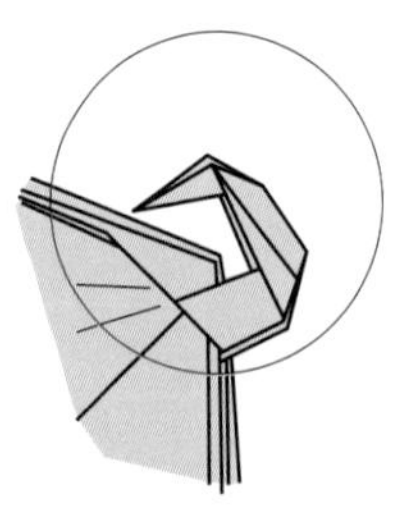

20 摺好的模樣。另一側的摺法也相同。

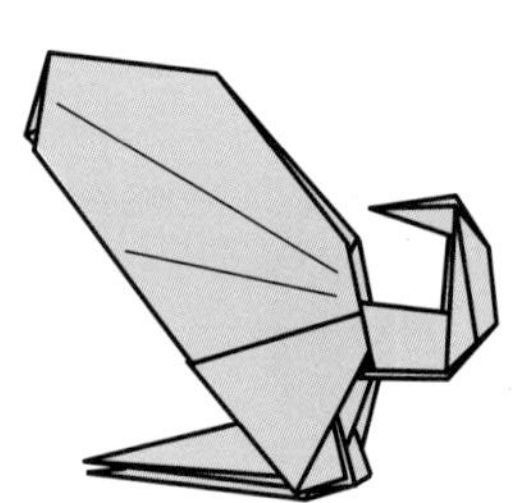

21 握手姿勢的下半身完成了。

## 狗狗a－組合法

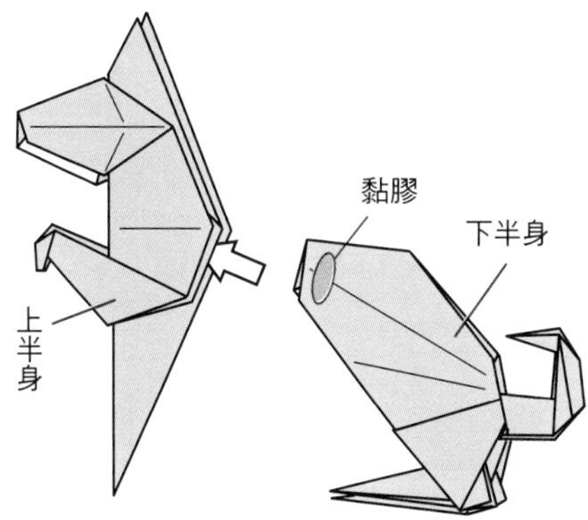

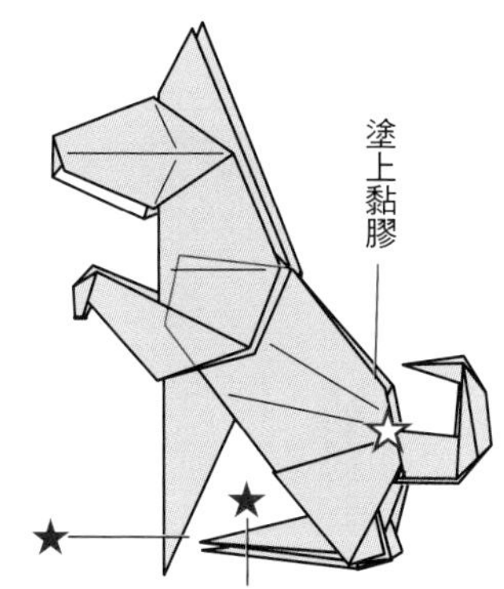

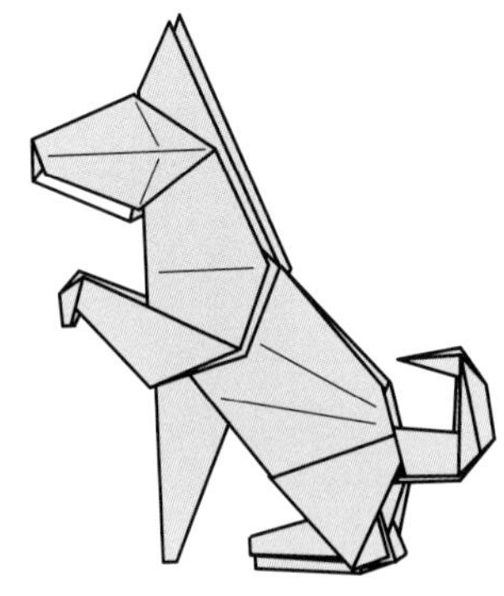

1 將上半身的中間打開，插入下半身。調整到滿意的形狀後，以黏膠固定。

2 考量前腳與後腳的長度，以同前腳 18 ～ 21 的摺法在★線處摺疊腳掌。在尾根部的☆處以黏膠固定，背部也以黏膠固定。

3 握手姿勢完成了。

## 狗狗b－上半身

＊從狗狗a－上半身的22（p.35）開始

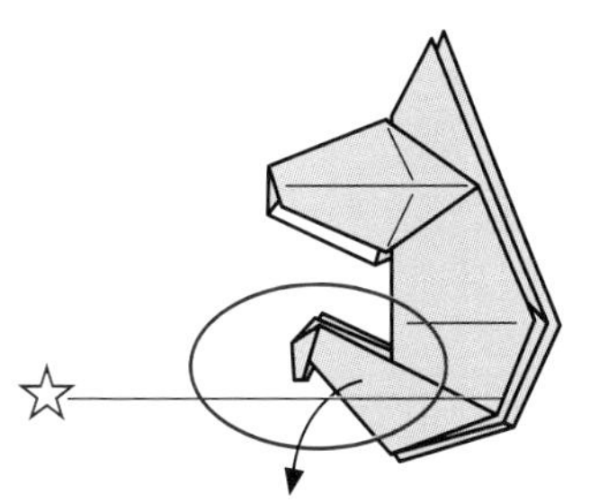

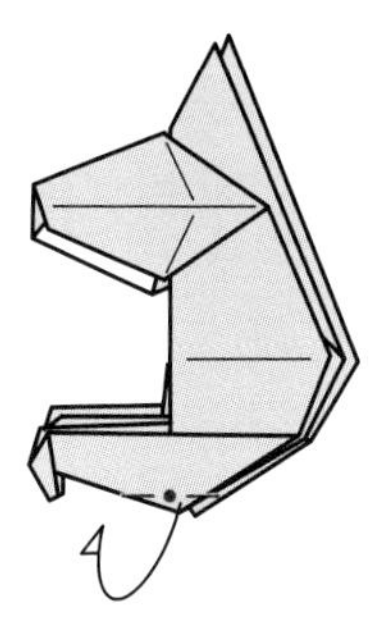

1 上半身後側的前腳和前側的前腳（p.35 － 14 ～ 21）一樣摺好後，將○內的部分往下拉到☆線處。

2 上半身完成了。前腳下方稍微做山摺，摺入內側後以黏膠固定。

## 狗狗b－下半身

＊摺法同狗狗a－下半身

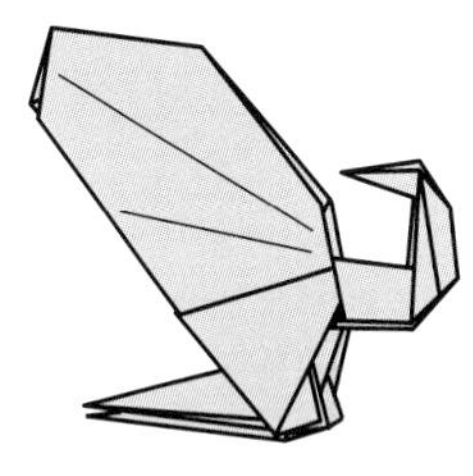

下半身的摺法請參照狗狗a－下半身（p.35）。

## 狗狗b－組合法

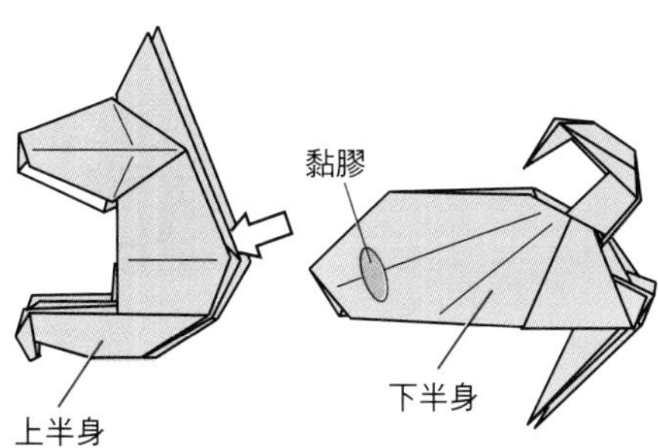

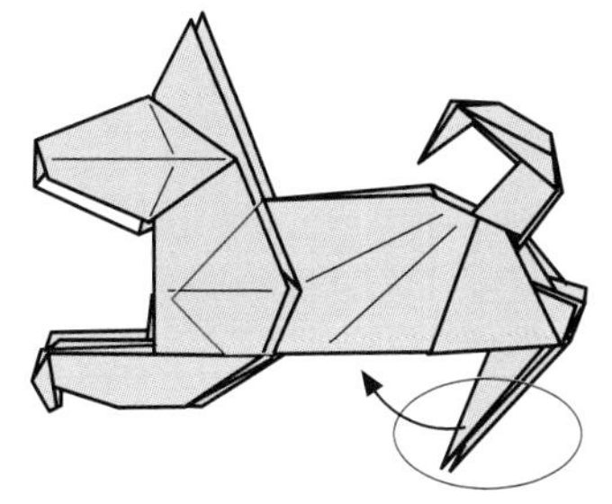

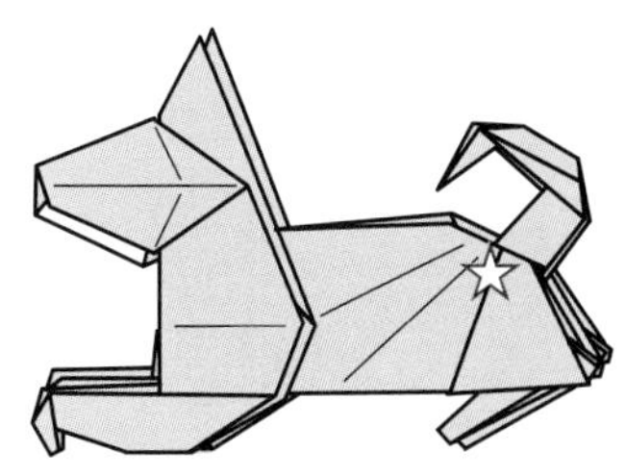

1 將上半身的中間打開，插入下半身。調整到滿意的形狀後，以黏膠固定。

2 將○內的部分稍微往上拉，做成 3 的模樣。以同狗狗 a － 上半身的前腳 18 ～ 21（p.35）的摺法來摺疊腳掌。

3 在尾根部的☆處以黏膠固定，背部也以黏膠固定。趴下姿勢完成了。

## 狗狗c－上半身

＊從狗狗a－上半身的11（p.34）開始

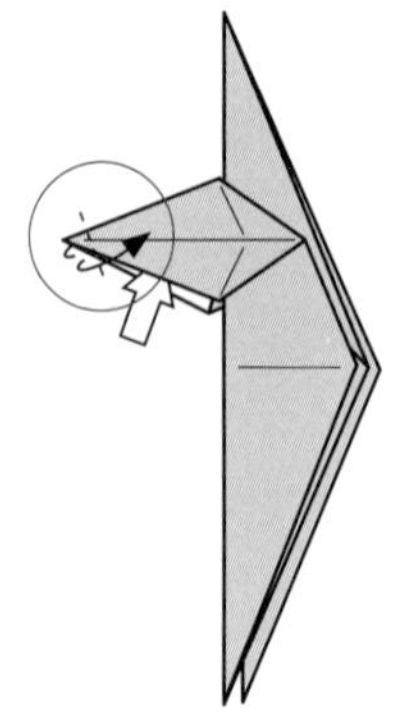

1 將○內稍微摺出三角形，壓出摺線後，中間打開向外翻摺。

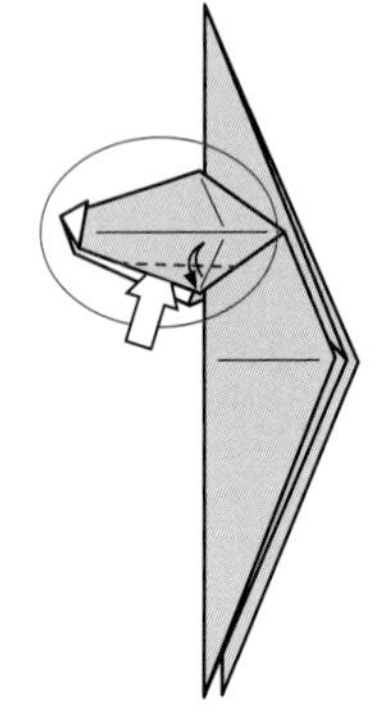

2 中間打開，在○內壓出摺線。

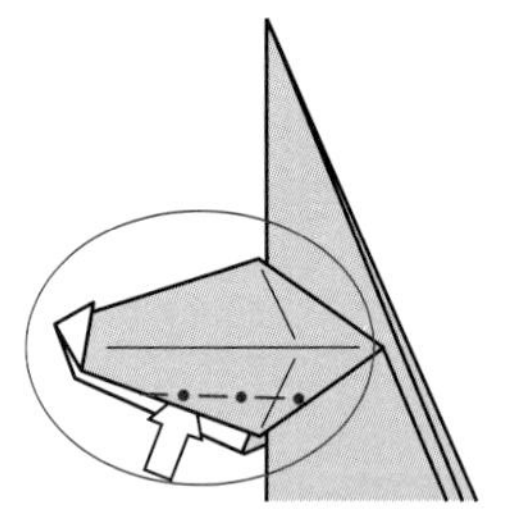

3 中間打開，依照 2 壓出的摺線做山摺，摺入內側。

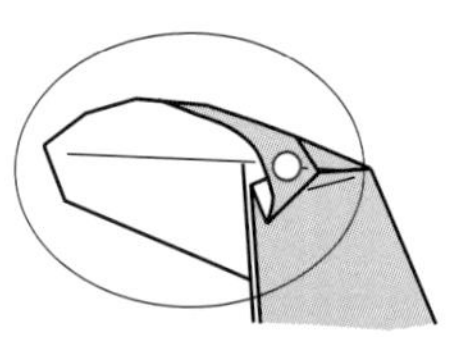

4 從下面看過去的模樣。將○摺入內側。

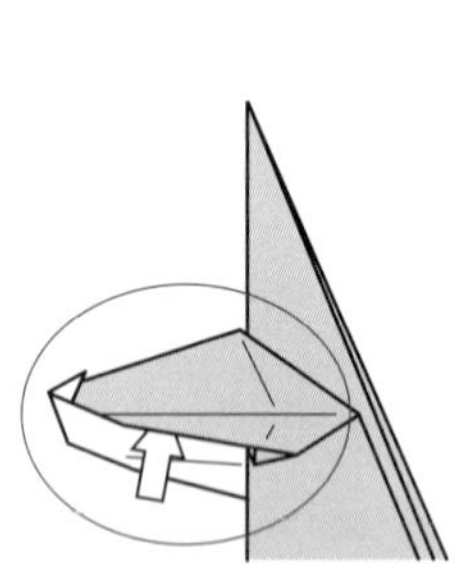

5 摺好後稍微打開一點的模樣。另一側的摺法也同 2～4。

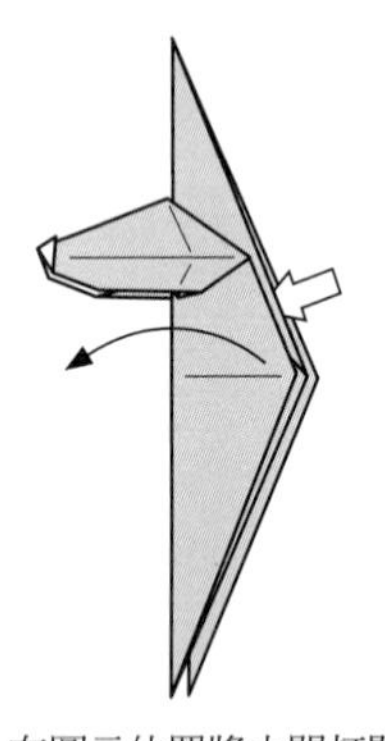

6 在圖示位置將中間打開。

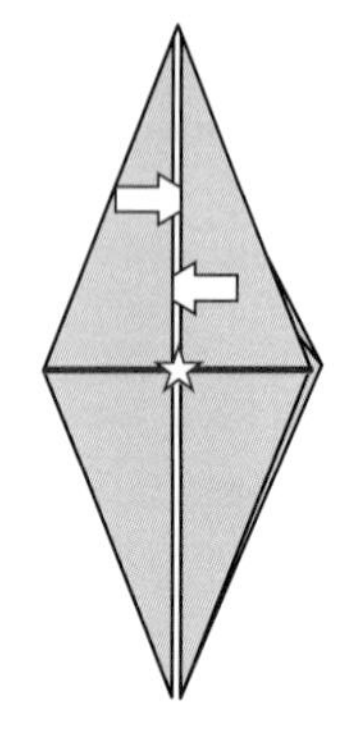

7 兩側都將中間打開，將上面 1 張從☆處開始依照粗線剪開。

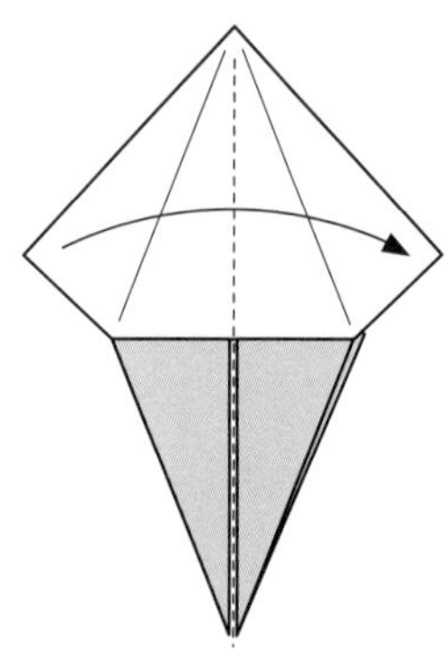

8 對摺成 6 的形狀。

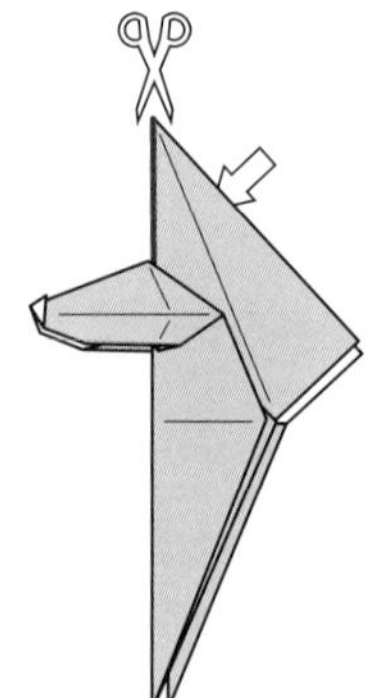

9 中間打開，依照粗線剪開。

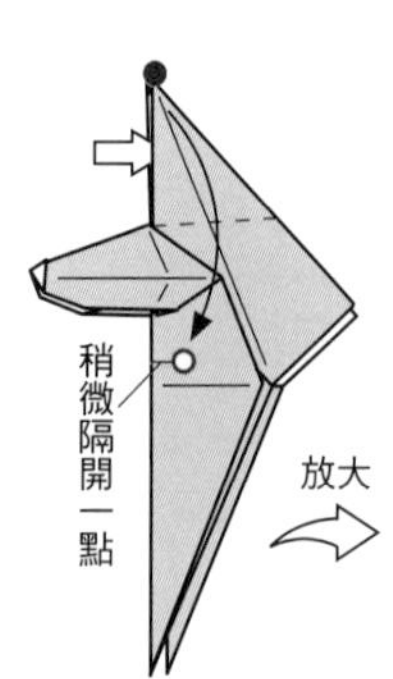

10 中間打開，只將上面 1 張的●對齊○做谷摺，背面的摺法也相同。

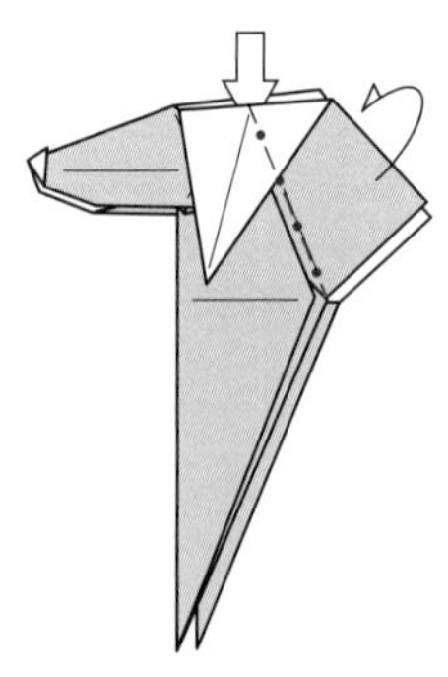

11 中間打開，只將上面 1 張在圖示位置做山摺，摺入內側。背面的摺法也相同。

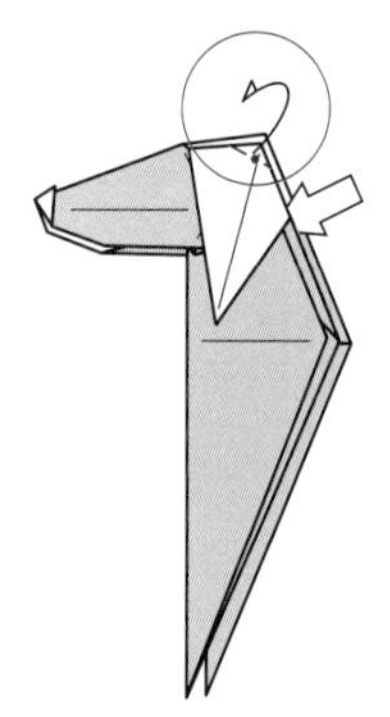

12 同樣地在○內稍微做山摺。背面的摺法也相同。

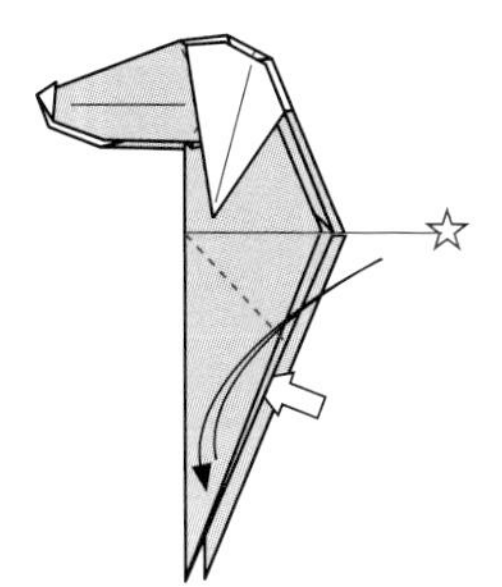

13 將前側的腳對齊☆線壓出摺線。

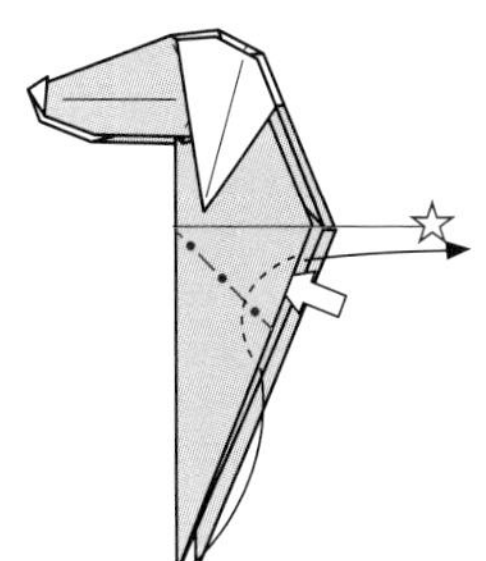

14 中間打開，向內壓摺。

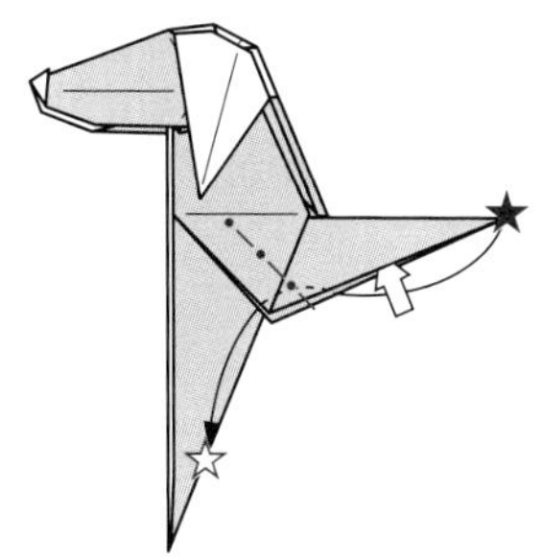

15 中間打開，讓★對齊☆般地向內壓摺。

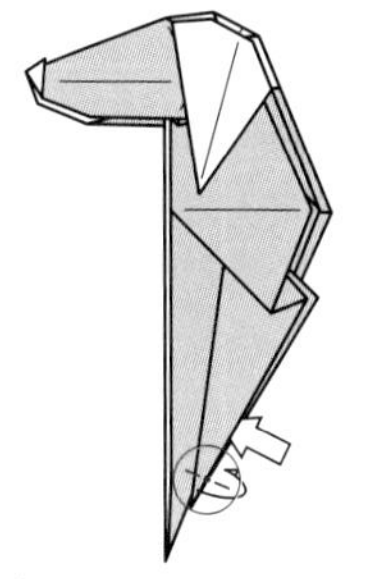

16 將○內的部分打開，稍微以山摺摺入內側。

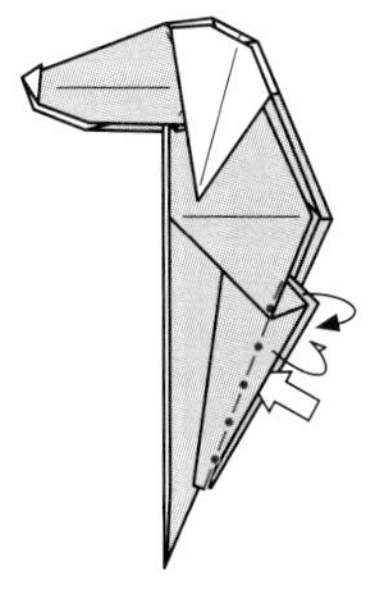

17 中間打開，以山摺摺入內側。背面的摺法也相同。

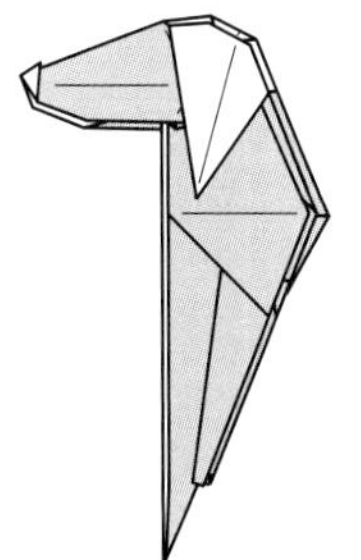

18 摺好的模樣。另一側的腳摺法也同 13 ～ 17。

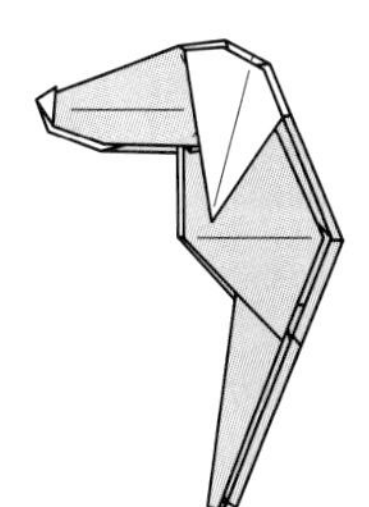

19 上半身完成了。

## 狗狗c－下半身

＊從狗狗a－下半身的7（p.35）開始

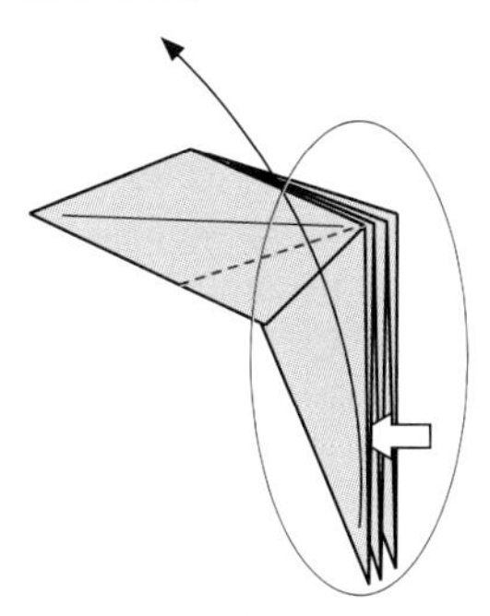

1 ○內的上面1組在圖示位置往上翻開。

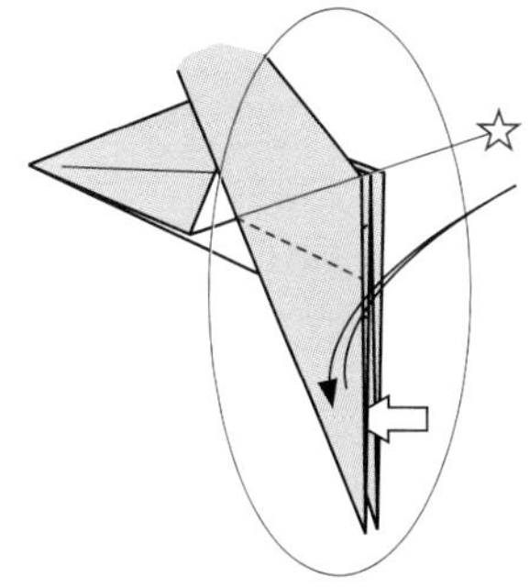

2 對齊☆線壓出摺線後，回到 1 的形狀。

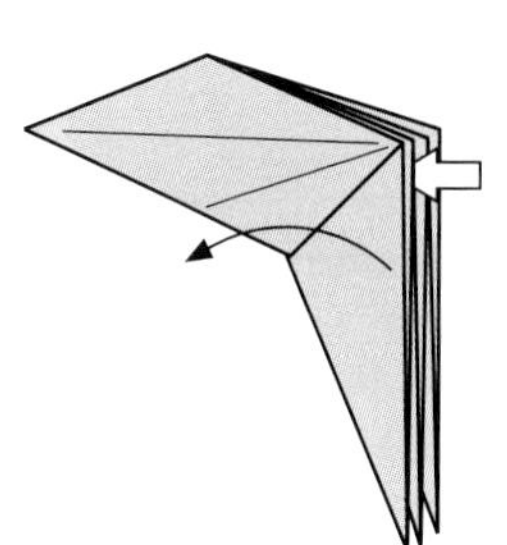

3 從正中間打開，翻到左邊。

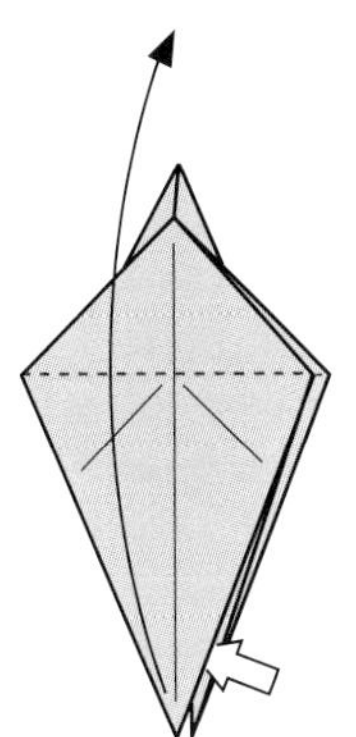

4 只將上面1組往上翻開。

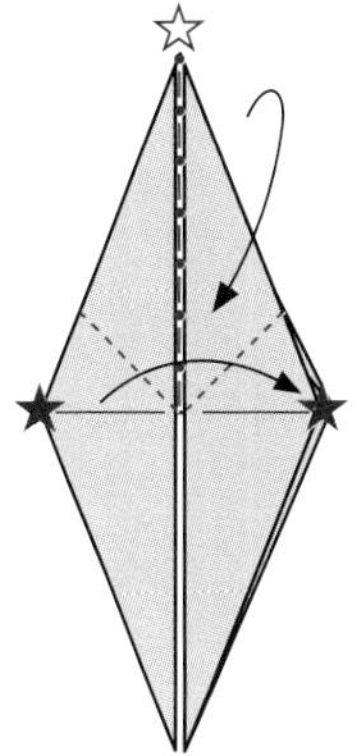

5 將 2 壓出的摺線依照圖示重新摺疊，一邊將☆處做山摺一邊往下拉，使得★與★對齊重疊。

6 中間打開做山摺，摺入內側。

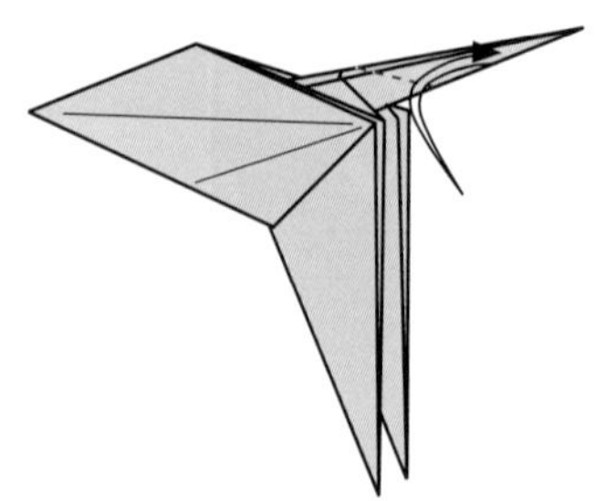

7 尾巴斜向谷摺，壓出摺線。

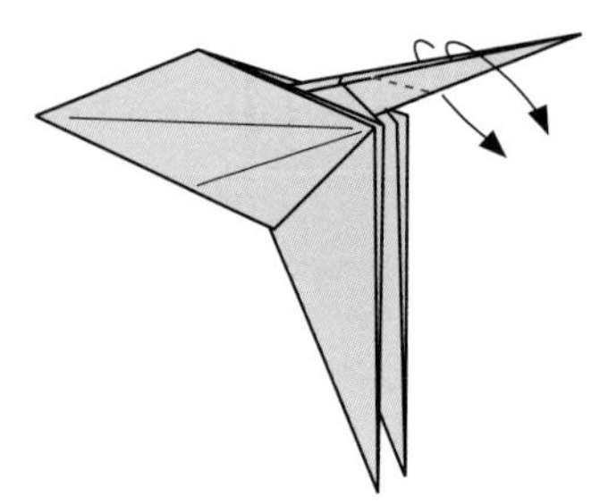

8 向外翻摺。

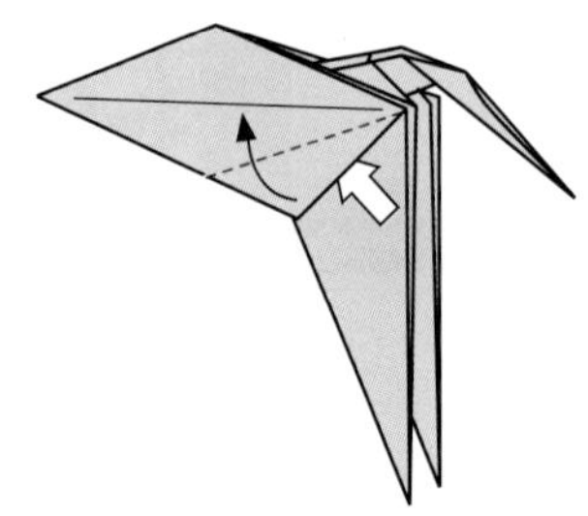

9 中間打開，翻到上面。

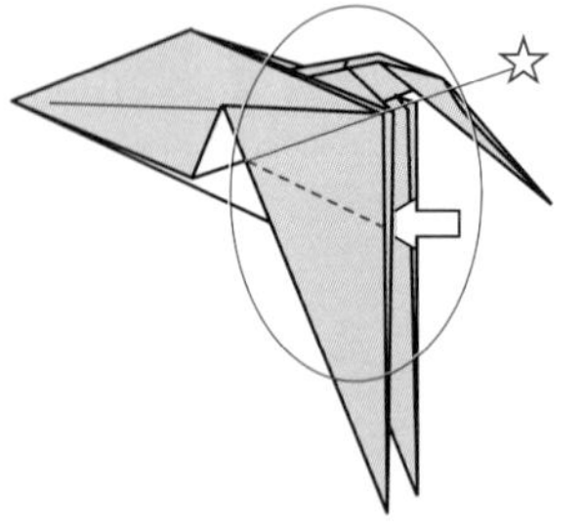

10 對齊☆線壓出摺線。〇內的摺法同前腳的 13 ～ 18。

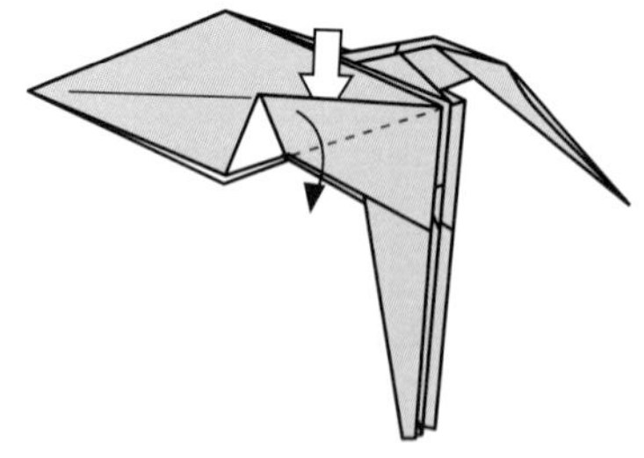

11 回到 9 摺好的模樣。

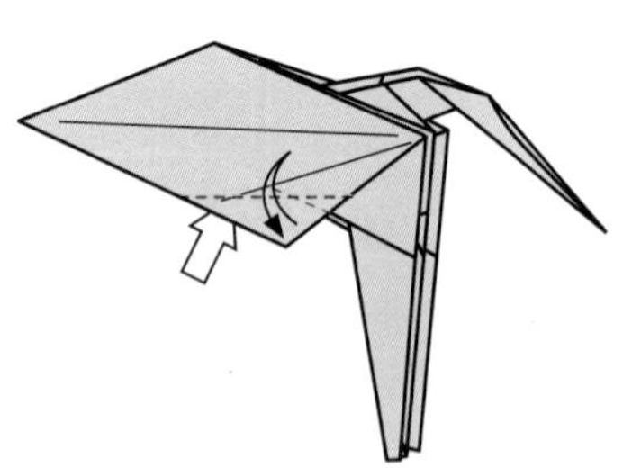

12 在比內側線條稍下方處壓出摺線。摺法同上半身的 3 ～ 5。

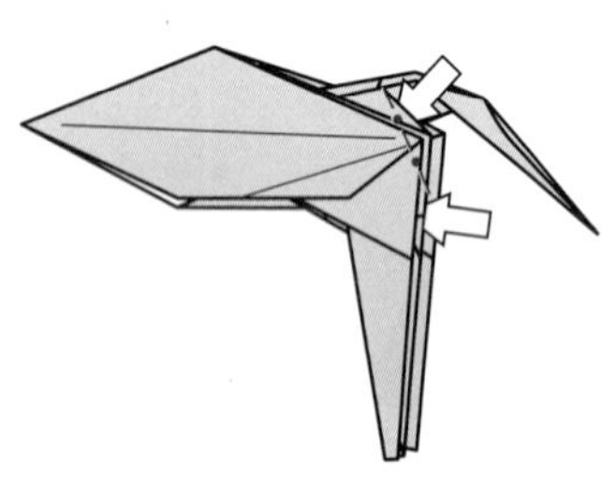

13 中間打開，一起以山摺摺入內側。背面的摺法也相同。

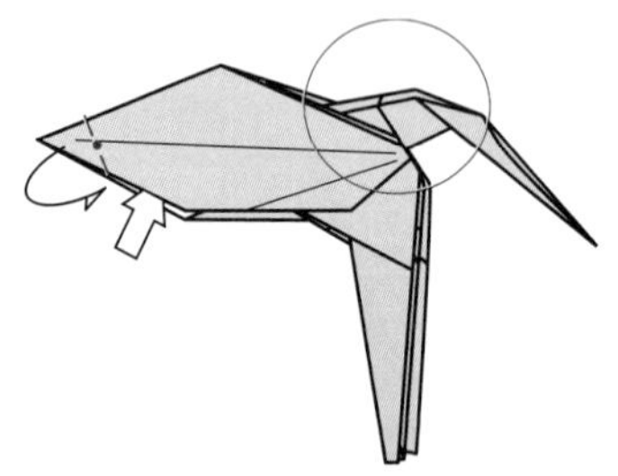

14 中間打開，末端稍微往內摺。〇內 13 往內摺的部分要確實地以黏膠固定。

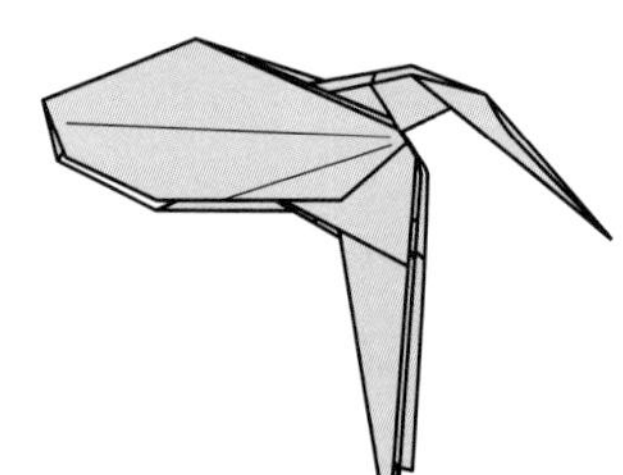

15 下半身完成了。

## 狗狗c－組合法

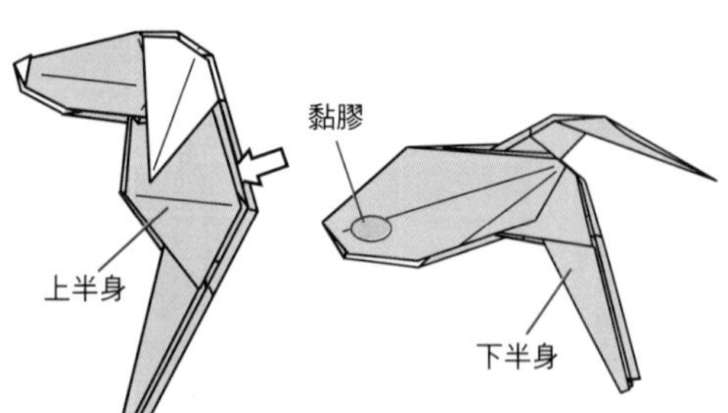

1 稍微改變上下半身的方向。將上半身的中間打開，插入下半身。調整到滿意的形狀後，以黏膠固定。下半身的 14 所摺的分量可以在此進行調整。

2 完成了。

# 貓咪

紙張大小（和紙）
a.b 18cm× 18cm…2 張

其他材料
緞帶…適量

photo to_ p.14、15
改編_ 湯浅信江

**貓咪a－上半身**　＊從狗狗a－上半身的5（p.34）開始

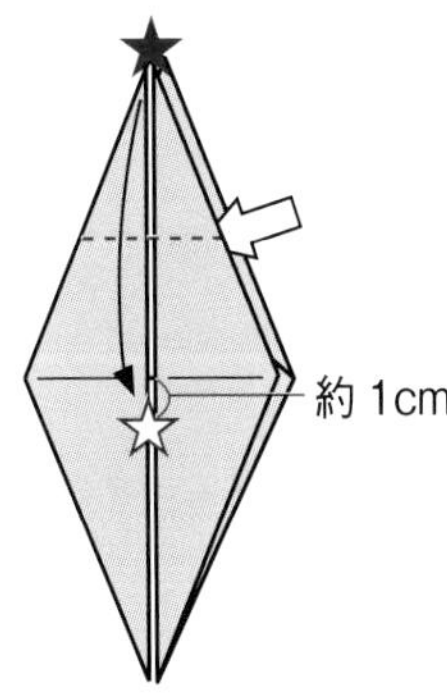

1 只將上面 1 張的★對齊☆進行谷摺。

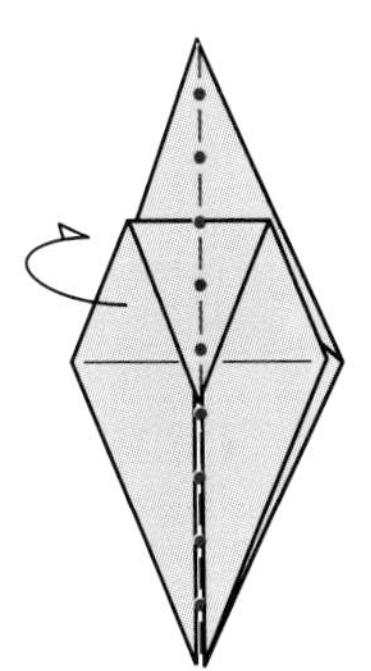

2 整體對半做山摺。

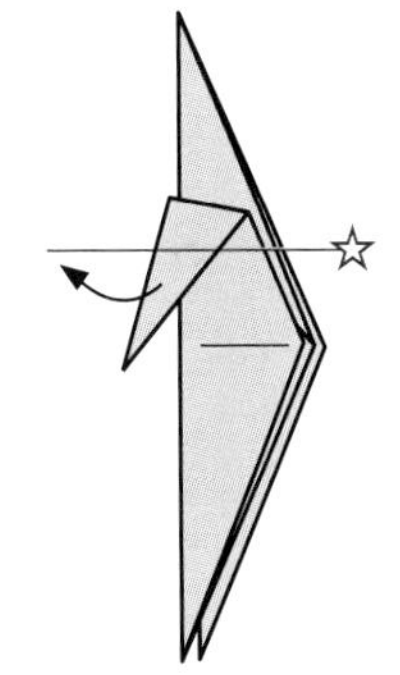

3 將 2 摺好的三角形對齊☆線往上拉。

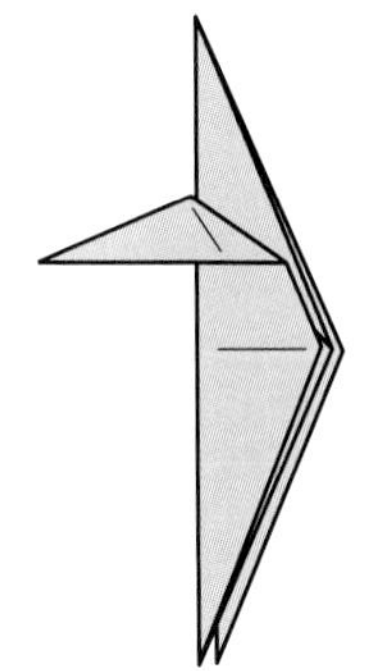

4 往上拉好的模樣。回到 1 的形狀。

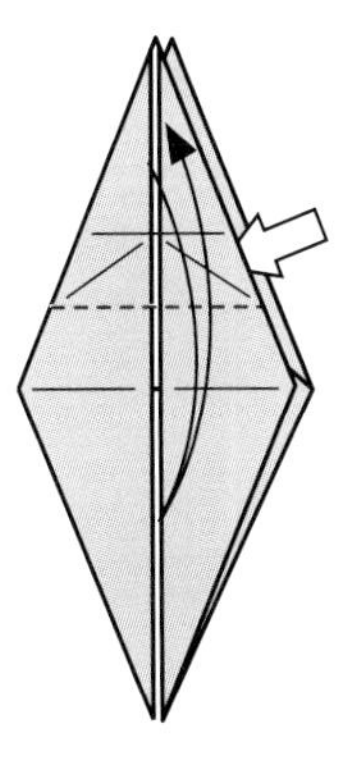

5 中間打開，壓出摺線。

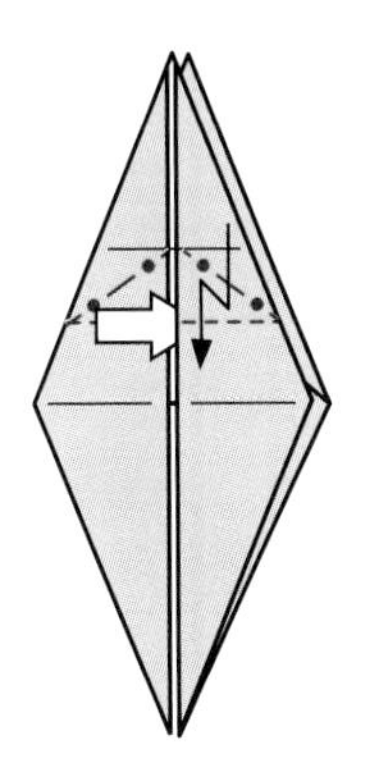

6 中間打開，將 4 壓出的摺線變成山摺線，做階梯摺。

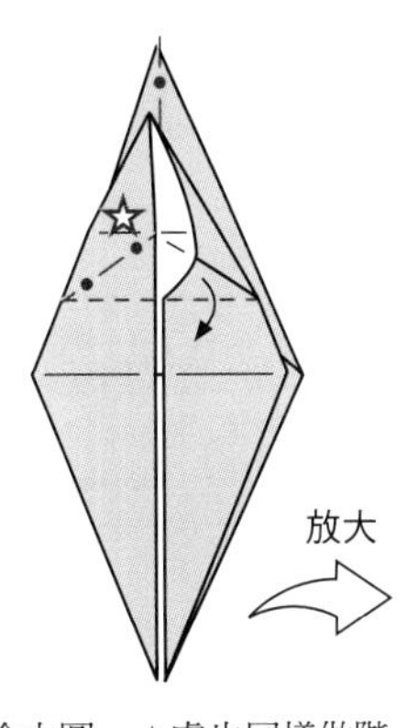

7 途中圖。☆處也同樣做階梯摺後，跟 2 一樣對半做山摺。

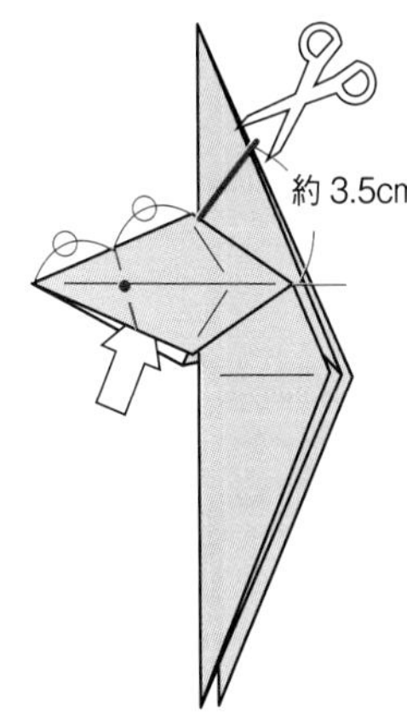

8 中間打開，頭部末端往內摺。耳朵依照粗線將 2 張都剪掉。

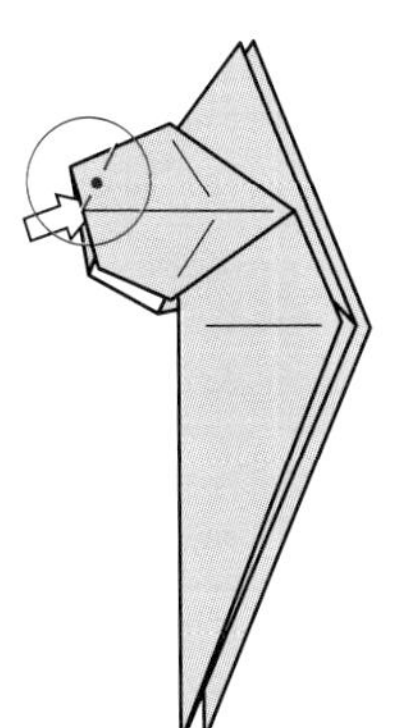

9 將○內的部分打開，稍微以山摺摺入內側。

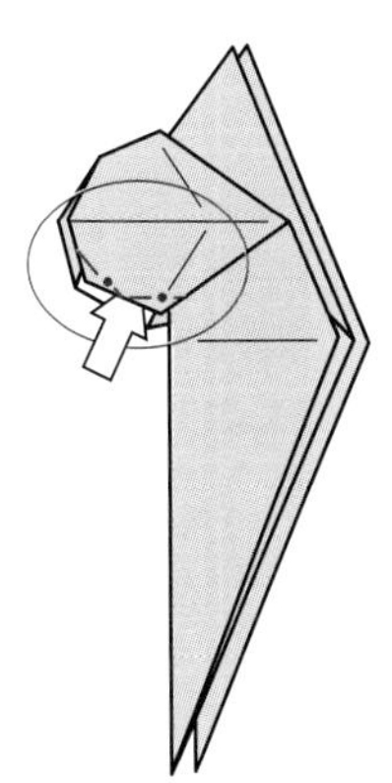

10 將○內的角稍微摺入內側。背面的摺法也相同。

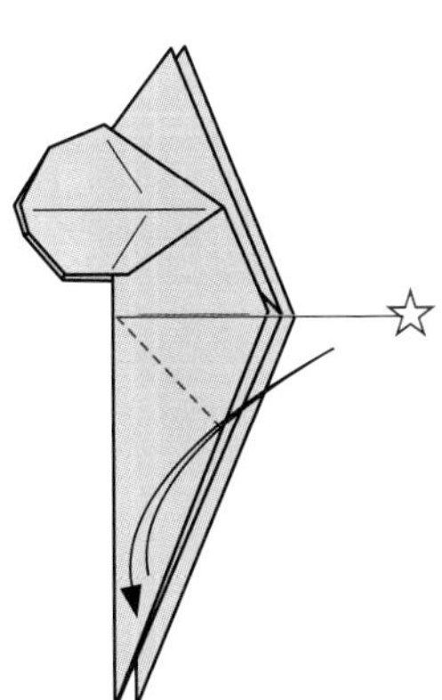

11 前側的腳對齊☆線壓出摺線。

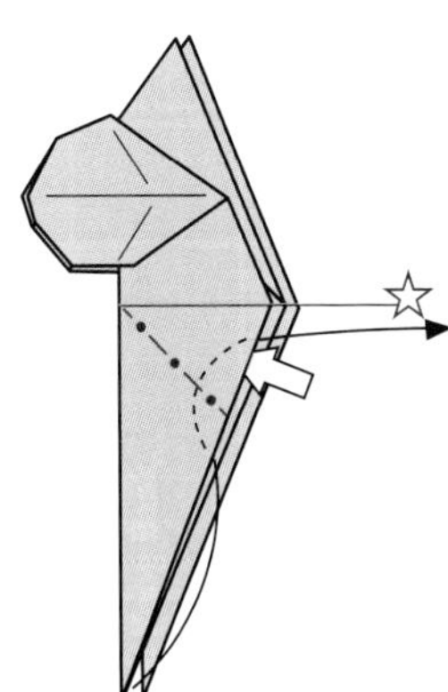

12 中間打開，向內壓摺。

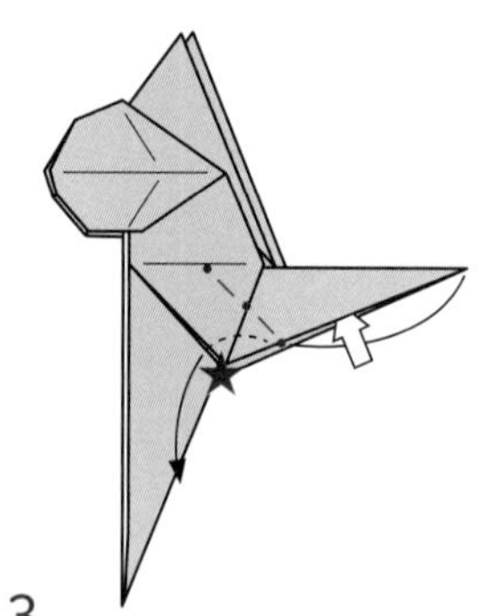

13
中間打開，向內壓摺，
讓 14 的☆線與★處重疊。

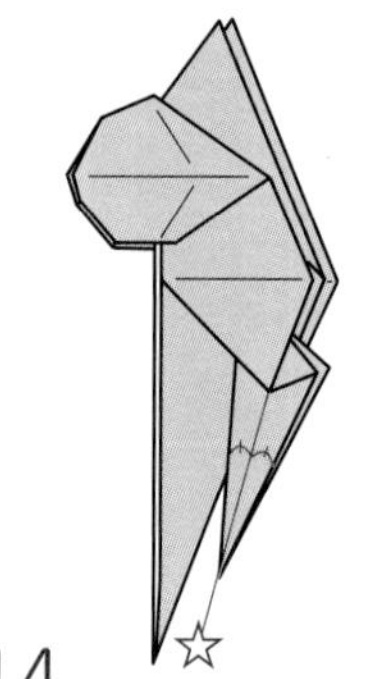

14
摺好的模樣。背面的摺法也相同。

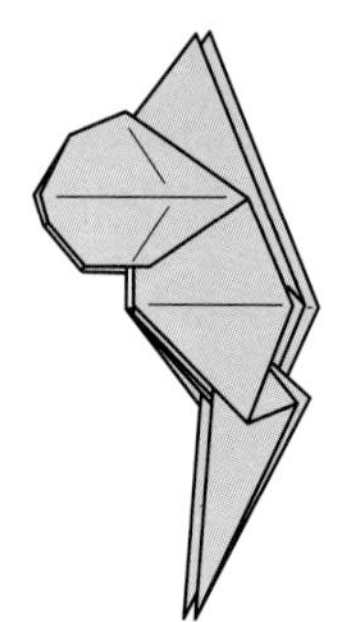

15
上半身完成了。

## 貓咪a－下半身

＊從狗狗a－下半身的10（p.36）開始

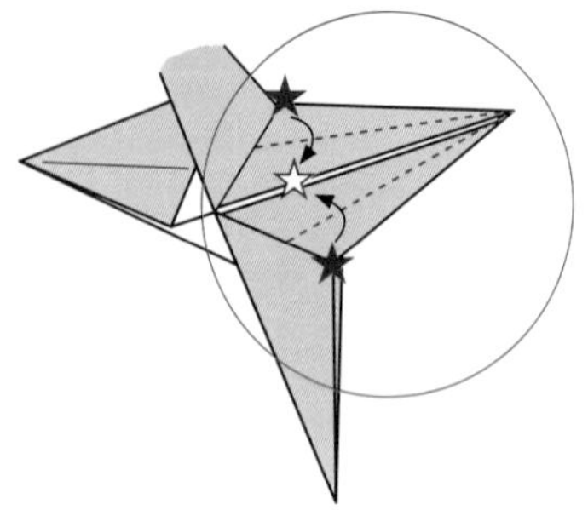

1 讓★與☆對齊般地進行谷摺。

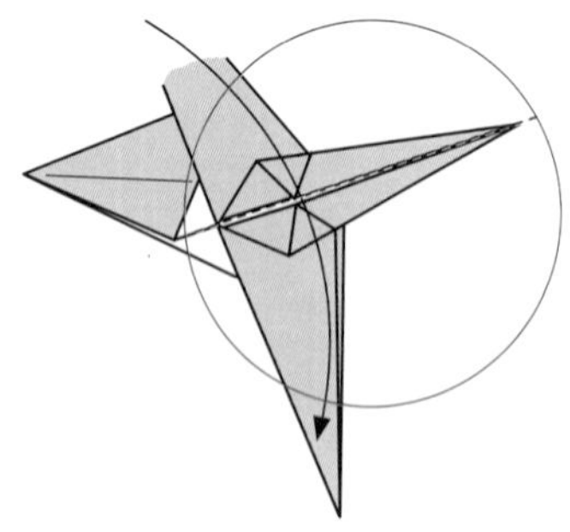

2 依照圖示進行谷摺。

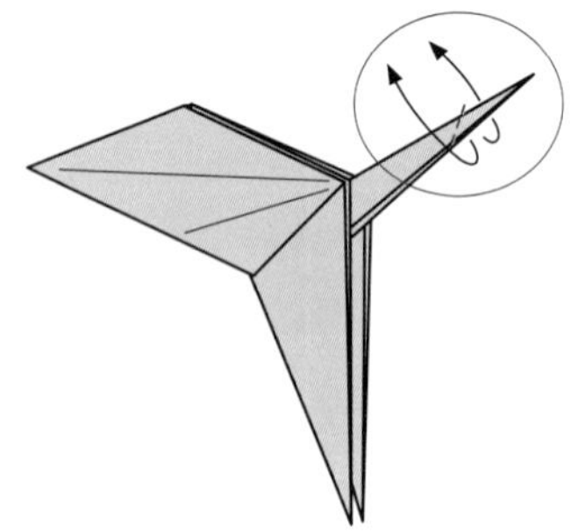

3 尾巴末端向外翻摺。

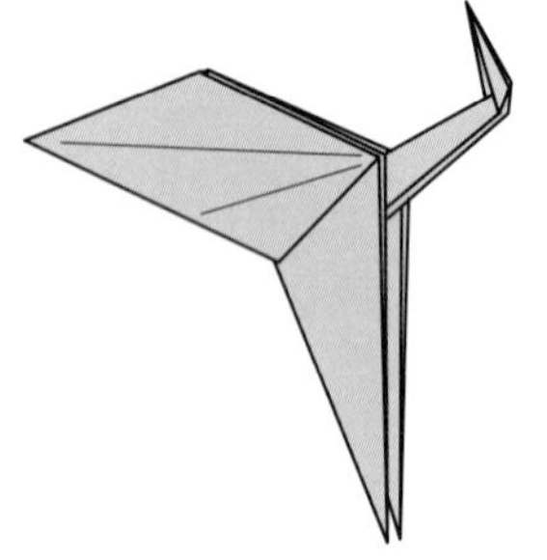

4 同狗狗 a －下半身的 14 ～ 21 進行摺疊（參照 p.36）。

5 下半身完成了。在☆處以黏膠固定，背部也以黏膠固定。

## 貓咪a－組合法

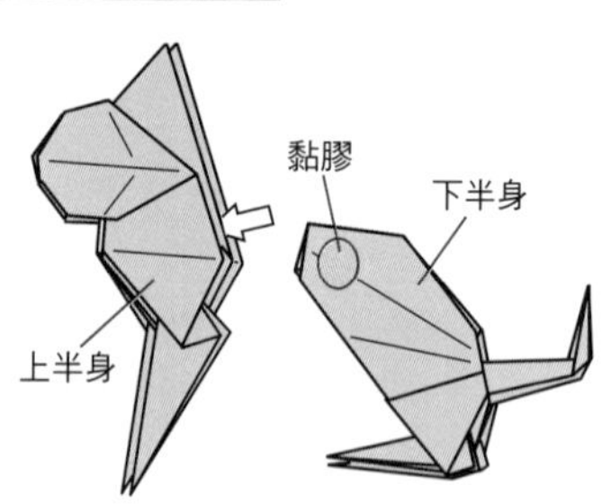

1 稍微改變上下半身的方向。將上半身的中間打開，插入下半身。調整到滿意的形狀後，以黏膠固定。

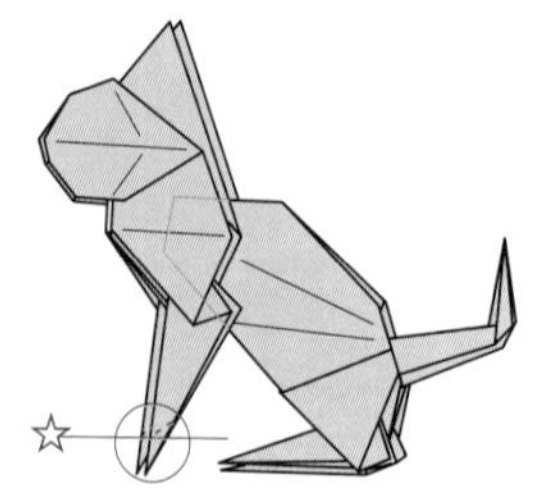

2 ○內的前腳在☆線處向外翻摺。

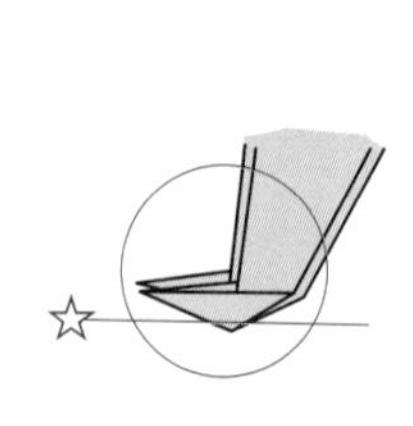

3 摺好的模樣。

4 完成了。

## 貓咪b－上半身

＊從貓咪a－上半身的11（p.41）開始

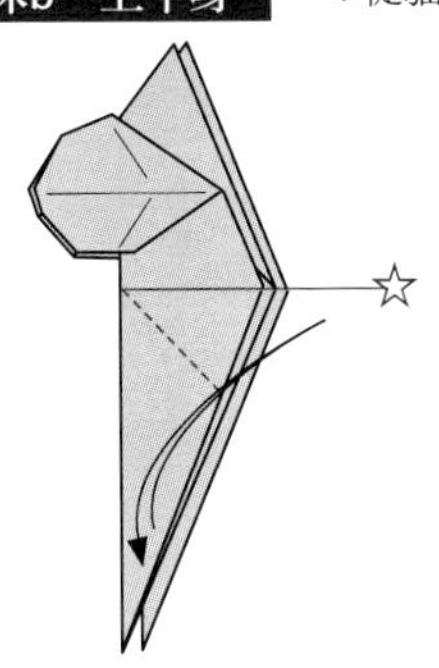

1 將前側的腳對齊☆線壓出摺線。

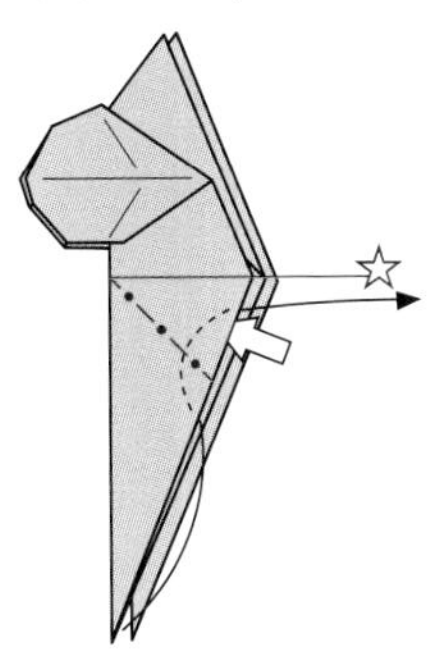

2 中間打開，向內壓摺。

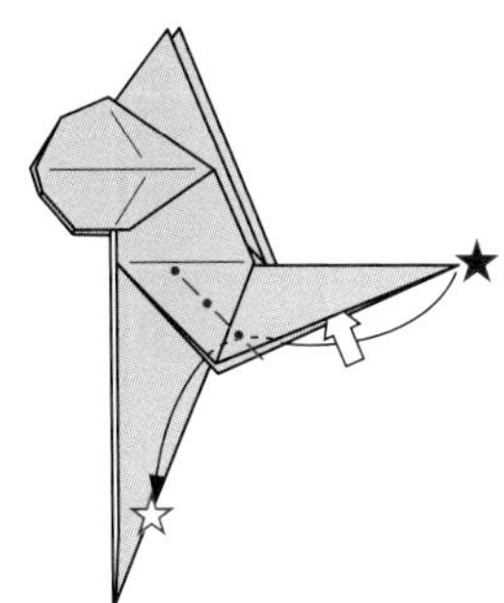

3 中間打開，讓★對齊☆般地向內壓摺。

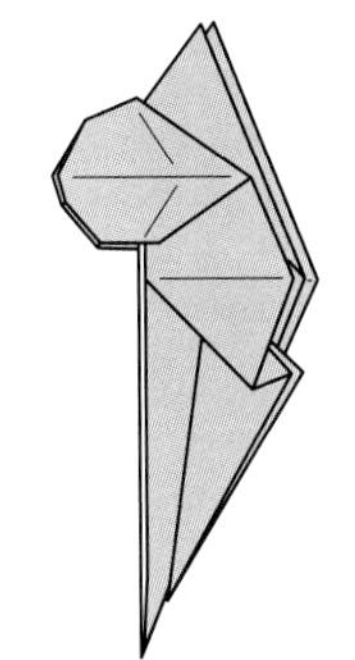

4 摺好的模樣。背面的摺法也同貓咪 a －上半身的 13、14。

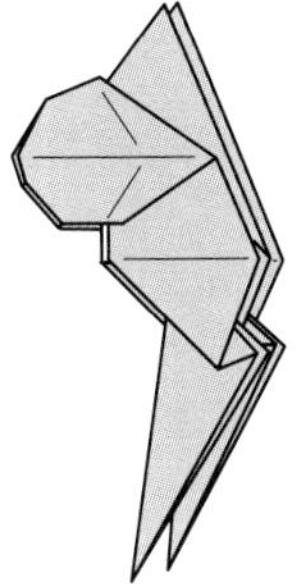

5 上半身完成了。

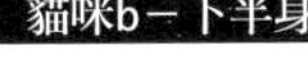

## 貓咪b－下半身

＊從貓咪a－下半身的4（p.42）開始

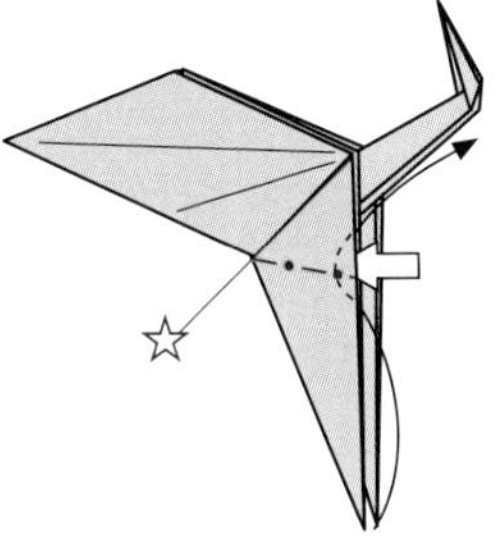

1 將前側的腳對齊☆線壓出摺線，向內壓摺。

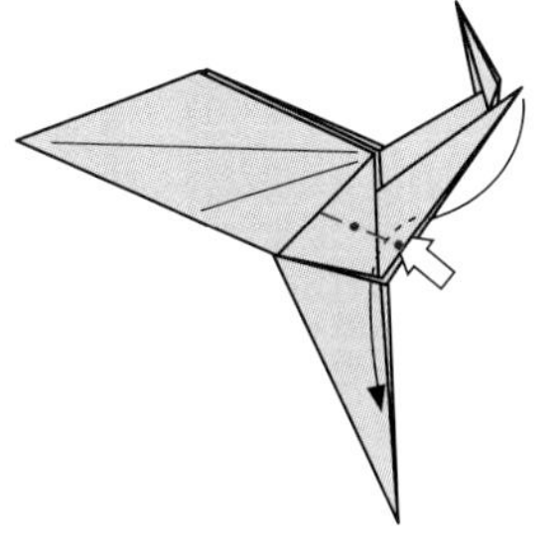

2 中間打開，和前腳一樣向內壓摺。

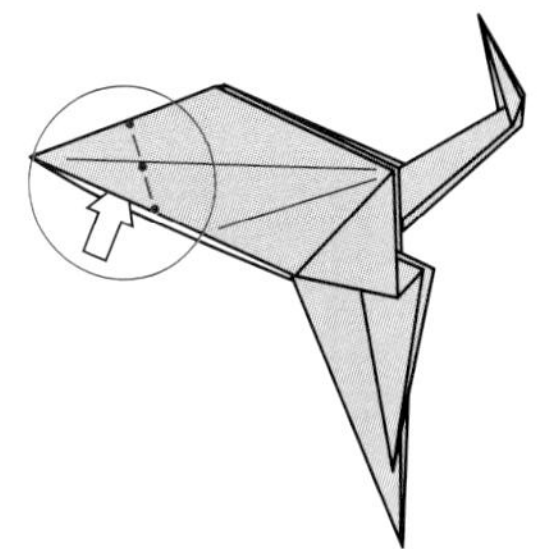

3 摺好的模樣。背面的摺法也相同。〇內的部分摺入內側。

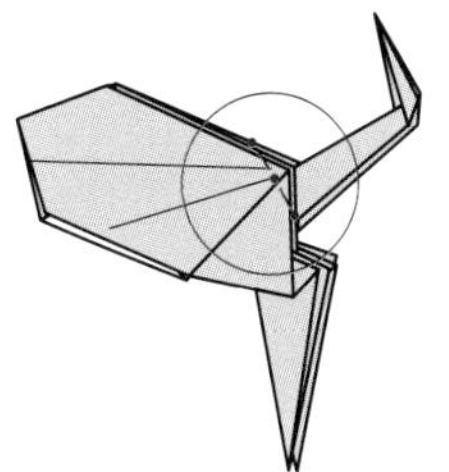

4 尾根部一起以山摺摺入內側。背面的摺法也相同，以黏膠固定。

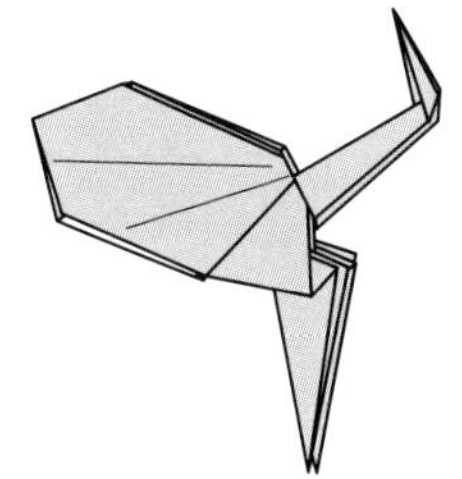

5 背部以黏膠固定，下半身完成了。

## 貓咪b－組合法

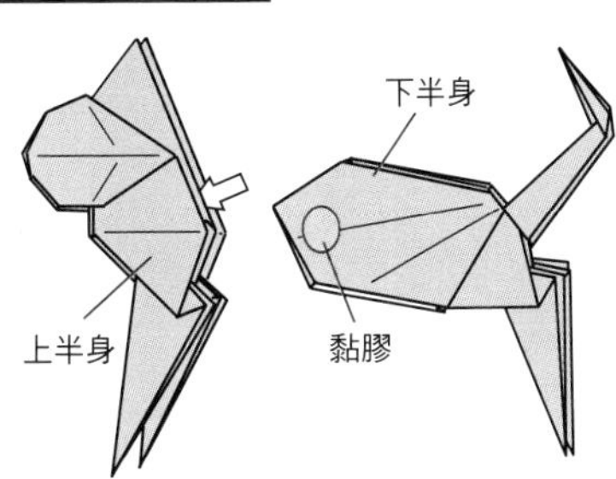

1 稍微改變上下半身的方向。將上半身的中間打開，插入下半身。調整到滿意的形狀後，以黏膠固定。

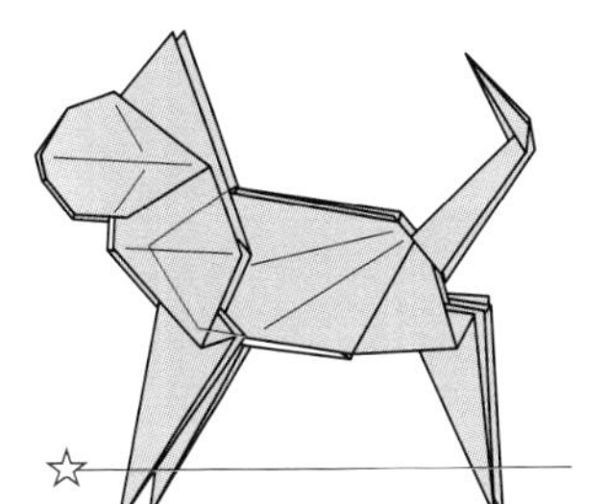

2 前後腳對齊☆線向外翻摺（參照貓咪 a －組合法的 2、3）。

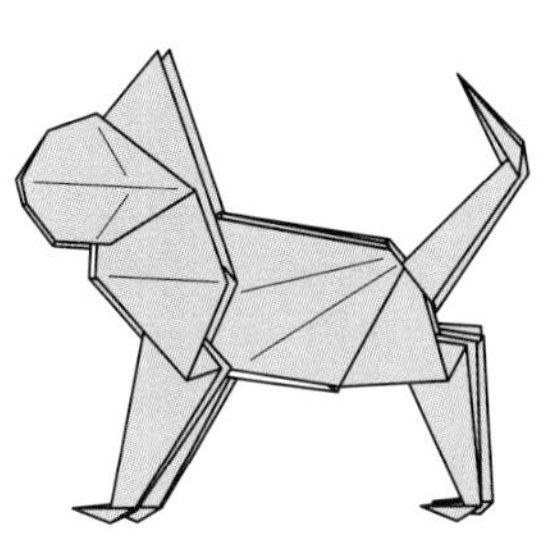

3 完成了。

# 兔子

紙張大小（和紙）
兔子 a.b 18cm× 18cm…2 張
耳中的色紙 3.5cm× 6cm…2 張

photo to_ p.16
point lesson_ p.6
原案_ 富田登志江

## 上半身

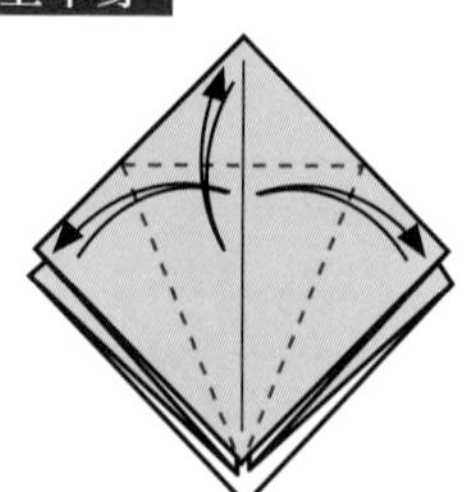

1 在四角摺上壓出摺線。

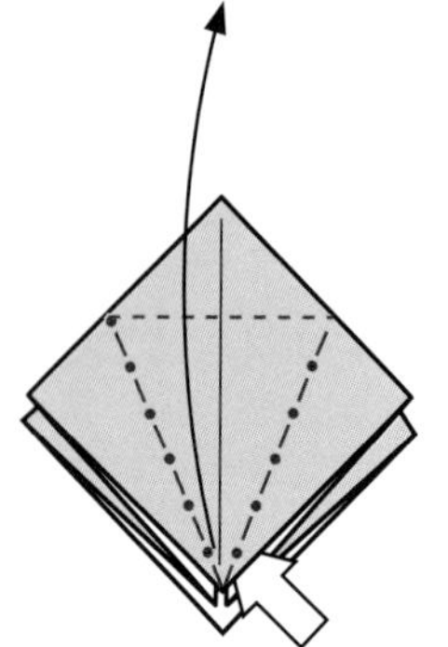

2 依照圖示打開摺疊。

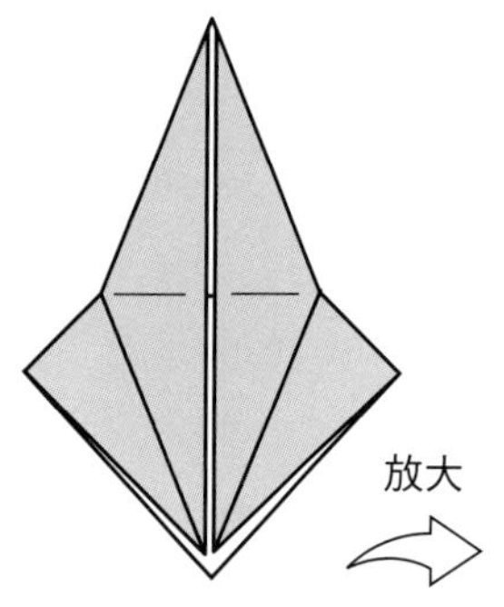

3 摺好的模樣。背面的摺法也相同。

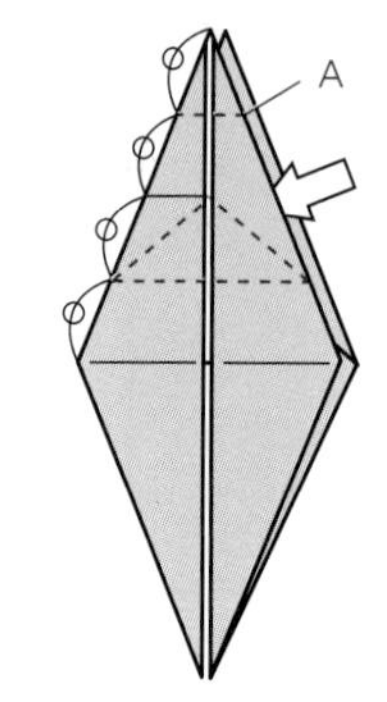

4 中間打開，在圖示位置壓出摺線。

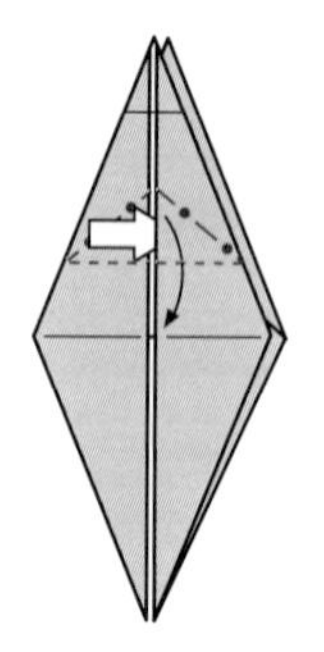

5 中間打開，依照摺線摺疊。

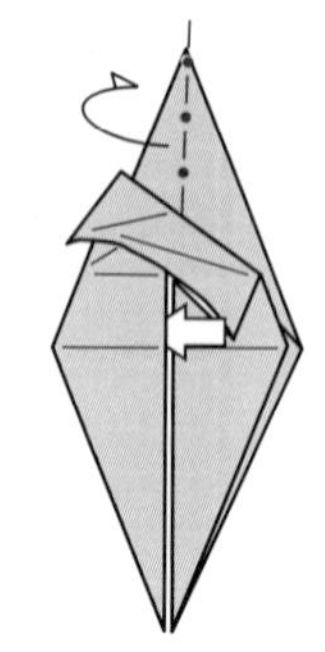

6 途中圖。左側的摺法也相同，在中央線做山摺。

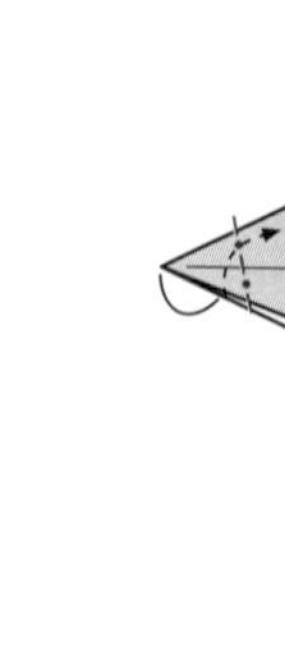

7 利用 4 壓出的摺線 A 做向內壓摺。

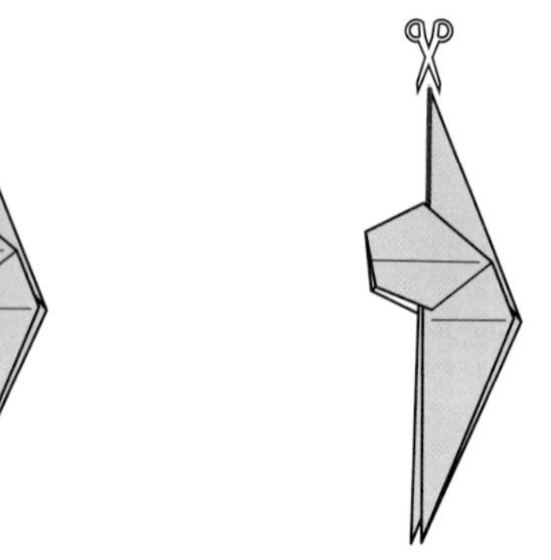

8 依照粗線用剪刀剪開。這個部分會成為耳朵。

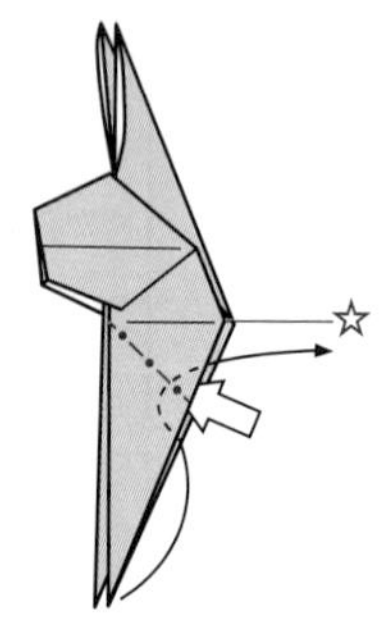

9 只將上面 1 張對齊☆線向內壓摺。

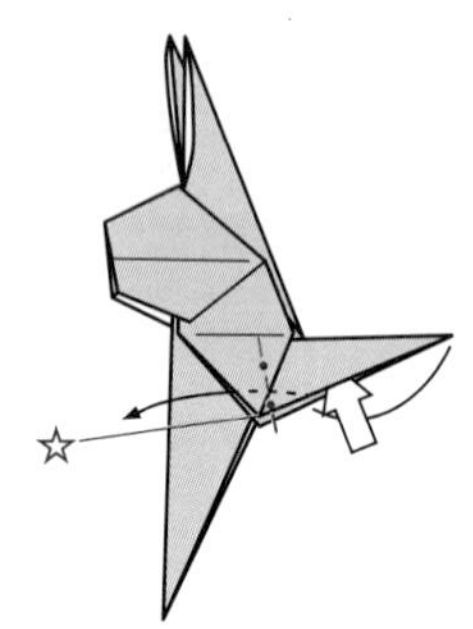

10 再次向內壓摺。

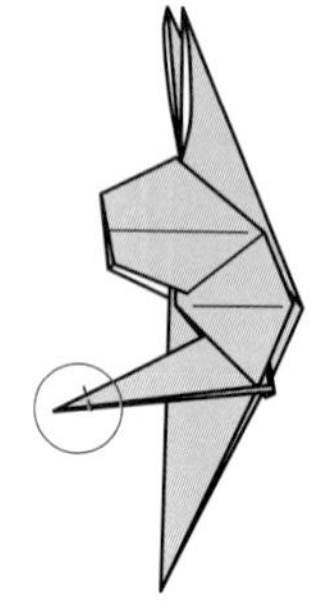

11 ○內壓出摺線，中間打開。

＊放大圖

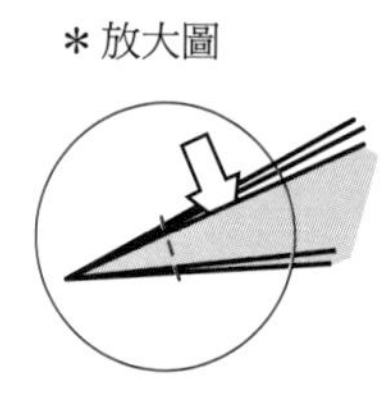

12 放大後的模樣。

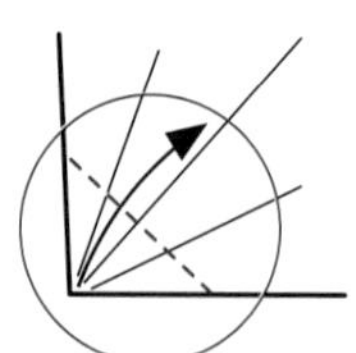

13 利用 11 壓出的摺線做谷摺。

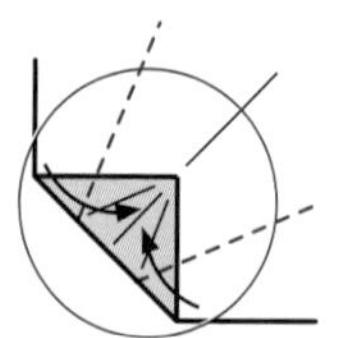

14 直接依照摺線摺疊。

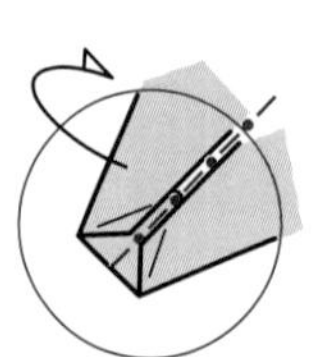

15 以山摺摺回原狀。

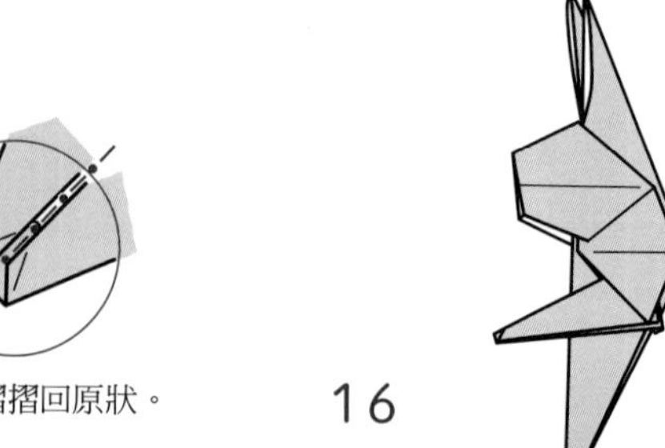

16 另一側的摺法也同 9 ～ 15。

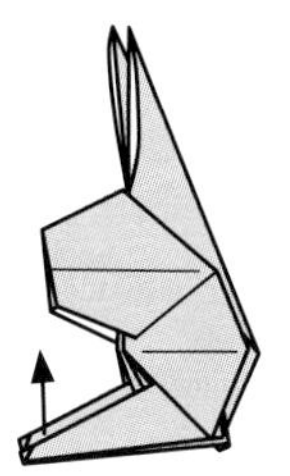

17 將後側的腳稍微往上拉。

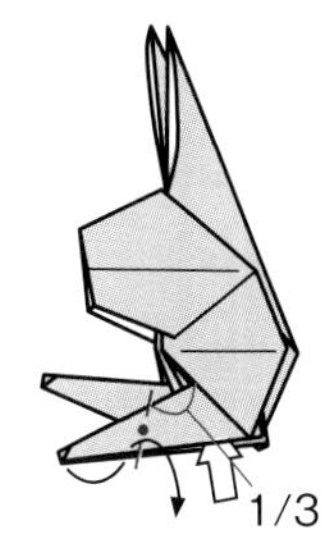

18 在圖示位置向內壓摺。
後側的前腳摺法也相同。

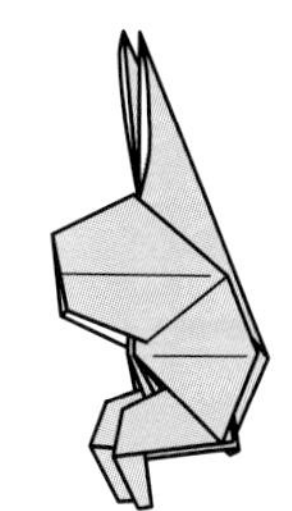

19 上半身完成了。

## 下半身

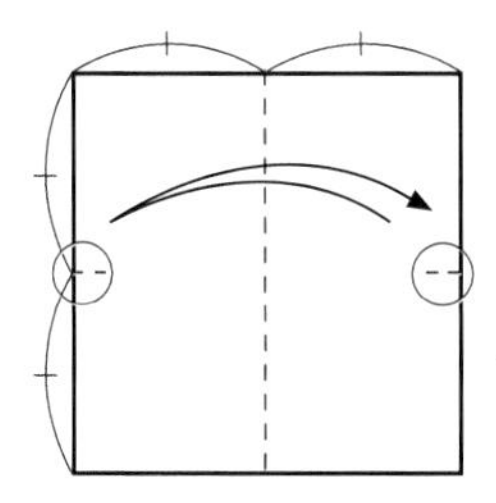

翻面

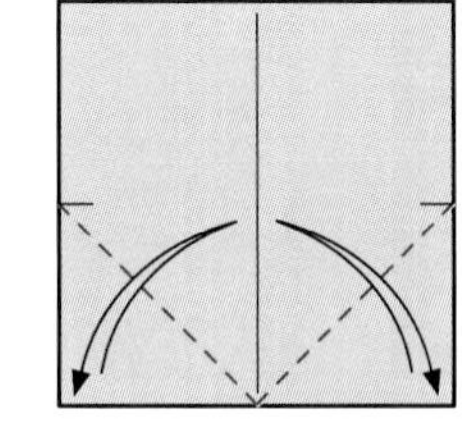

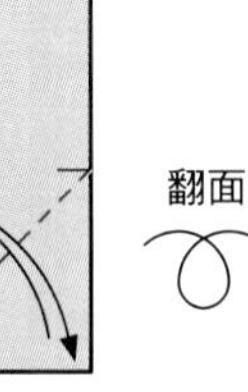

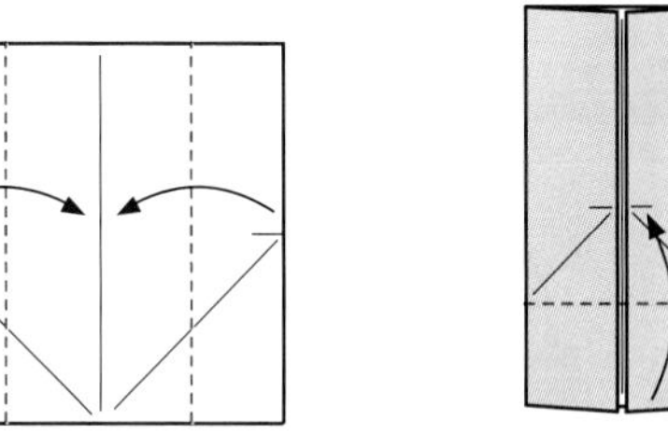

1 只在○內壓出摺線後，
縱向對摺，壓出摺線。

2 下面的角摺出三角形，
壓出摺線。

3 兩側對齊中央線摺疊。

4 對齊中央線往上摺。

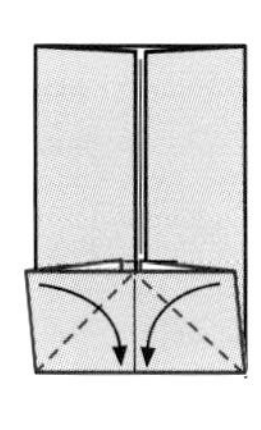

5 依照圖示進行
谷摺。

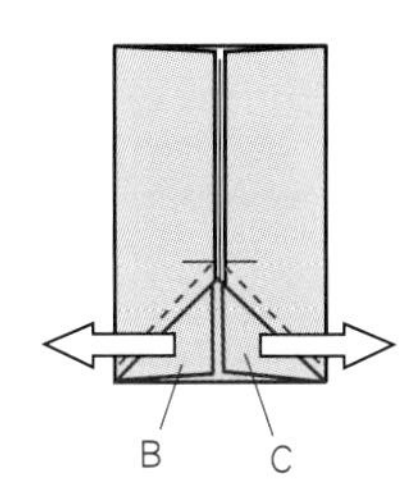

6 將 5 谷摺後上面
的紙往旁邊拉開。

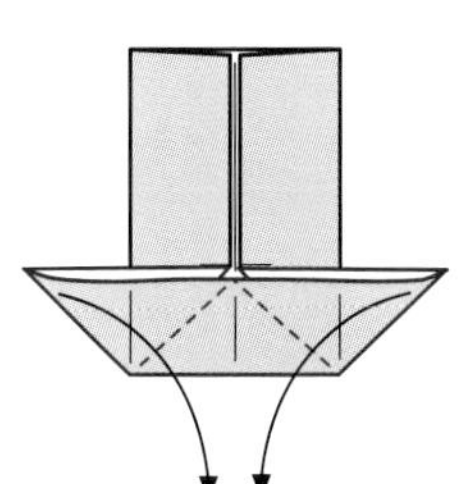

7 往下摺。

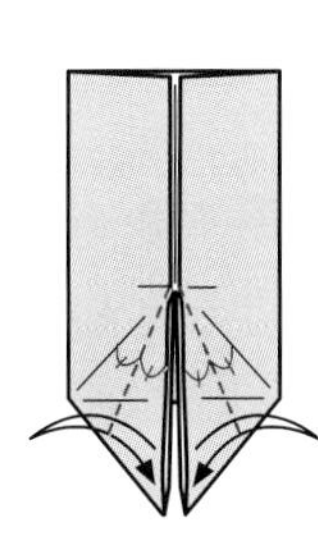

8 壓出摺線。

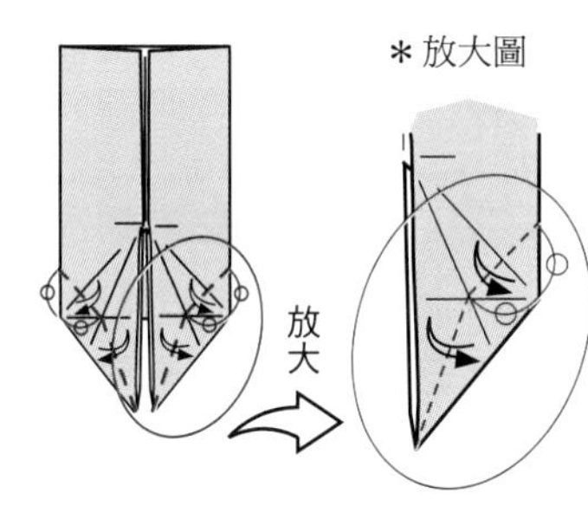

9 再次壓出摺線。回到 7
的形狀。

＊放大圖

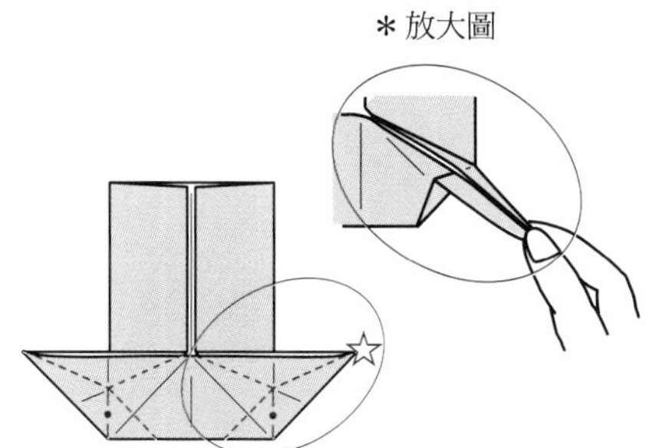

10 抓住☆處，一邊確認山摺線
一邊摺疊。右圖是正在摺疊
的模樣。

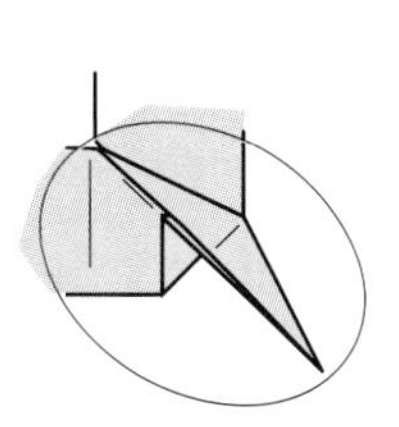

11 摺好的模樣。左側
的摺法也同10。

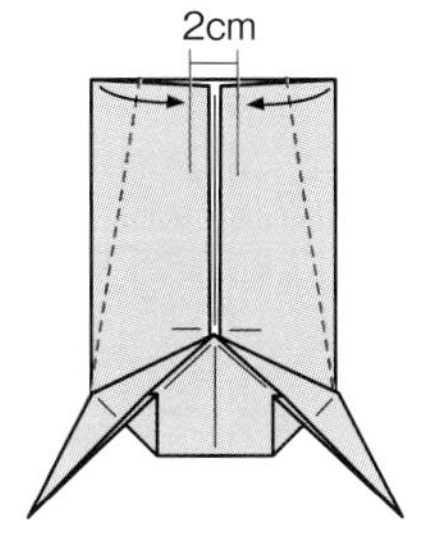

12 兩側往內摺，中間
隔開 2cm。

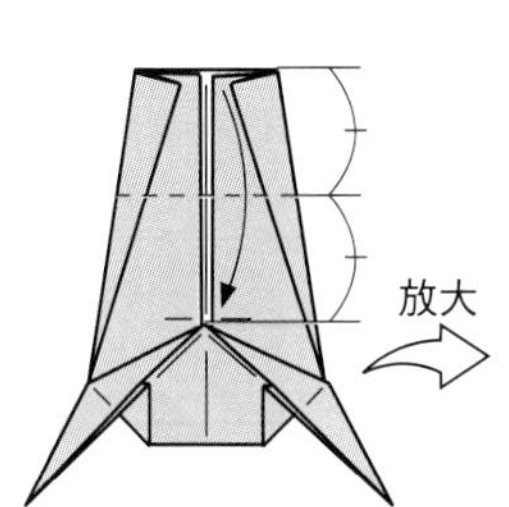

13 依照圖示摺疊。

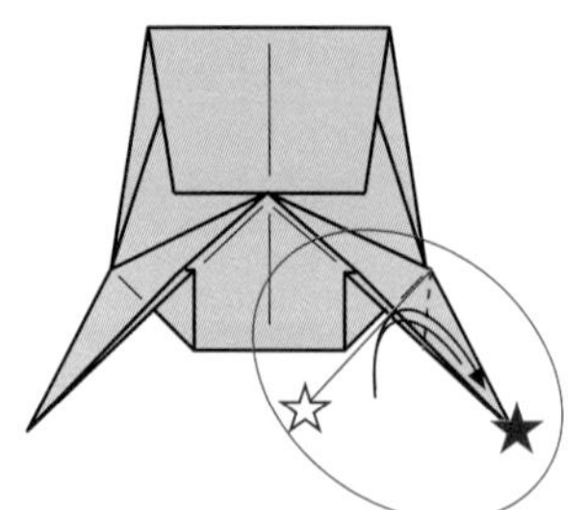

14 讓★對齊☆線，壓出摺線。

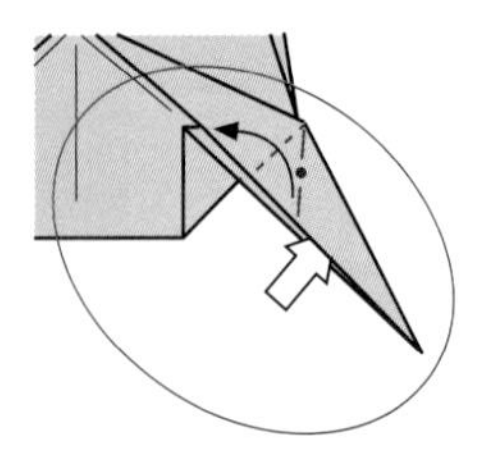

15 中間打開，只將上面1張依照摺線摺疊。

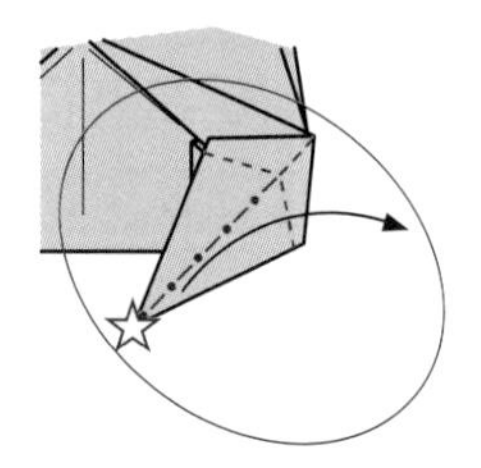

16 依照圖示壓出摺線，抓住☆處，依照摺線摺疊。

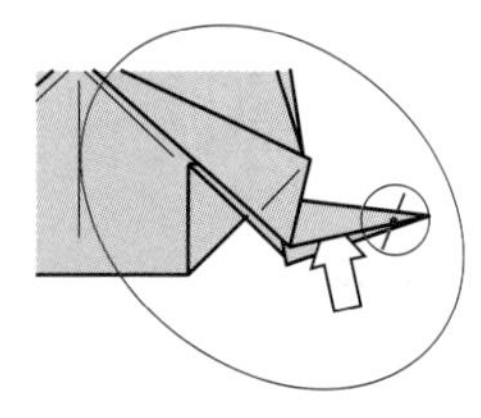

17 摺好的模樣。打開○內的部分，摺入內側。另一側的摺法也同16～19。

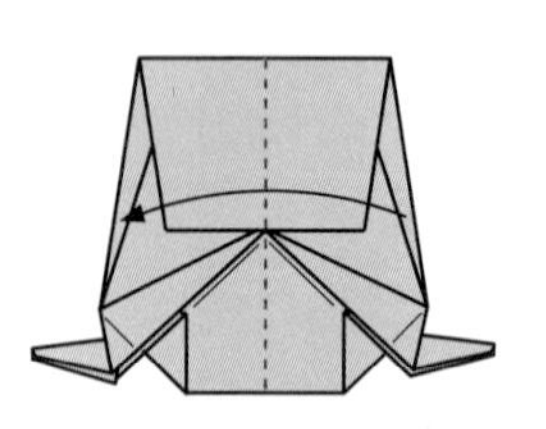

18 對摺。

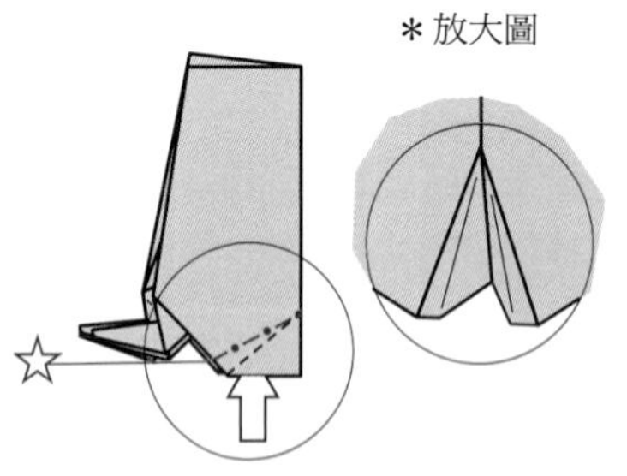

19 中間打開做階梯摺。

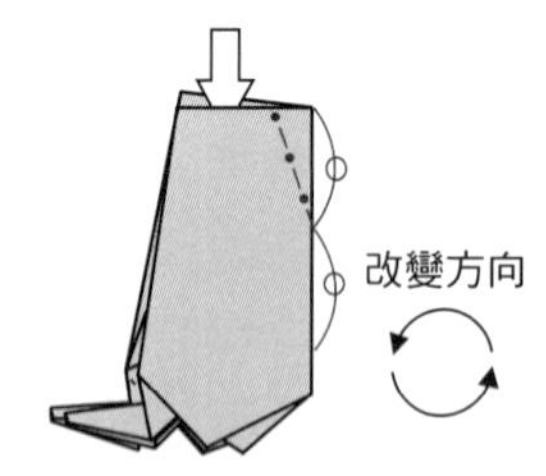

20 在背部不到一半處做向內壓摺，內側以黏膠固定。

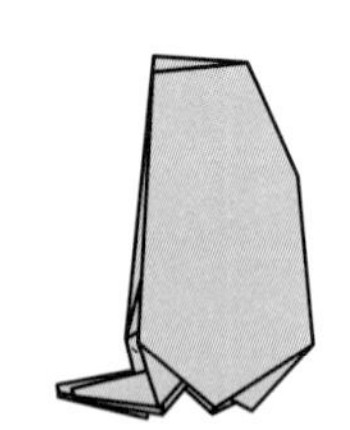

21 下半身完成了。

## 兔子a－組合法

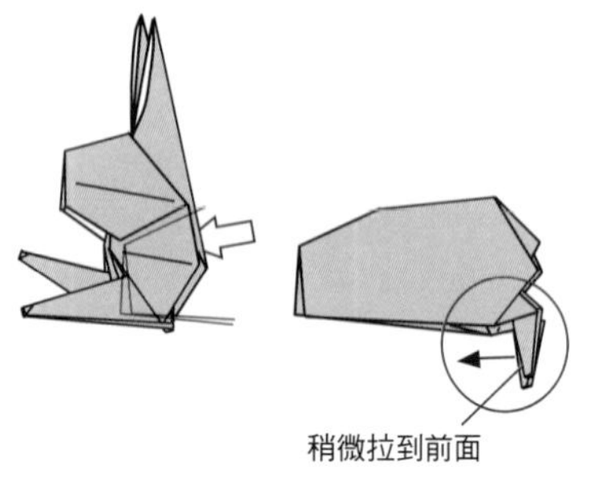

1 將下半身插入上半身的耳朵下方，以黏膠固定。

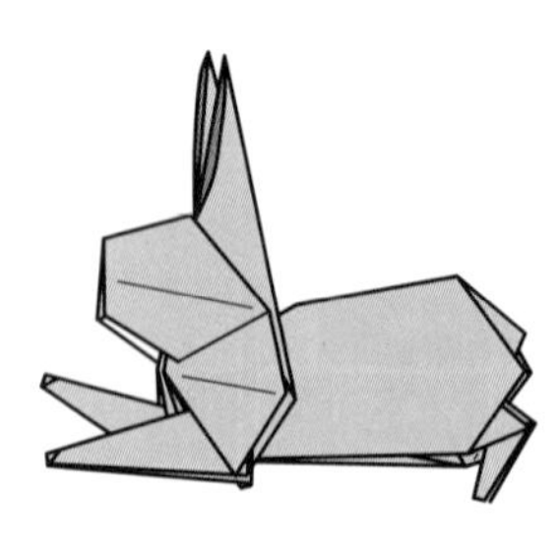

2 耳朵內側黏上紅色色紙，完成了。

## 兔子b－組合法

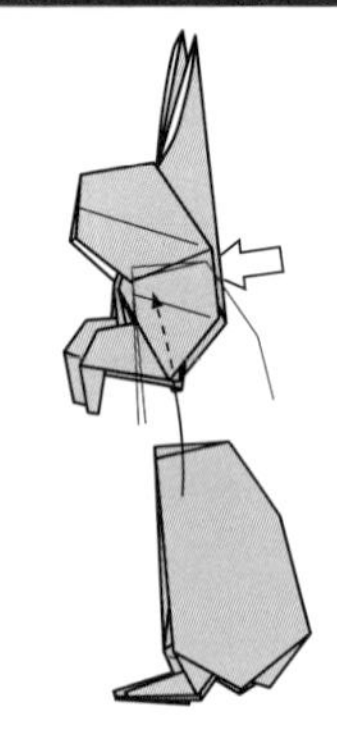

1 將上半身的耳朵下方打開，插入下半身，以黏膠固定。

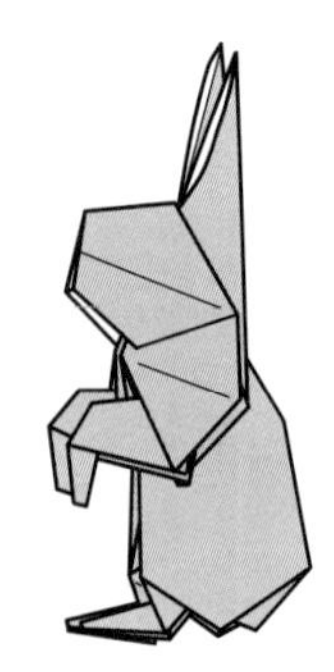

2 完成了。

## 耳中的色紙

＊point lesson_ 參照p.6

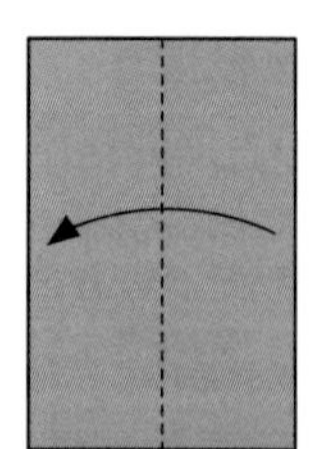

1 對摺。

2 用剪刀依照粗線剪開。

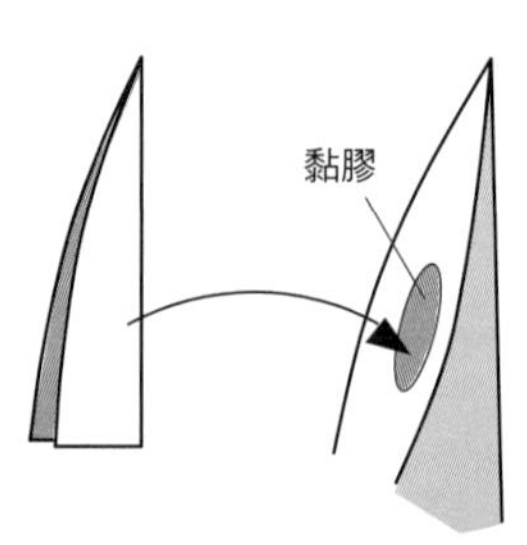

3 在兔子本體的耳朵內側塗上黏膠，放入剪成耳朵形狀的色紙，用手指輕輕按壓。

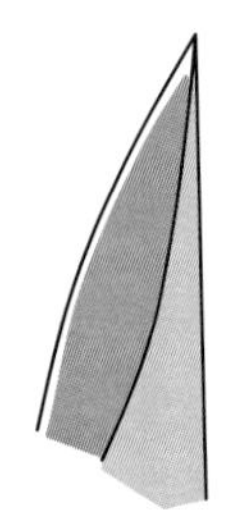

4 完成了。兩耳的做法都相同。

# 紅蘿蔔

紙張大小（和紙）
根部 7.5cm× 7.5cm…1 張
葉子 5cm× 5cm…1 張

photo to_ p.16
point lesson_ p.6
原案_ 湯浅信江

## 根部

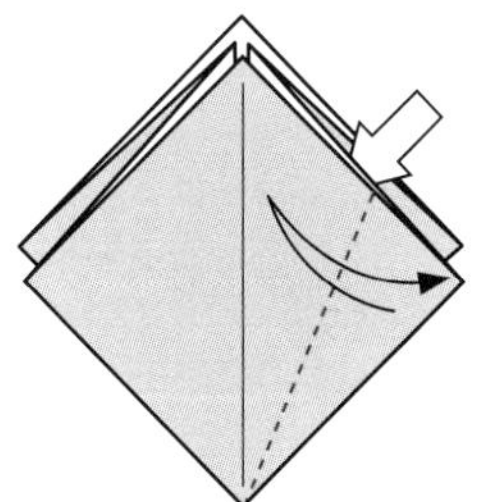

1 在四角摺上壓出摺線。

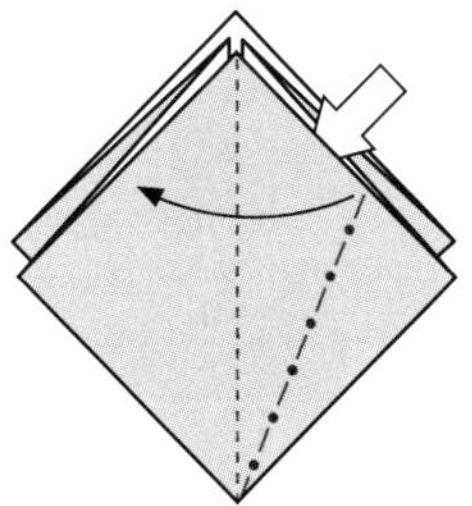

2 中間打開，依照摺線摺疊。

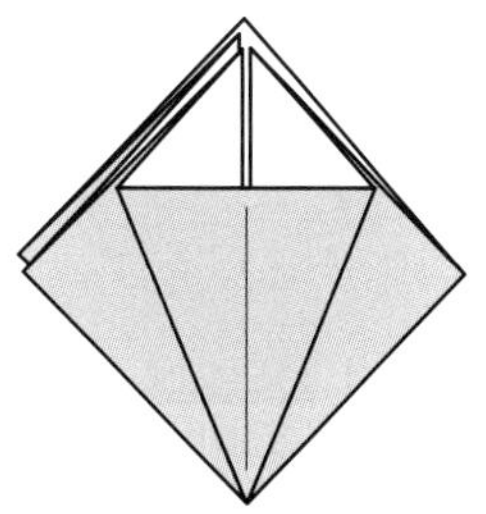

3 摺好的模樣。剩下 3 處的摺法也同 1、2。

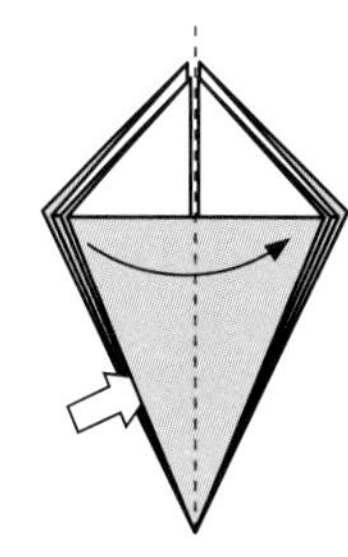

4 中間打開，只將上面 1 組翻到右邊。背面的摺法也相同。

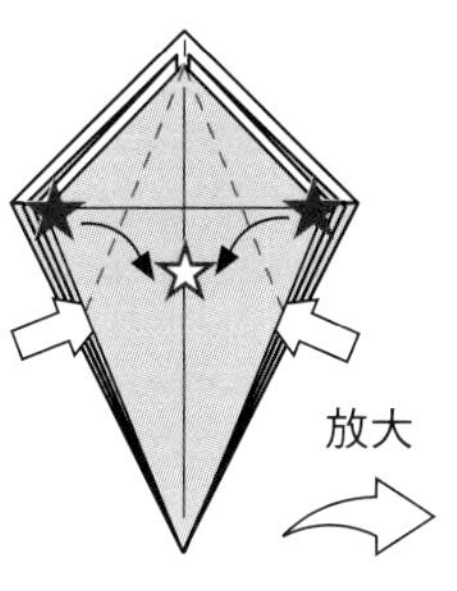

5 中間打開，只將上面 1 組的★對齊☆進行谷摺。

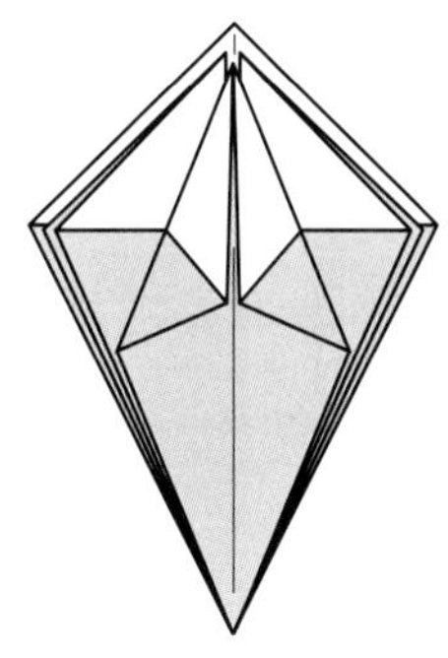

6 摺好的模樣。剩下 3 處的摺法也同 4、5。

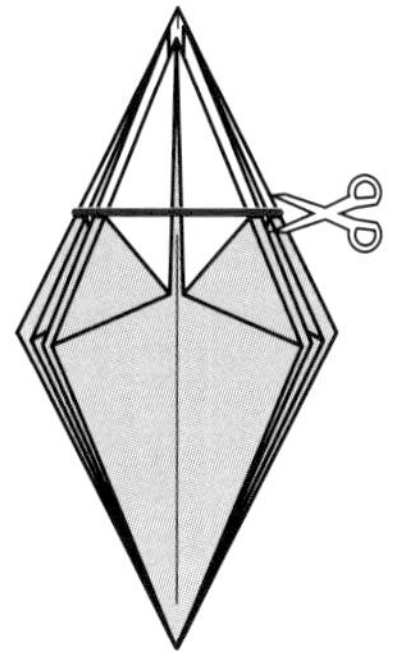

7 依照圖示剪開。

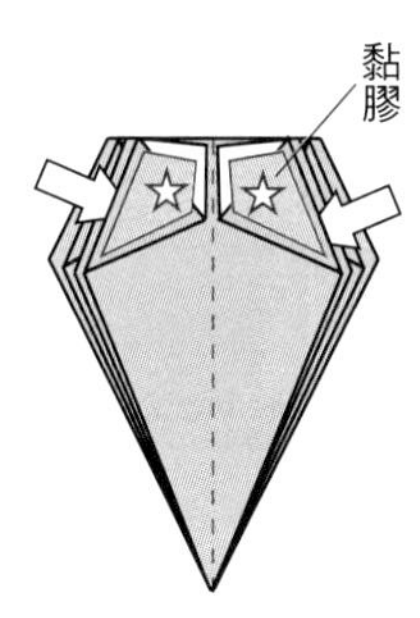

8 中間打開，以黏膠黏合☆－☆。剩下 3 處的做法也相同。摺疊葉子，進行組合（參照 p.6）。

## 葉子

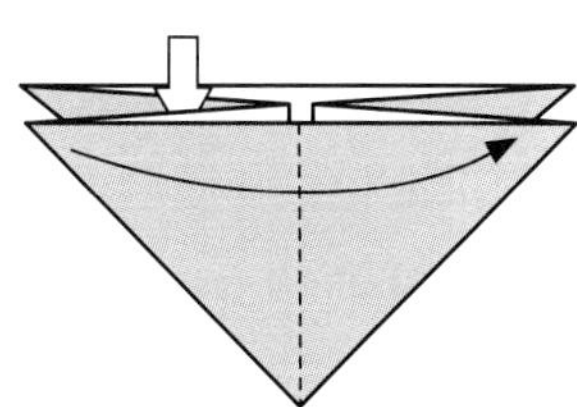

1 將三角摺的上面 1 組翻到右邊。

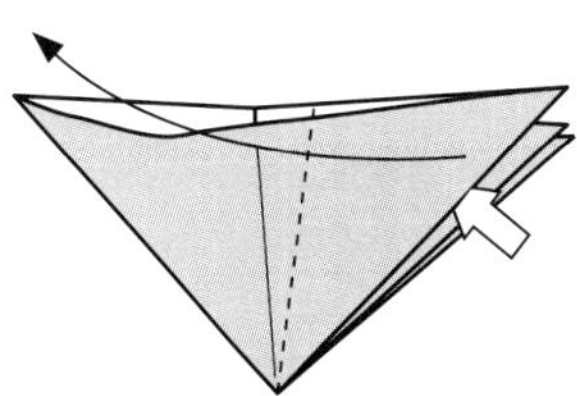

2 上面 1 組稍微斜摺。

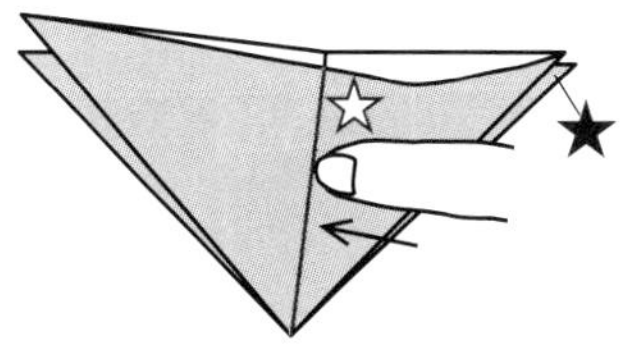

3 這時，☆處會稍微浮起，可以將這部分摺入下側。★處的摺法也同 2、3。

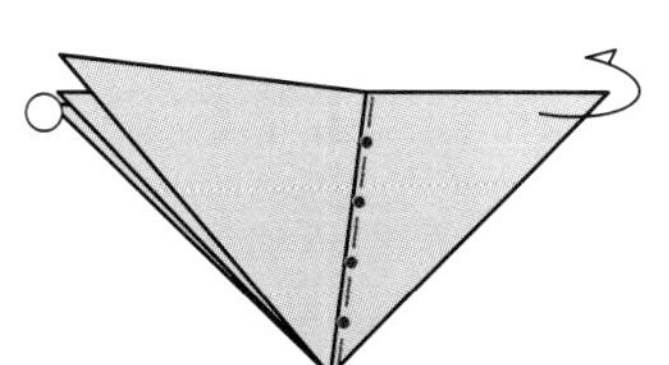

4 往後做山摺，摺到◯的後面。

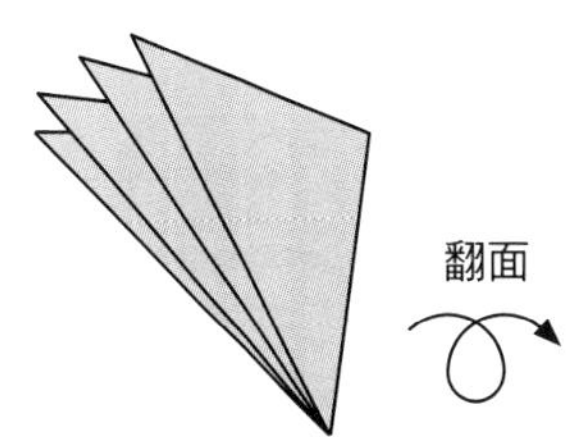

5 摺好的模樣。

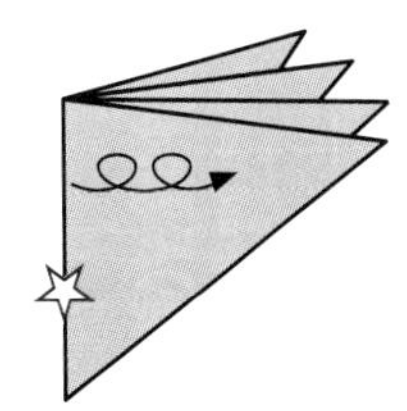

6 從☆處開始捲起。與根部組合在一起就完成了（參照 p.7）。

# 松鼠

紙張大小（和紙）
18cm× 18cm…1 張

photo to_ p.17
point lesson_ p.7
改編_ 湯浅信江

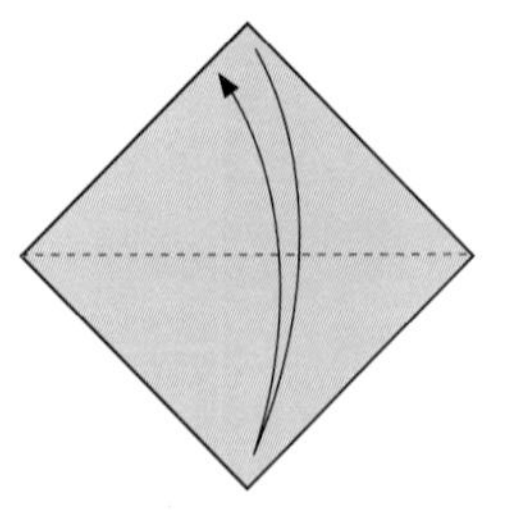

1 紙張正面朝上摺成三角形，壓出摺線。

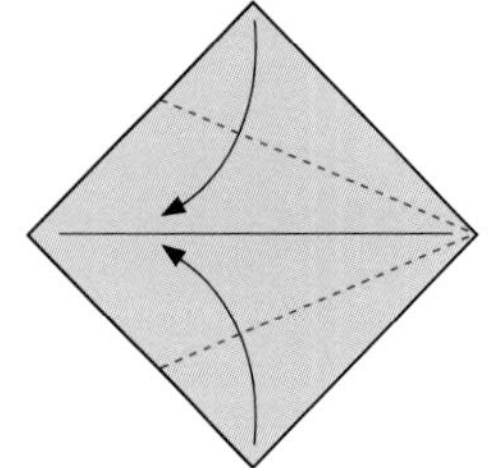

2 上下對齊中央線摺疊。

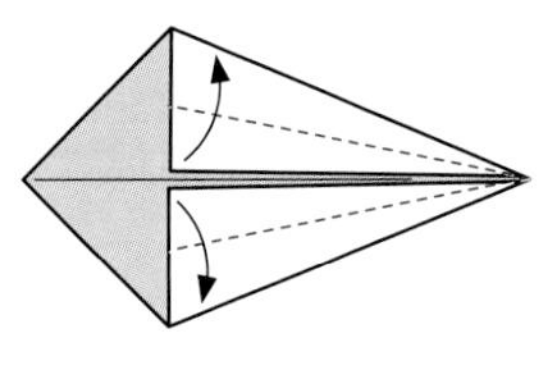

3 往外對齊邊線摺疊。

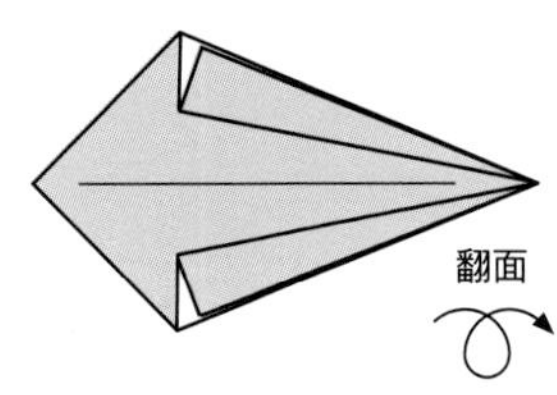

4 摺好的模樣。

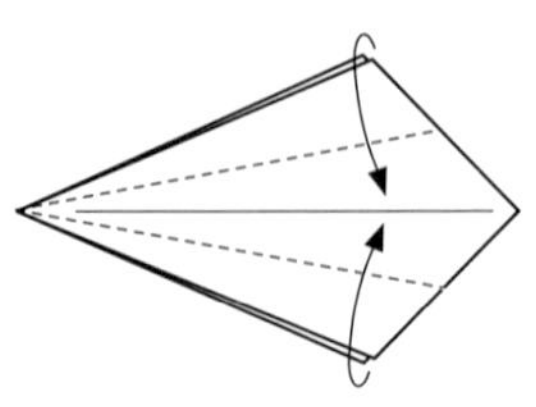

5 下面的紙張也一起對齊中央線摺疊。

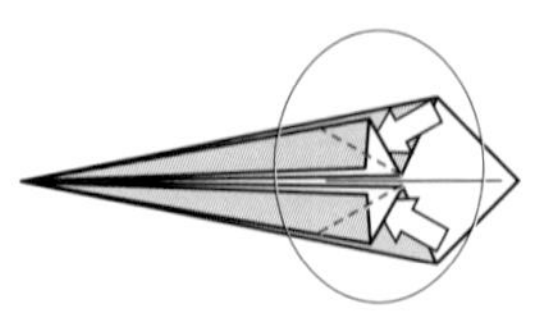

6 對齊中央線，壓出摺線。

＊放大圖

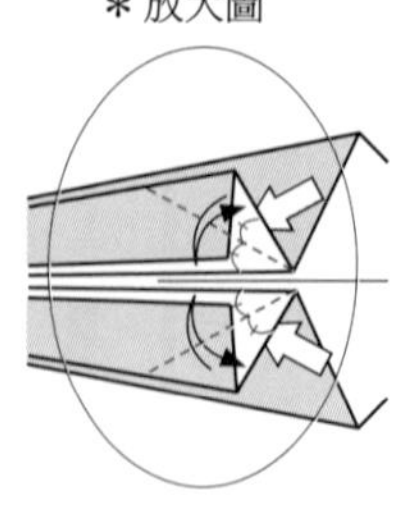

7 將 6 放大後的模樣。

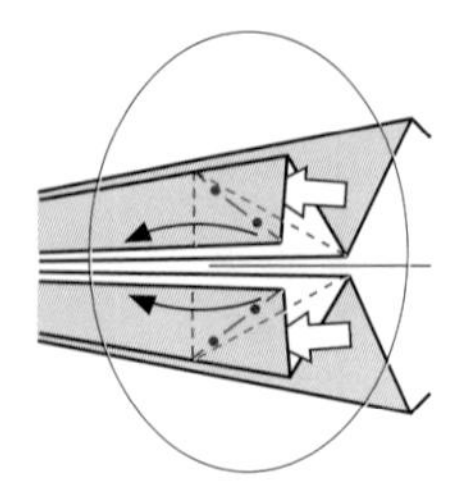

8 利用 6 壓出的摺線，中間打開壓平。

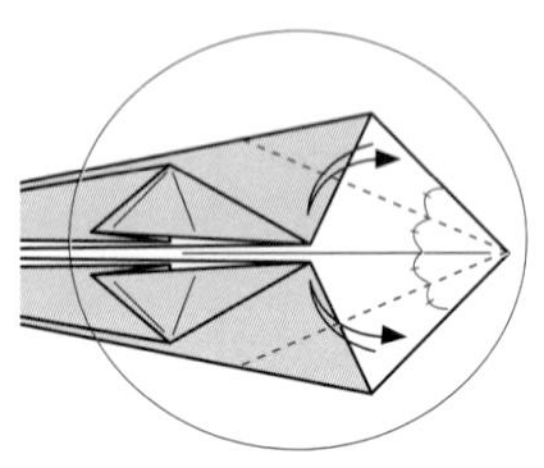

9 摺好的模樣。右側也同樣壓出摺線。

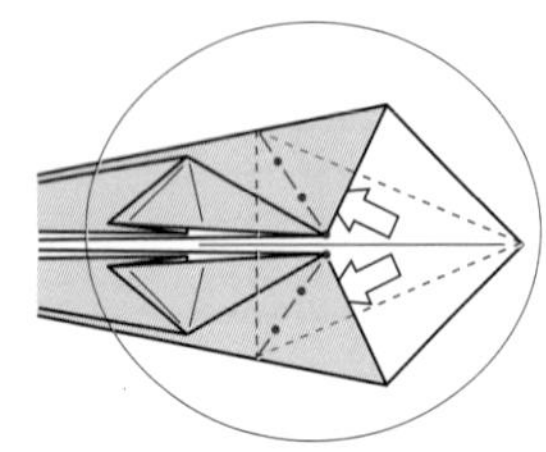

10 中間打開，摺法同 8。

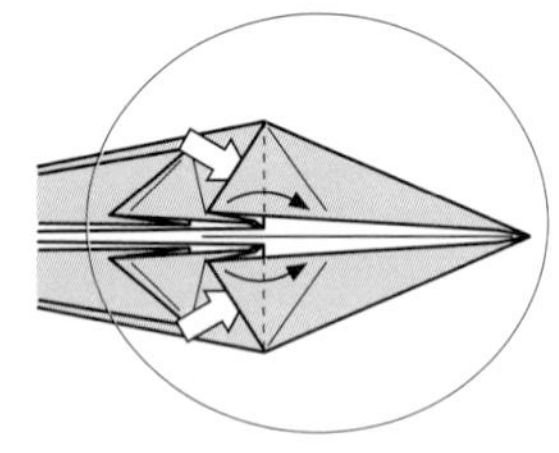

11 將 10 摺好的部分翻到右邊。

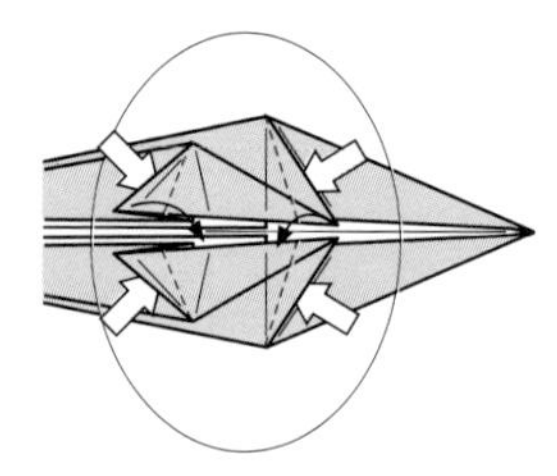

12 4 個地方都斜向摺疊。

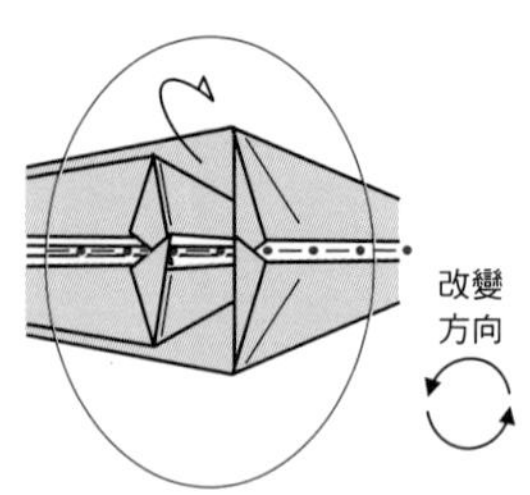

13 摺好的模樣。12 摺好的上下三角形要在正中央重疊。避免摺到三角形地將整體對摺。

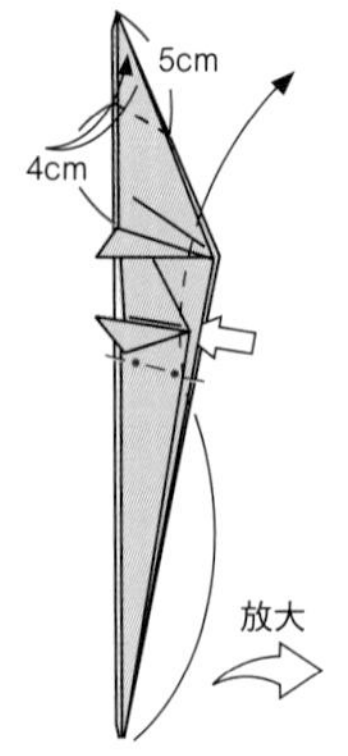

14 依照圖示位置，上面壓出摺線，下面向內壓摺。

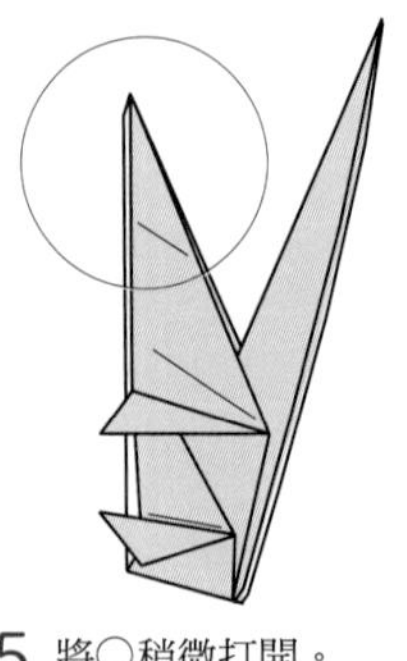

15 將○稍微打開。

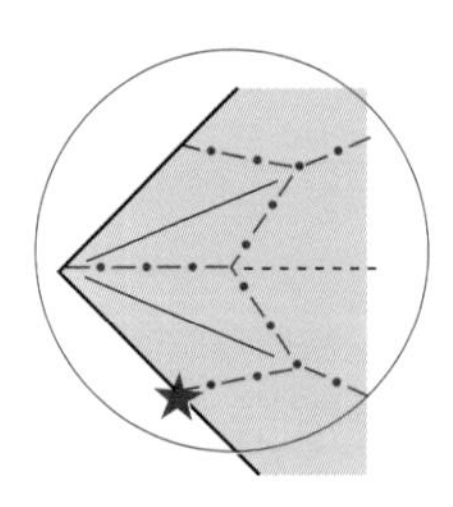

16 將 14 壓出的摺線依照圖示重新摺疊。

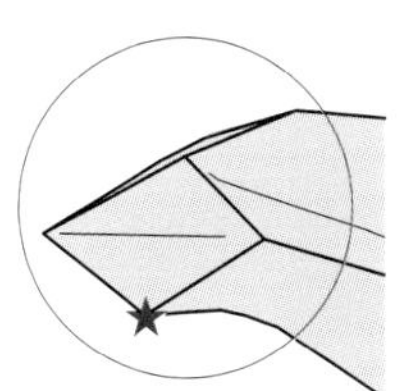

17 一邊確認 16 的★號的位置，一邊摺疊的模樣。

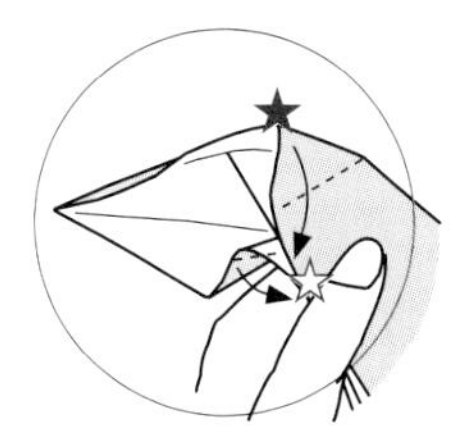

18 讓★對齊☆般地進行摺疊。

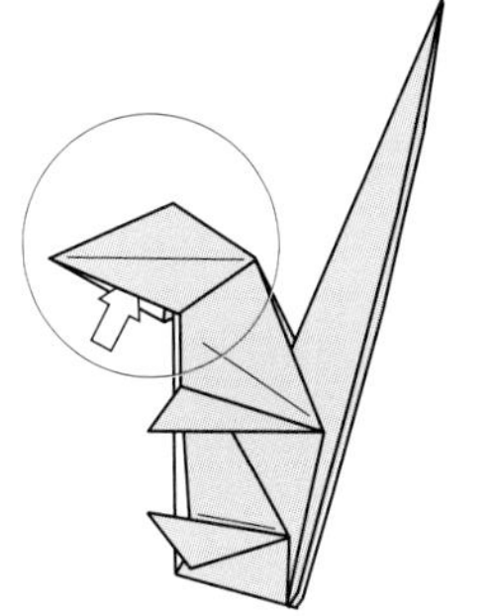

19 摺好的模樣。將○稍微打開，從下面看過去。

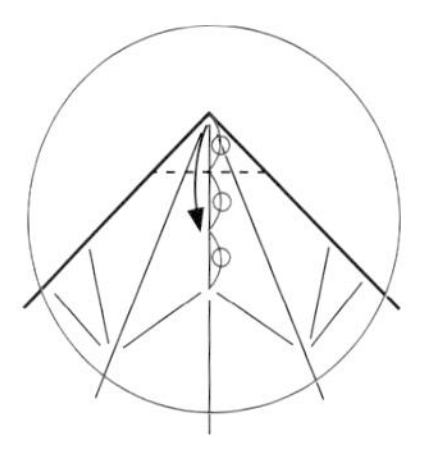

20 打開的模樣。在距離尖角 1/3 處做谷摺。

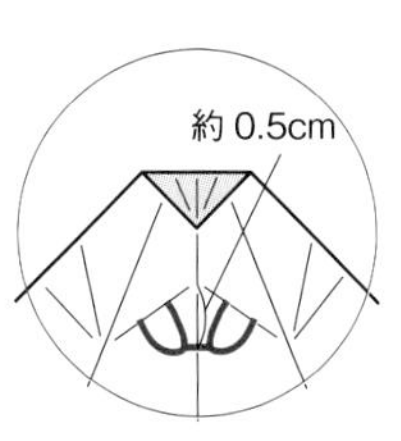

21 摺好的模樣。用剪刀依照粗線剪出耳朵。（參照 p.7）

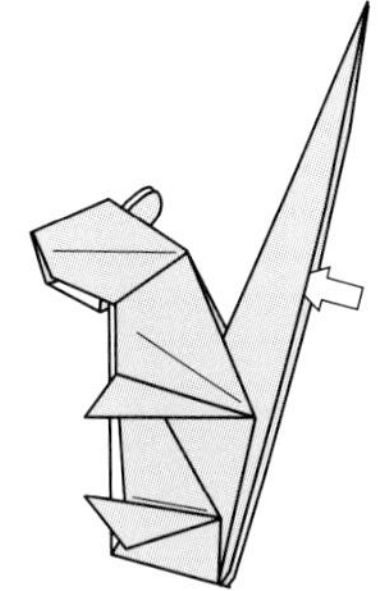

22 將尾巴中間展開，完成了。

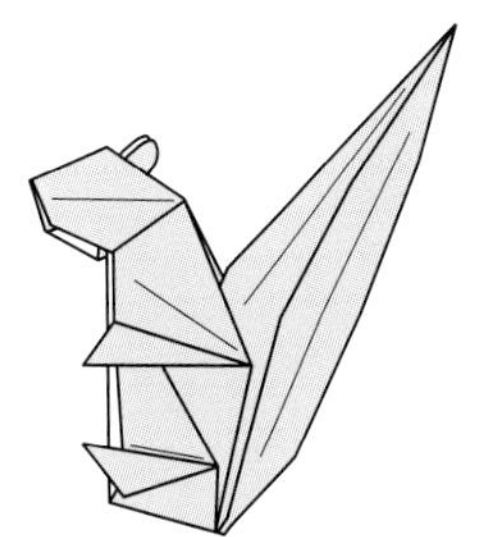

23 松鼠完成了。

---

# 竹葉

紙張大小（和紙）

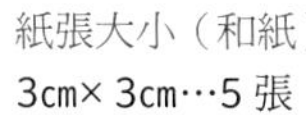
3cm× 3cm…5 張

其他材料

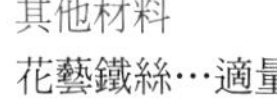
花藝鐵絲…適量

photo to_ p.24、25
point lesson_ p.9

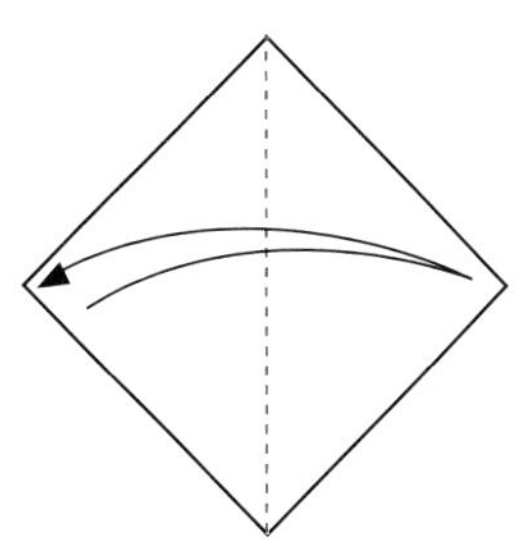

1 壓出摺線。

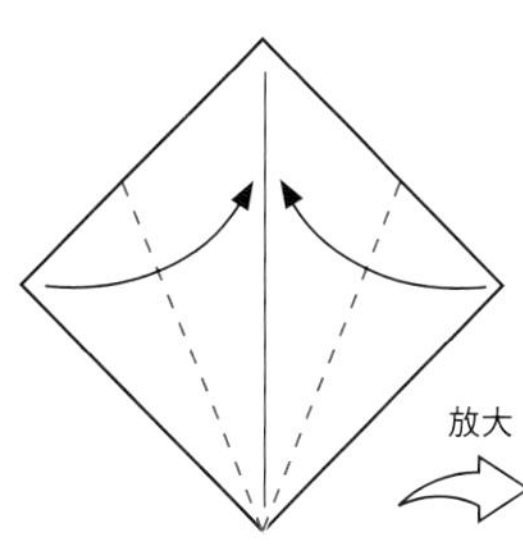

2 兩側對齊中央線摺疊。

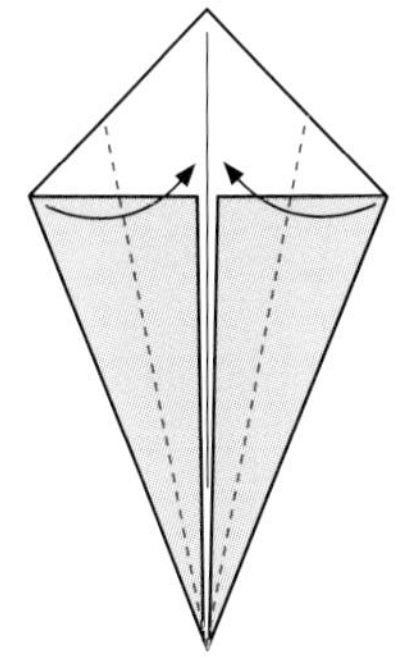

3 繼續摺疊，摺法同 2。

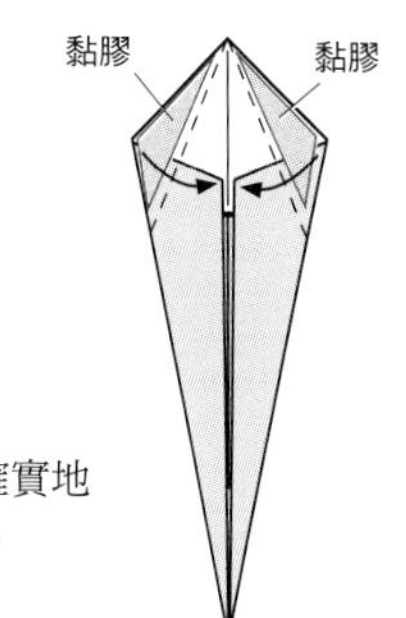

4 摺法同 2，確實地以黏膠固定。

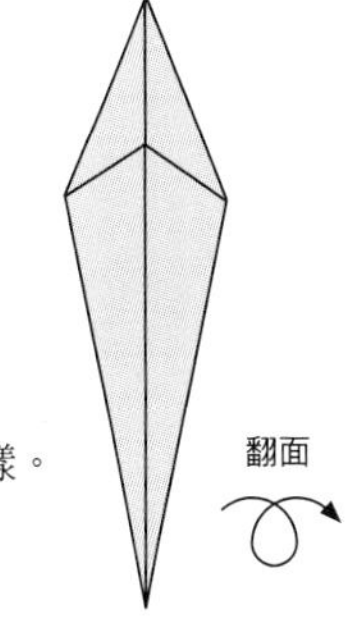

5 黏好的模樣。

6 完成了。組合法請參照 p.9。

# 鹿&小鹿

紙張大小（和紙）
a－鹿　25cm×25cm…1張
b－小鹿　18cm×18cm…1張

photo to_ p.18
point lesson_ p.8
a－鹿　介紹_ 西之園弘兼
b－小鹿　改編_ 渡部浩美

## a－鹿

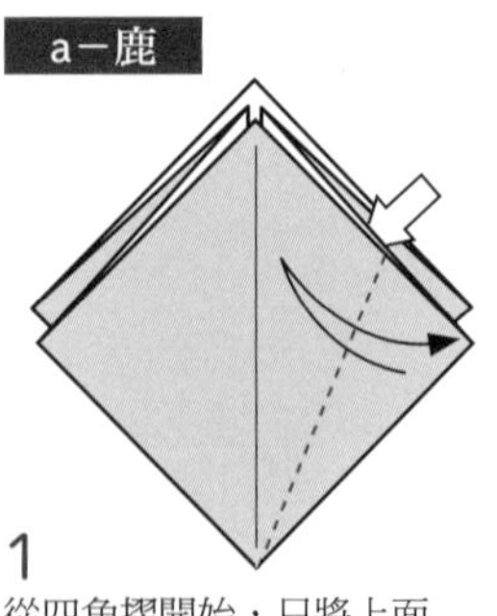

1
從四角摺開始，只將上面1組壓出摺線。

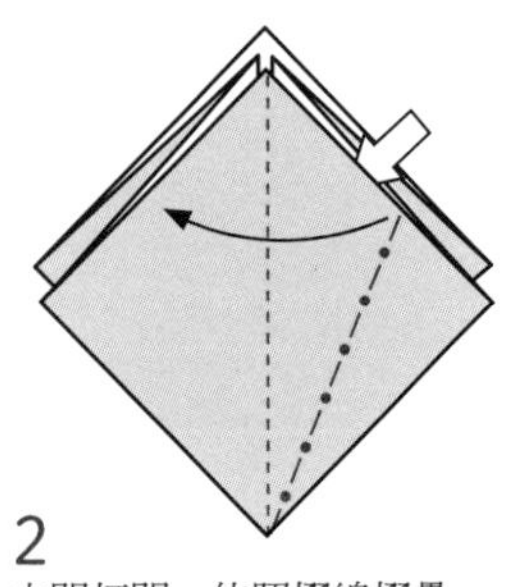

2
中間打開，依照摺線摺疊。

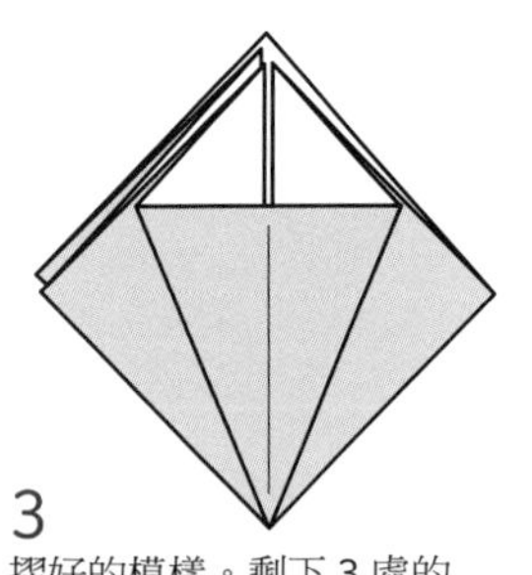

3
摺好的模樣。剩下3處的摺法也同1、2。

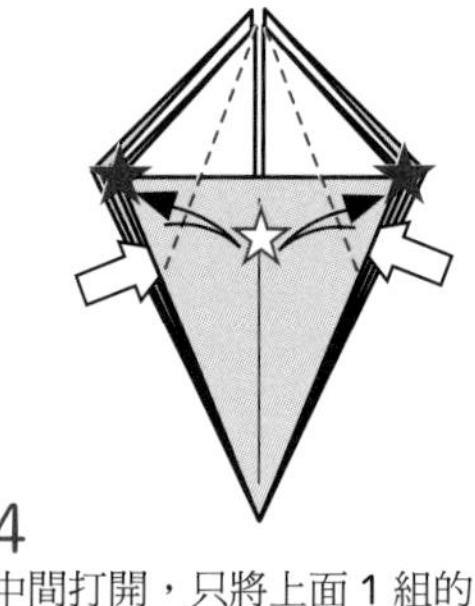

4
中間打開，只將上面1組的★對齊☆，壓出摺線。

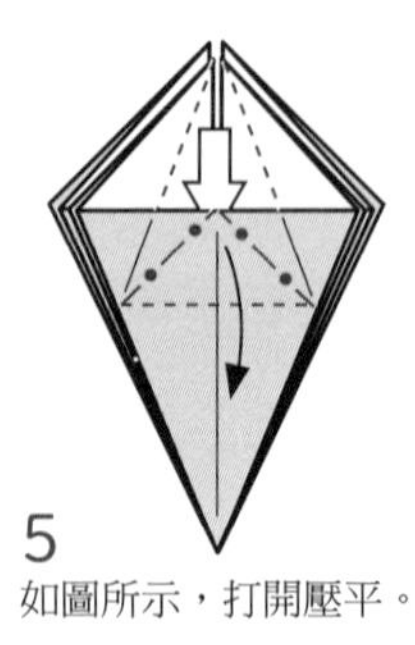

5
如圖所示，打開壓平。

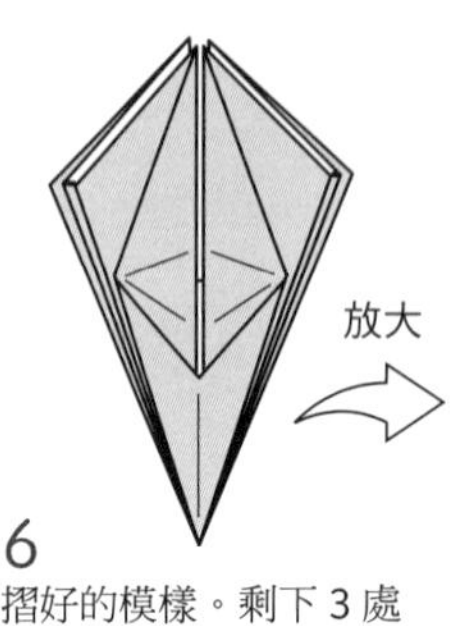

6
摺好的模樣。剩下3處的摺法也同4、5。

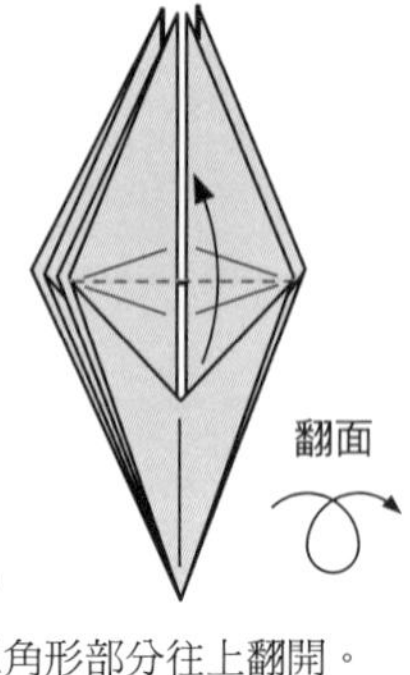

7
三角形部分往上翻開。

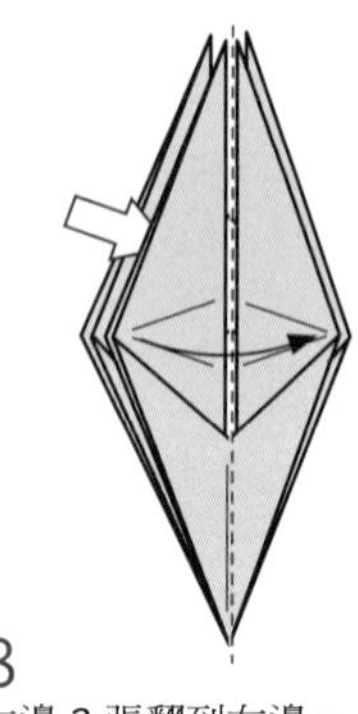

8
左邊2張翻到右邊。

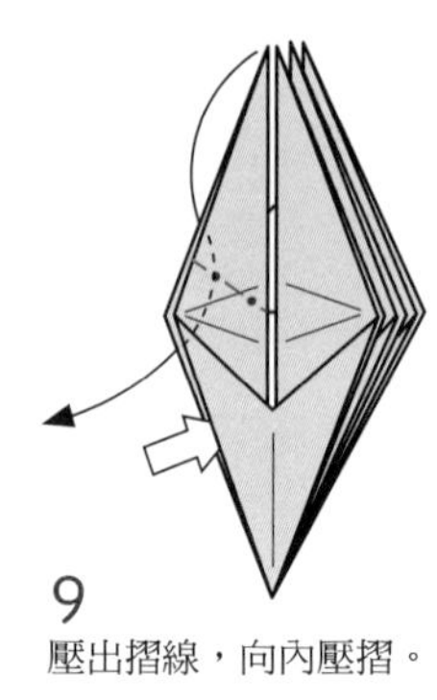

9
壓出摺線，向內壓摺。

10
從中間往下翻開。

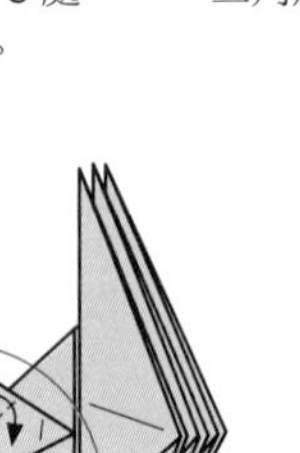

11
上下稍微做出谷摺。

12
往上進行谷摺。

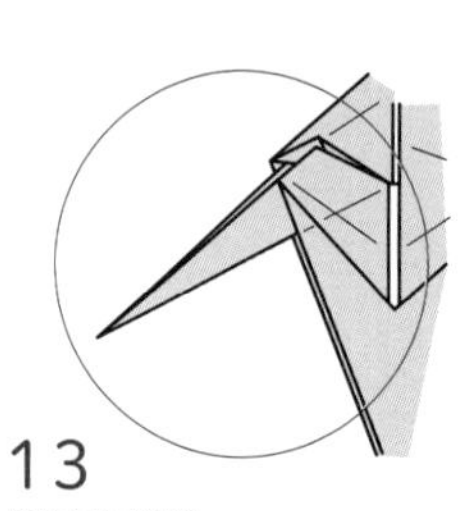

13
摺好的模樣。

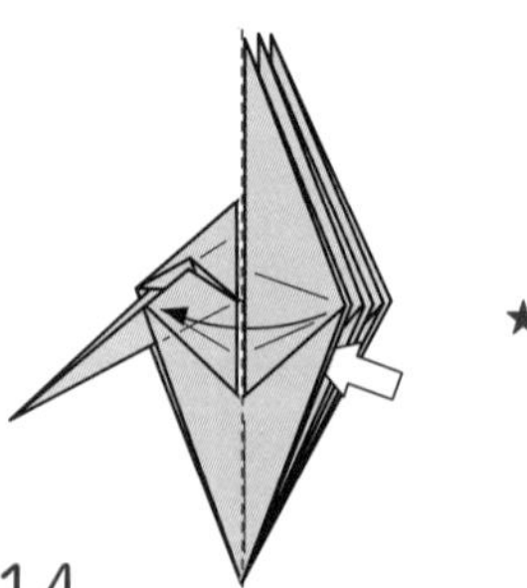

14
右邊2張翻到左邊。

15
對齊★線般地向內壓摺。

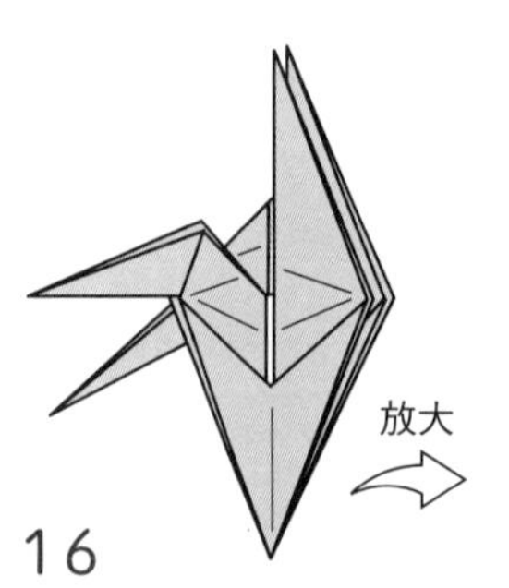

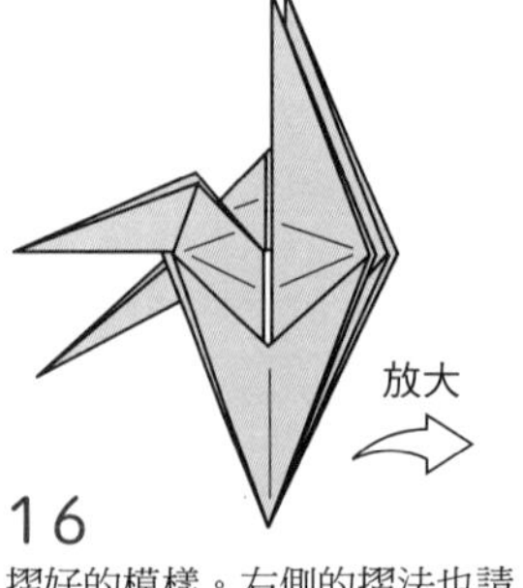

16
摺好的模樣。右側的摺法也請參照8～15（方向與圖示顛倒）。

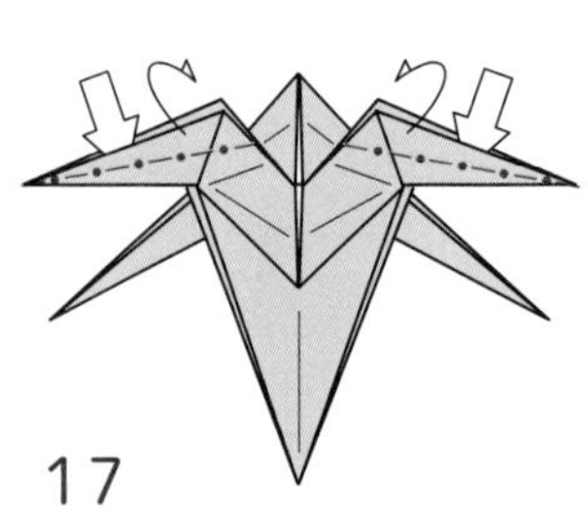

17
兩側都將中間打開，上下往內摺入一半後，如同12地摺疊。

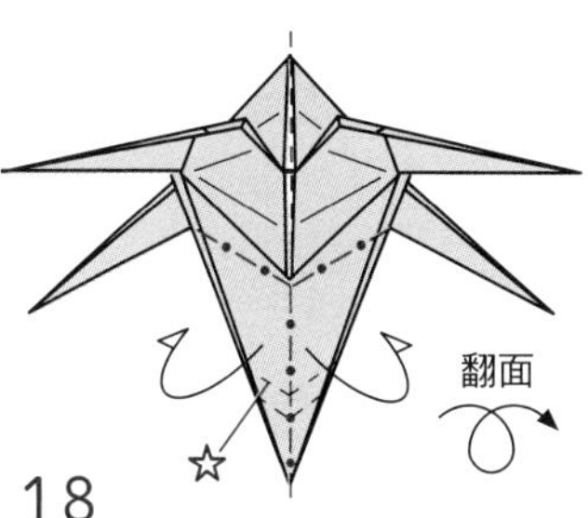

18
在圖示位置壓出摺線（☆線用於小鹿）。

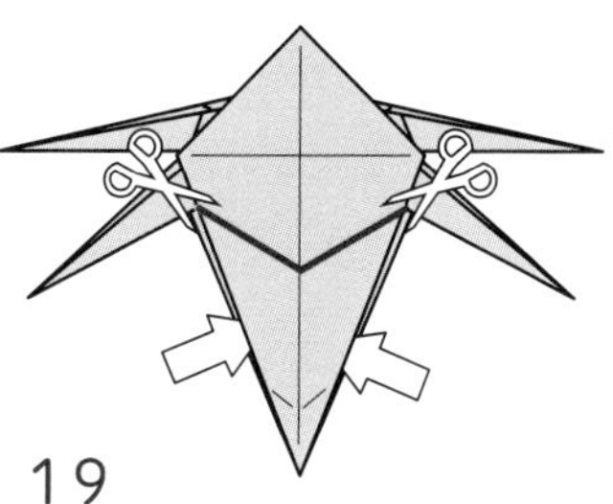

19
依照 18 壓出的摺線，只將上面 1 組由外往內剪開，一直剪到中央線為止。

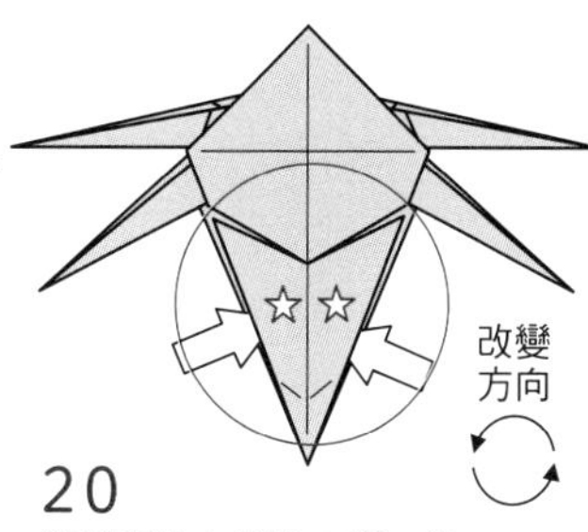

20
將剪開的☆部分 2 張一起抓住，使其立起。

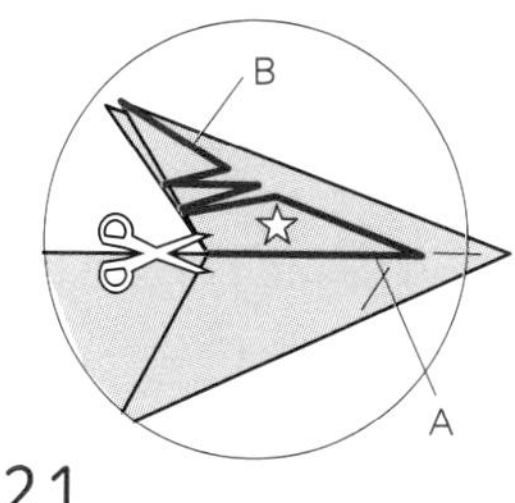

21
2 張一起先剪開 A 處，再剪開 B 處。將剪好的地方恢復原狀，成為 22 的模樣。

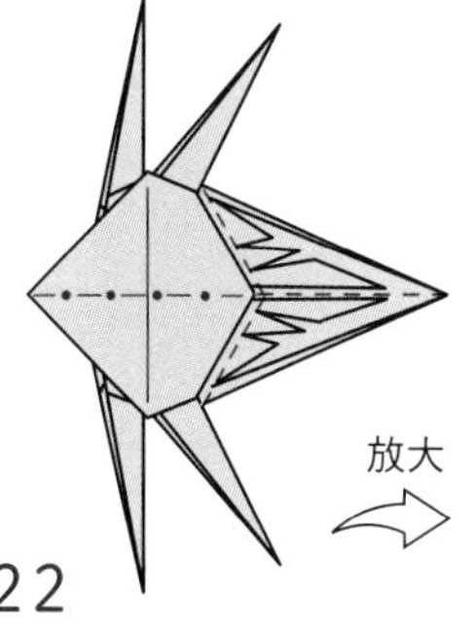

22
利用 18 壓出的摺線做成立體狀。如 23 般將剪開的部分拉高，摺成 24 的形狀。

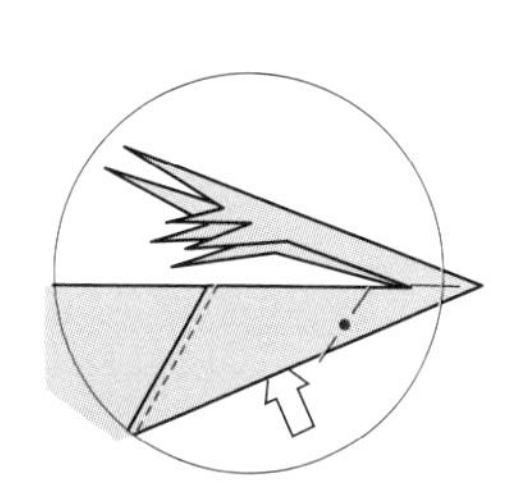

23
中間打開，依照摺線摺疊，做出頭部。

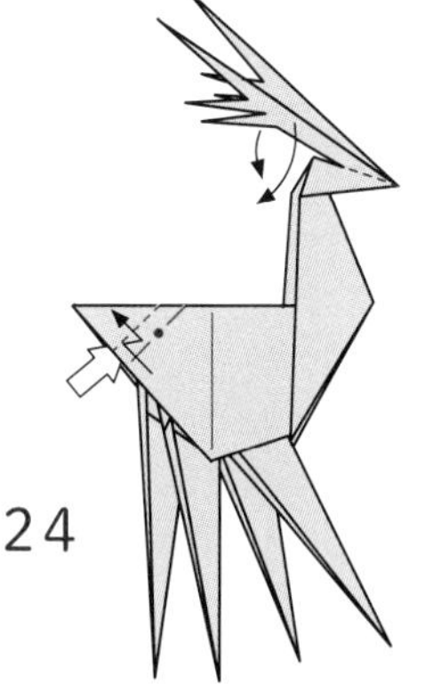

24
將角往下做谷摺。尾巴中間打開做出階梯摺（內側也相同）後，摺回原狀。

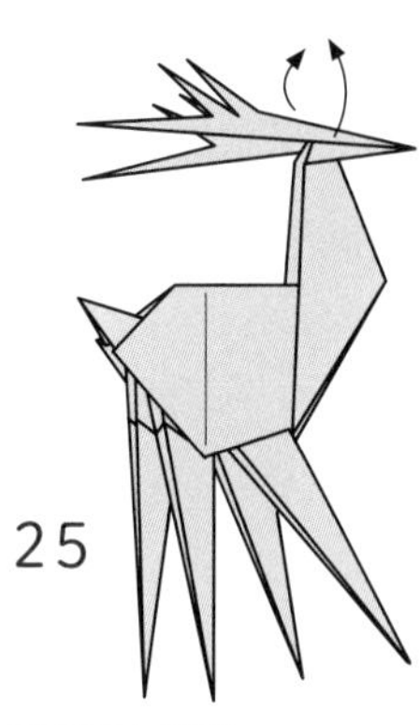

25
將角往上拉高。

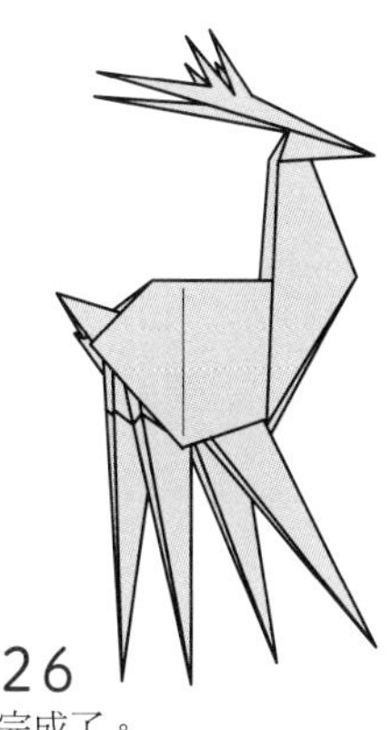

26
完成了。

## b－小鹿

＊在a－鹿的18小鹿用的☆線處谷摺後，繼續19的摺法。

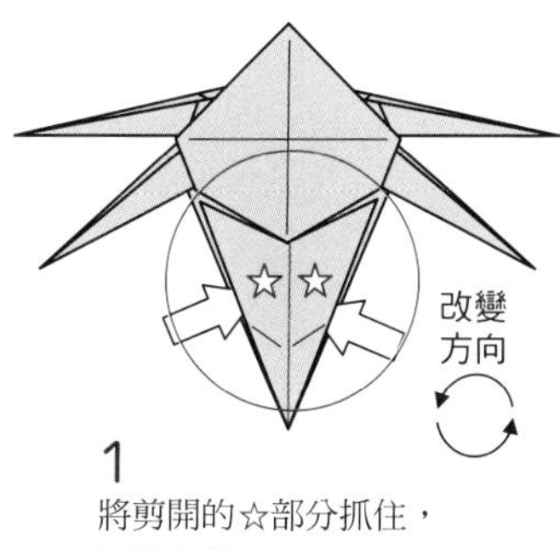

1
將剪開的☆部分抓住，使其立起。

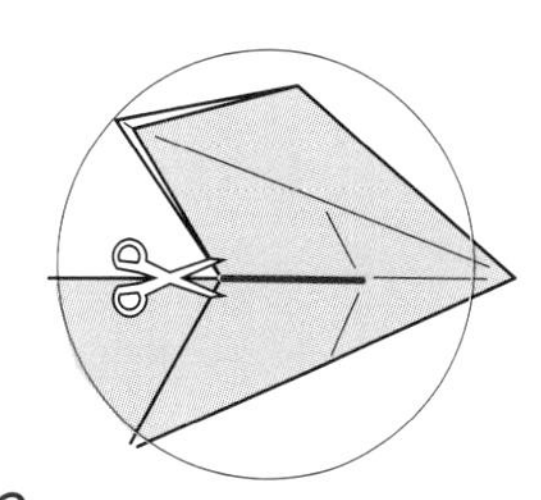

2
2 張一起依照粗線剪開。回到 1 的形狀。

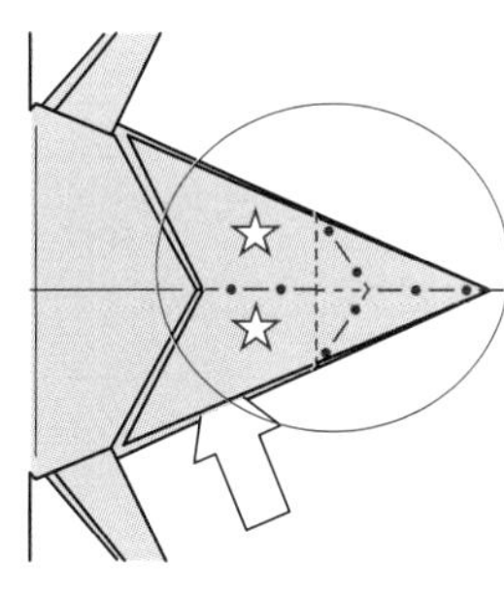

3
在圖示位置壓出摺線，◯內的部分和 a －鹿一樣，一邊摺疊頭部，一邊使☆部分立起。

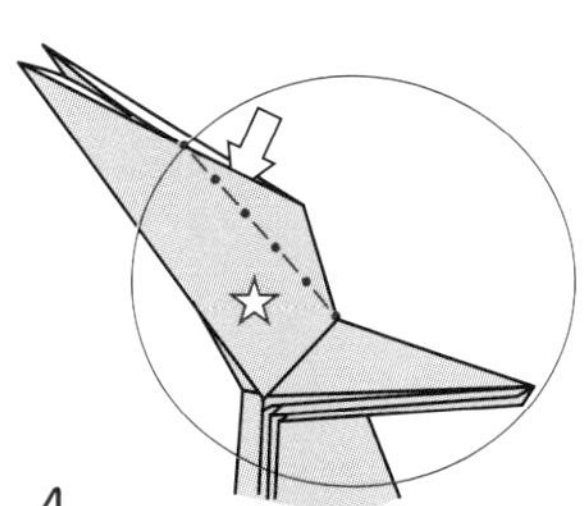

4
將☆部分的中間打開，摺入內側。

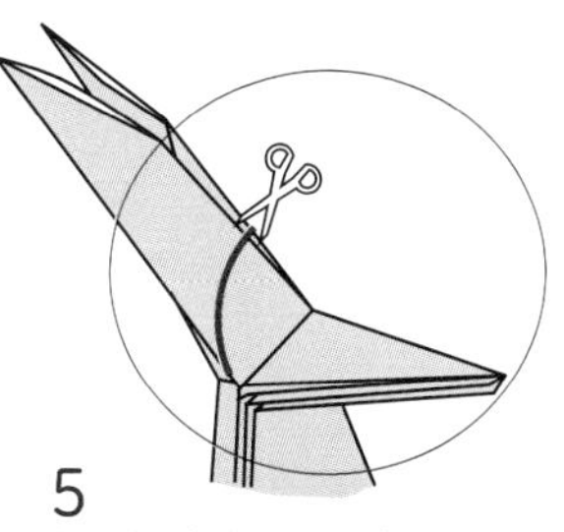

5
依照粗線將 2 張一起剪下。

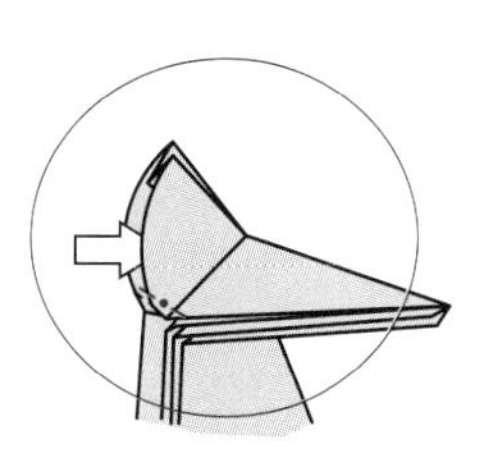

6
末端稍微摺入內側。背面的摺法也相同。

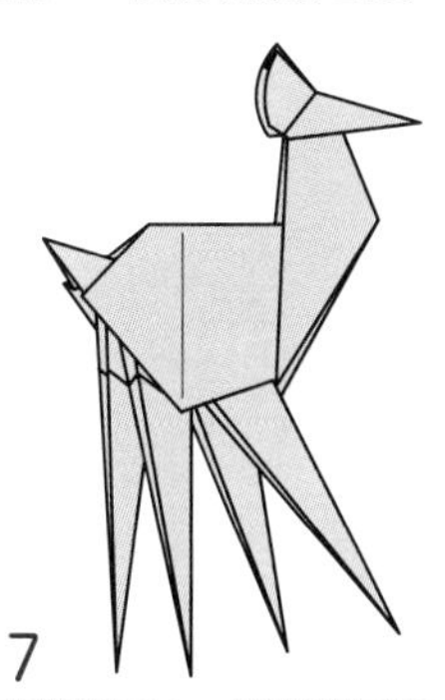

7
和鹿的 24 一樣做出尾巴，完成了。

# 狐狸

紙張大小（和紙）
15㎝×15㎝…2張

photo to_ p.19
原案_ 湯浅信江

## 上半身

＊從狗狗a－上半身的11（p.34）開始。

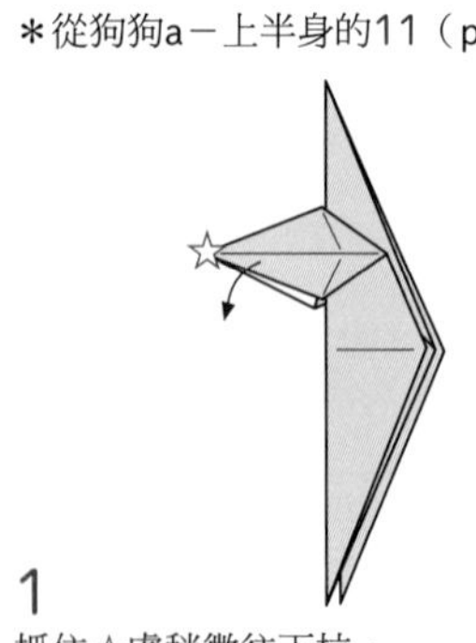

1
抓住☆處稍微往下拉。

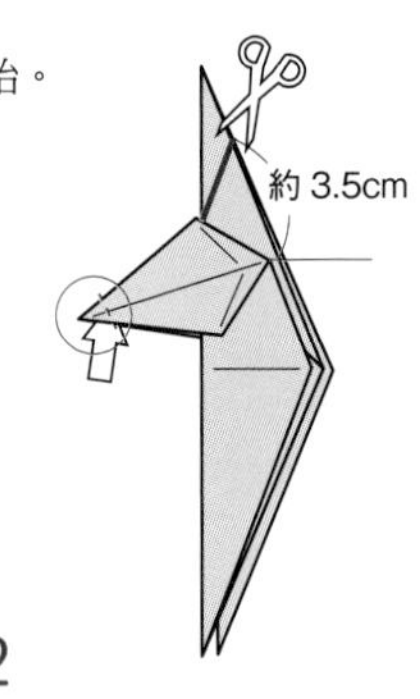

2
依照粗線一起剪掉，
在○內稍微向外翻摺。

3
中間打開，2 張一起在
圖示位置壓出摺線。

4
同 3，2 張一起在圖示位置
壓出摺線。

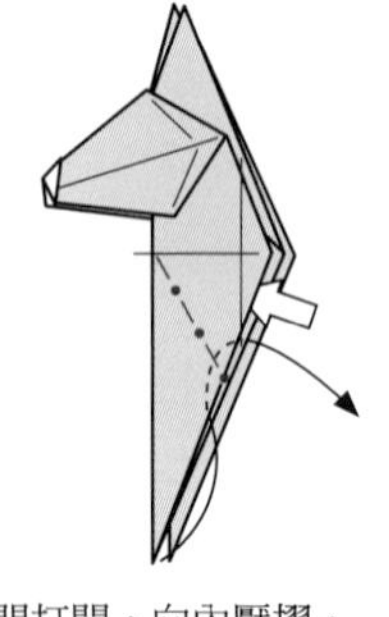

5
中間打開，向內壓摺。

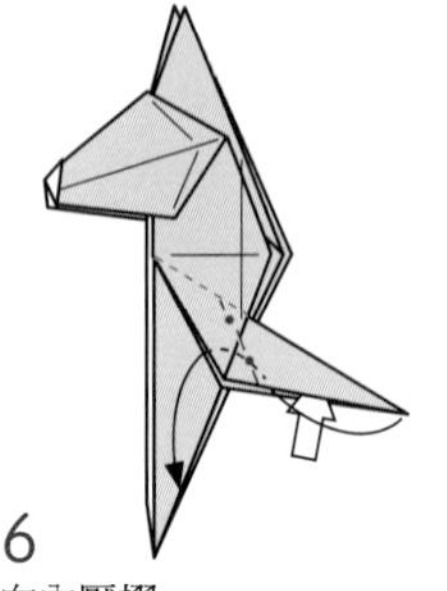

6
向內壓摺。

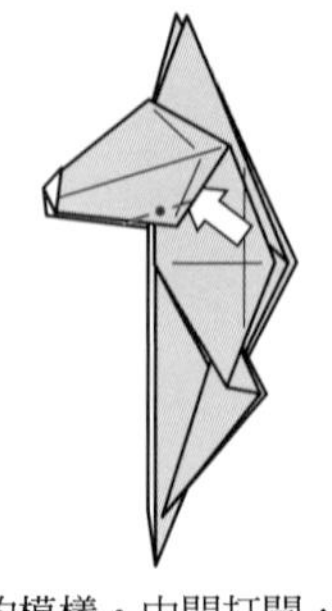

7
摺好的模樣。中間打開，邊角
稍微摺入內側。頭部和腳的背
面摺法也都相同。

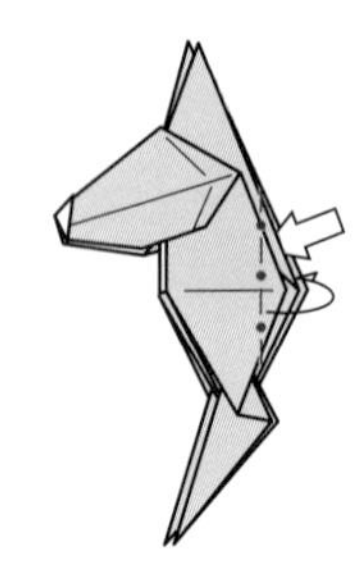

8
將 3 壓出的摺線變成山摺線，
將耳朵中間打開，2 張一起往
內摺。背面的摺法也相同。

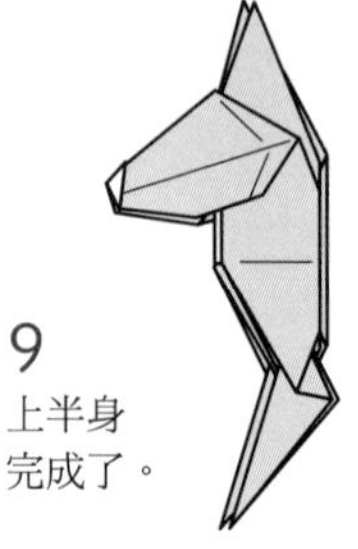

9
上半身
完成了。

## 下半身

＊從狗狗a－下半身的7（p.35）開始。

1
從正中間打開，
翻到左邊。

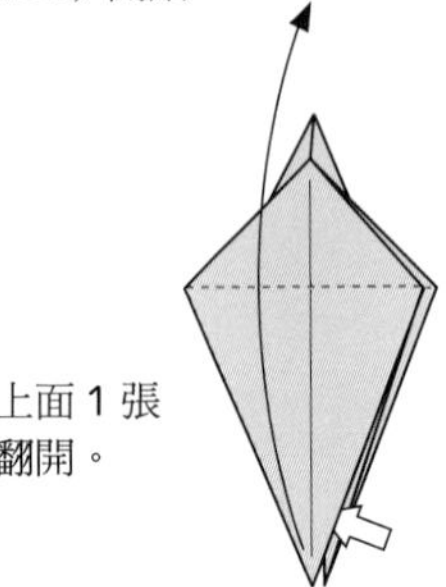

2
只將上面 1 張
往上翻開。

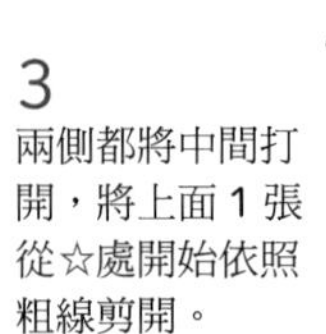

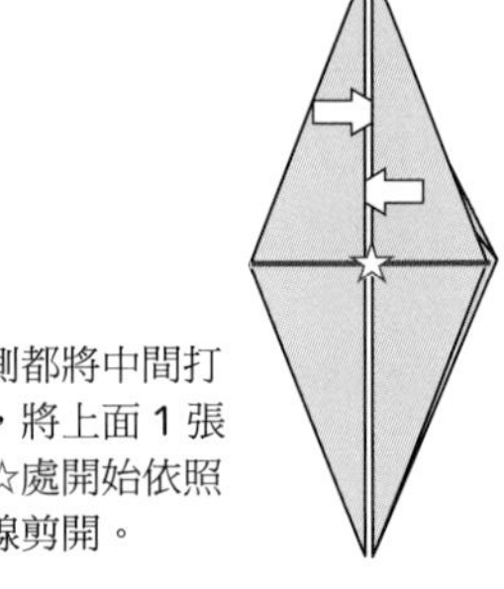

3
兩側都將中間打
開，將上面 1 張
從☆處開始依照
粗線剪開。

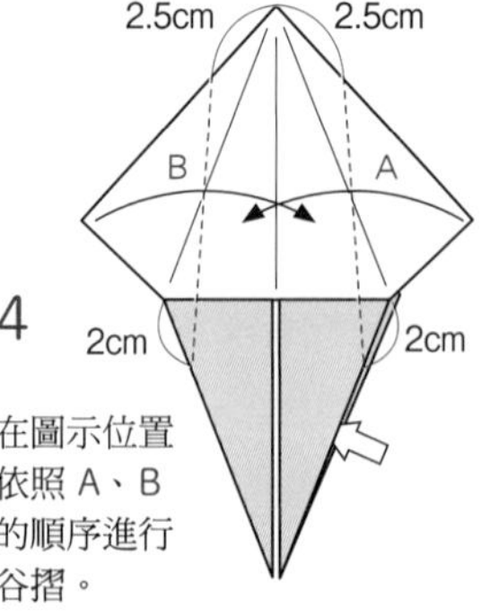

4
在圖示位置
依照 A、B
的順序進行
谷摺。

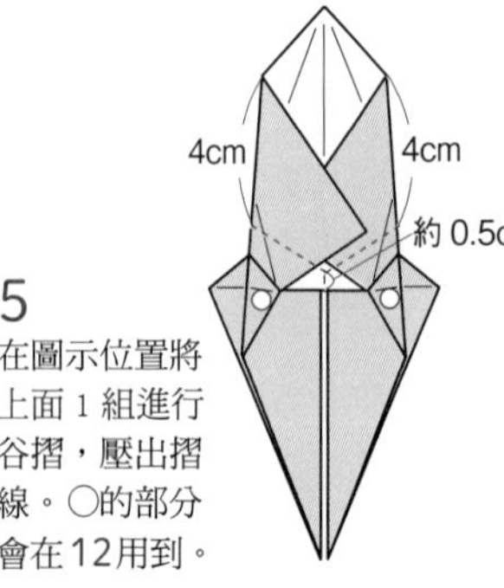

5
在圖示位置將
上面 1 組進行
谷摺，壓出摺
線。○的部分
會在12用到。

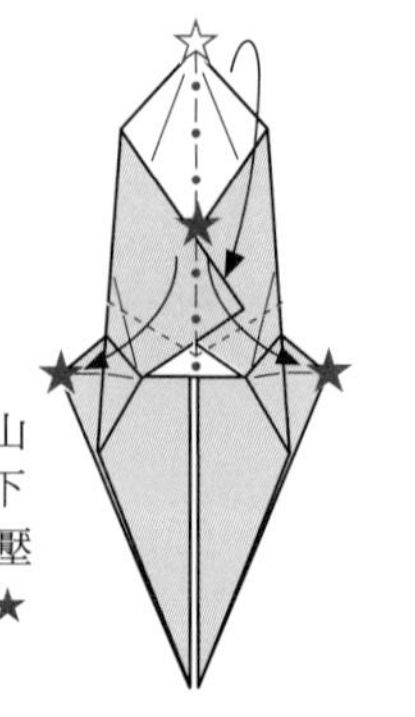

6
將☆一邊做山
摺，一邊往下
摺，利用 5 壓
出的摺線讓★
與★對齊。

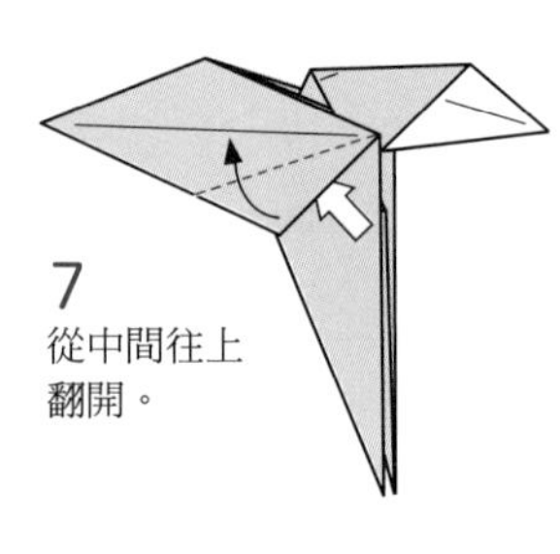

7
從中間往上
翻開。

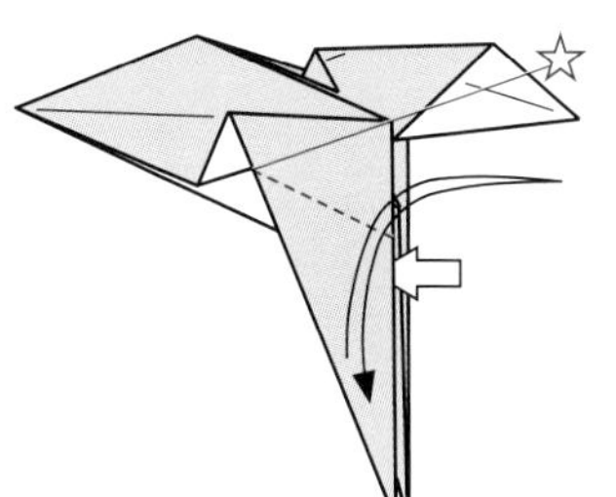

8 上面 1 組對齊☆線摺疊，壓出摺線。

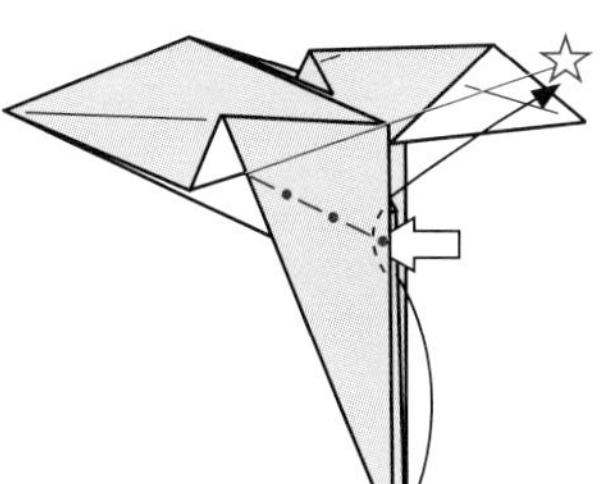

9 中間打開，向內壓摺。

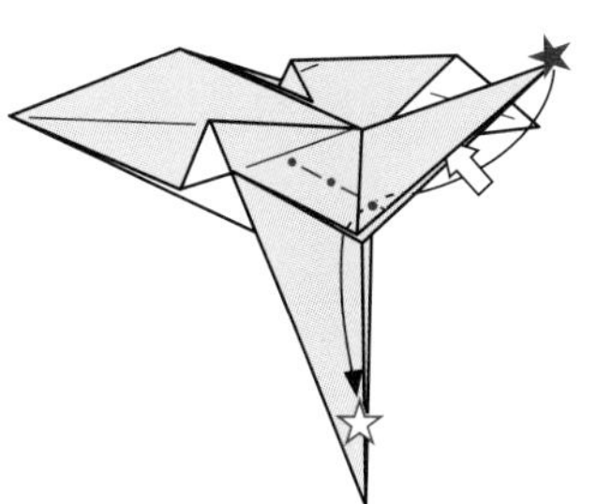

10 中間打開，讓★對齊☆般地向內壓摺。

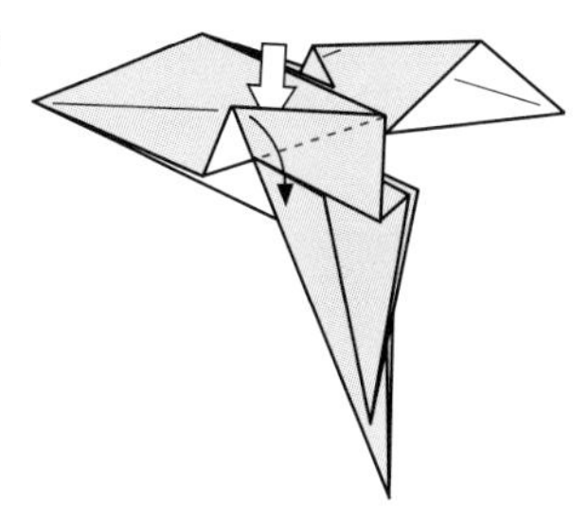

11 將 7 往上翻的部分恢復原狀。另一側的摺法也同 7 ～ 11。

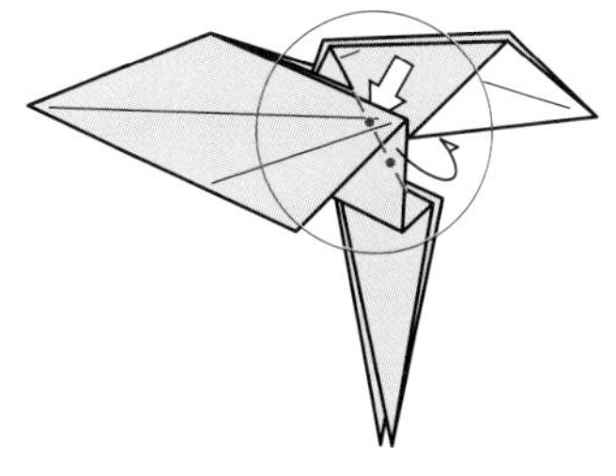

12 將○內打開，把 5 的○部分像要由上往下蓋住般地進行山摺。背面的摺法也相同，以黏膠固定。

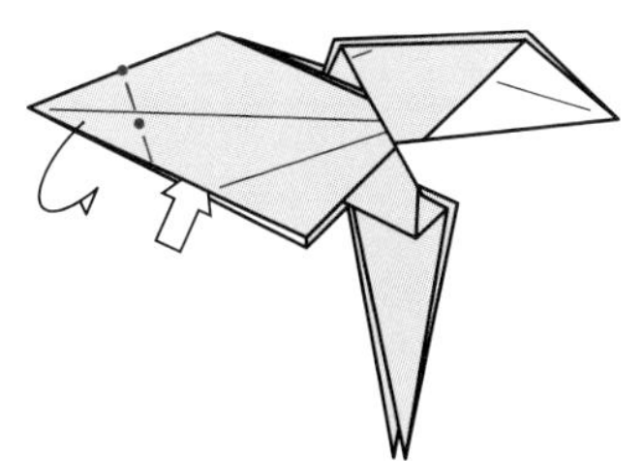

13 中間打開，摺入內側。背部以黏膠固定。

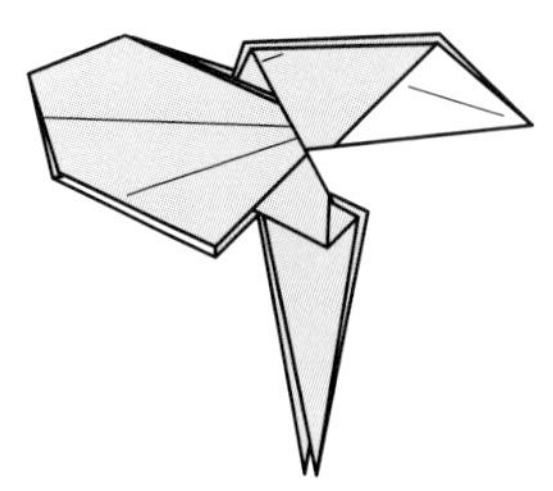

14 完成了。

## 組合法

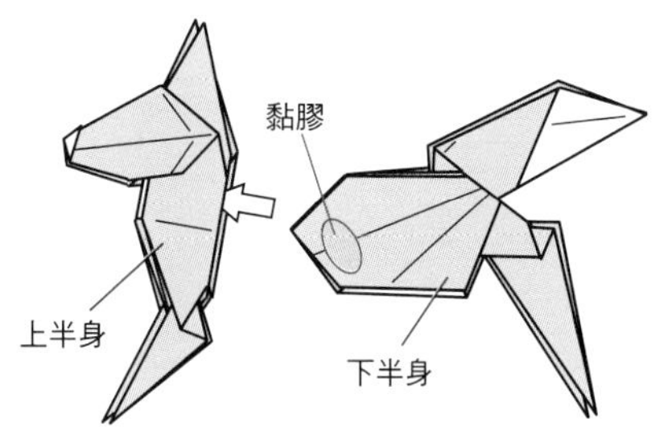

1 稍微改變上下半身的方向。將上半身的中間打開，插入下半身。調整到滿意的形狀後，以黏膠固定。下半身的 13 所摺的分量可以在此進行調整。

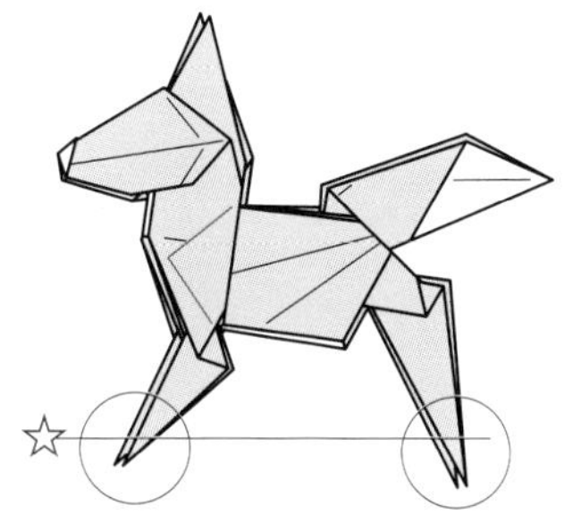

2 統一前後腳的長度，在☆線處製作腳掌。

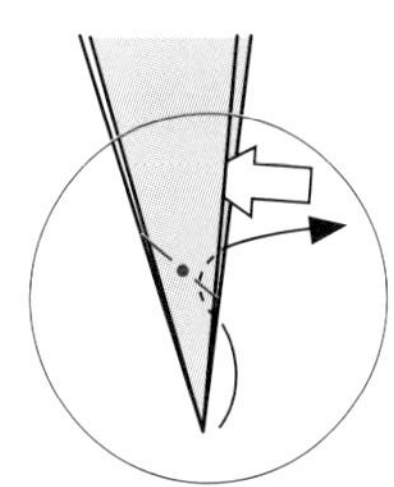

3 壓出摺線，向內壓摺。

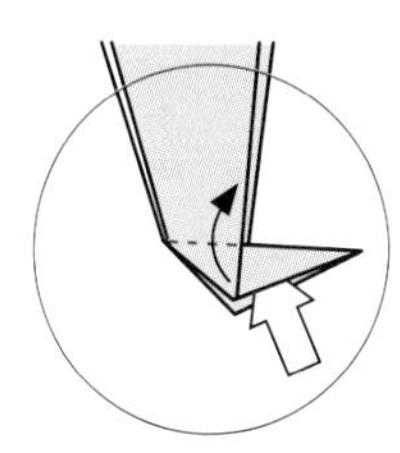

4 中間打開，往上摺。

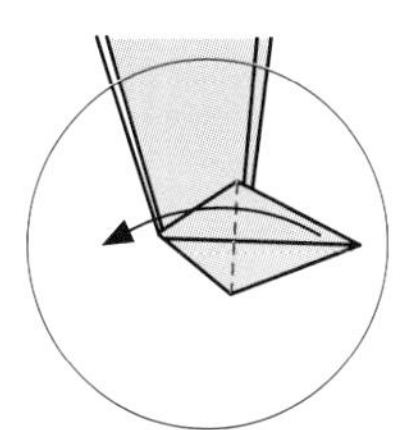

5 摺到左邊。

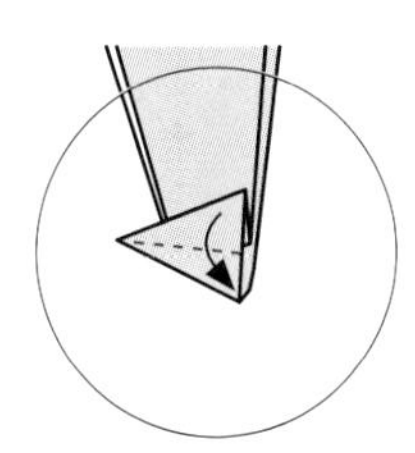

6 往下摺。

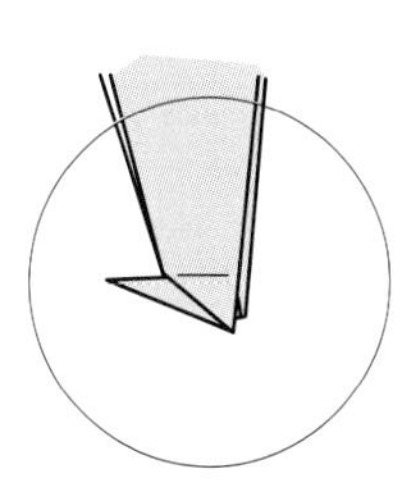

7 摺好的模樣。剩下 3 隻腳的摺法也同 3 ～ 7。

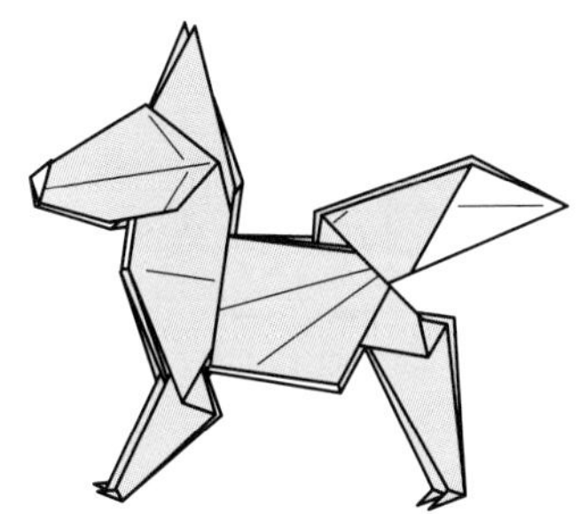

8 完成了。

# 熊a、b、c&北極熊e、d

紙張大小（和紙）
a、e　25cm×25cm…2張
b、c、d　18cm×18cm…2張

photo to_ p.21、22
原案_ 湯浅信江

**上半身**　＊b、c、d包括組合法在內，跟a、e的摺法都相同，但只有上半身的5摺疊的位置要跟狗狗a－上半身的5（p.34）的位置相同。

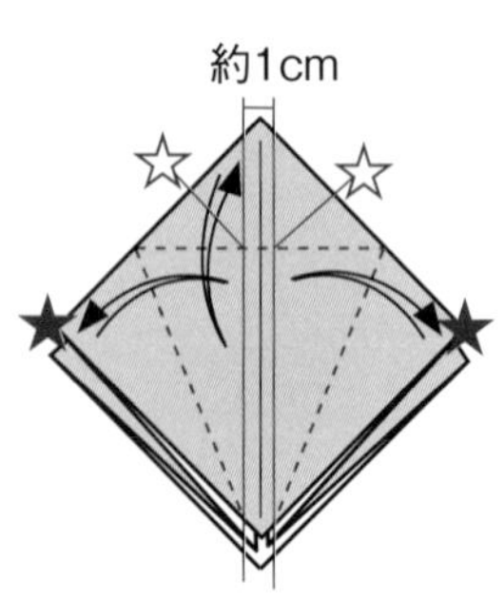

1 從四角摺開始，讓★與☆對齊般地壓出摺線。背面的摺法也相同。

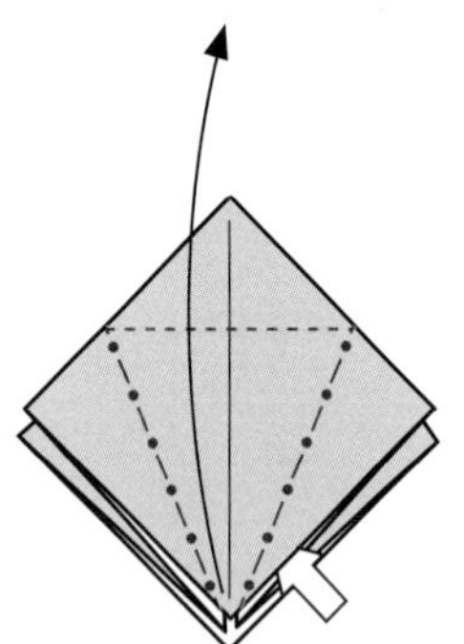

2 打開上面1張 進行摺疊。

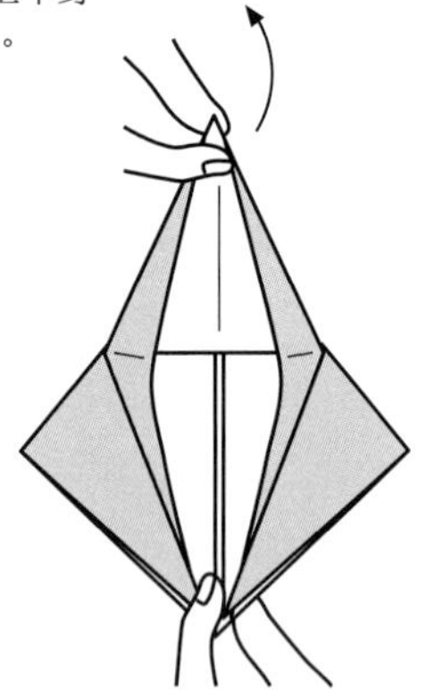

3 途中圖。

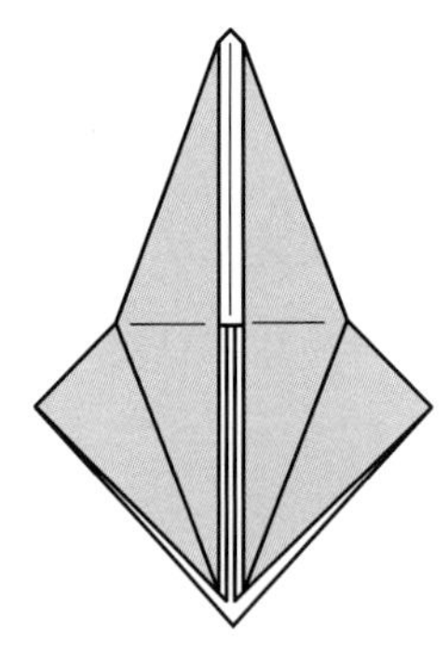

4 摺好的模樣。背面的摺法也同2、3。

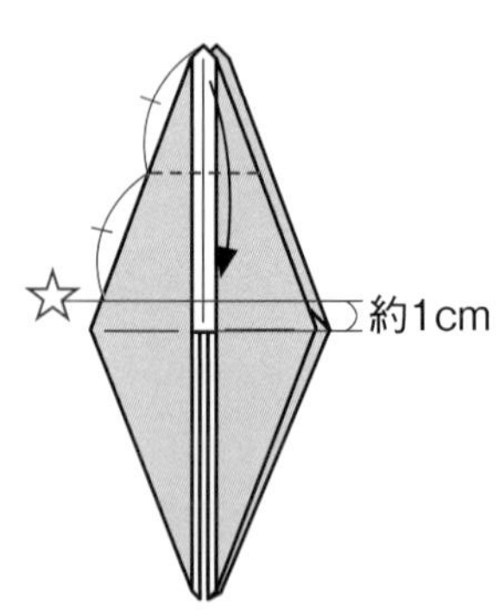

5 上面1組對齊☆線輕輕往下摺。

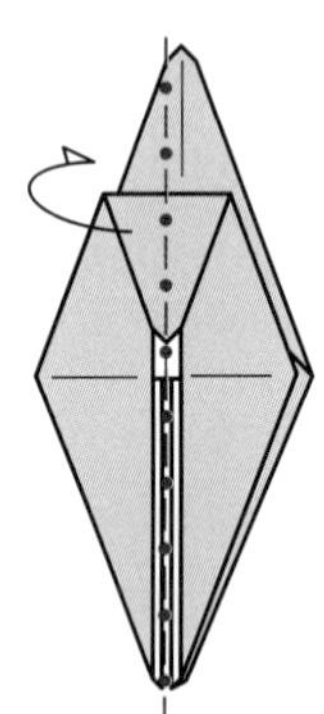

6 整體對半做山摺。

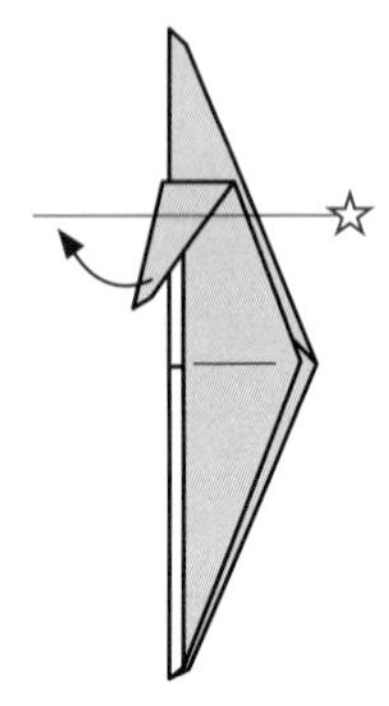

7 將5摺出的三角形往上拉，下緣對齊☆線。

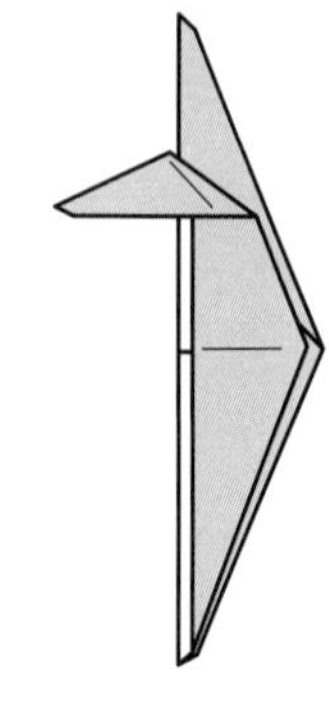

8 往上拉好的模樣。回到5的形狀。

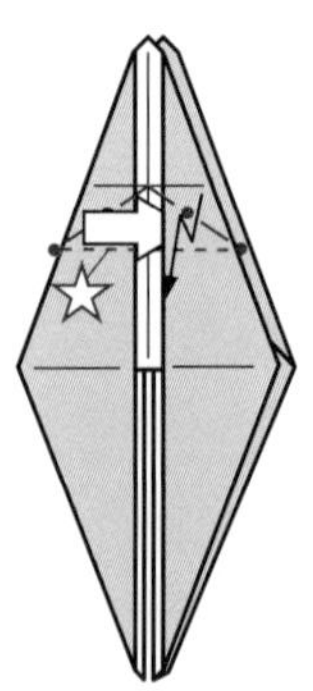

9 上面1組壓出☆處的摺線後，中間打開，將7壓出的摺線變成山摺線，進行階梯摺。

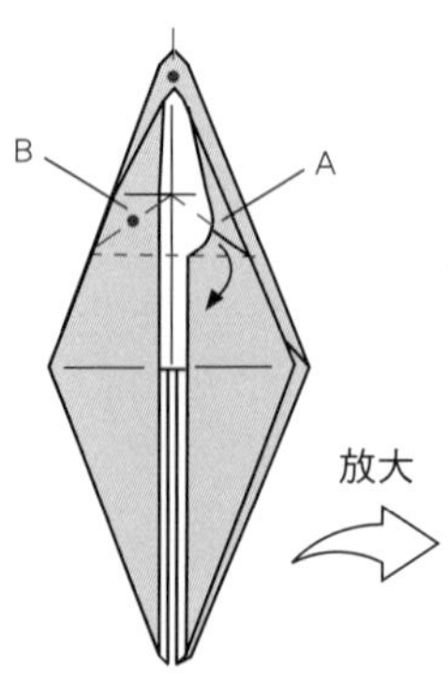

10 途中圖。B和A的摺法相同，跟6一樣整體對半做山摺。

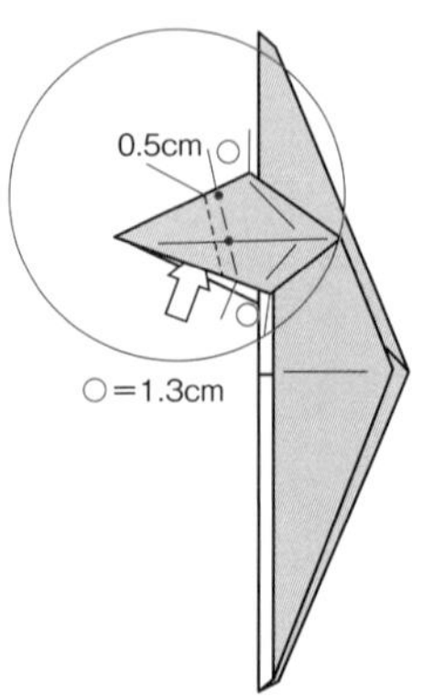

11 中間拉開做階梯摺，做成12的形狀。

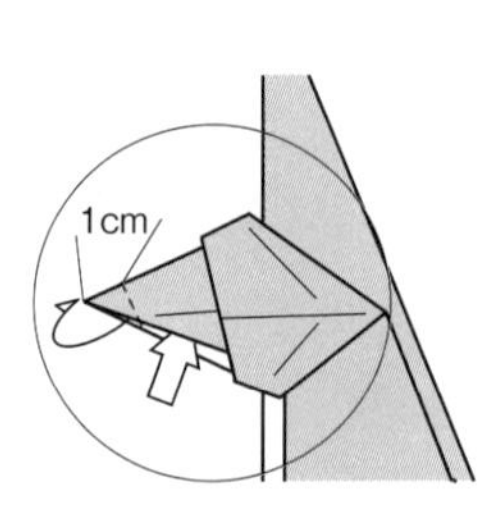

12 中間打開，末端向外翻摺。

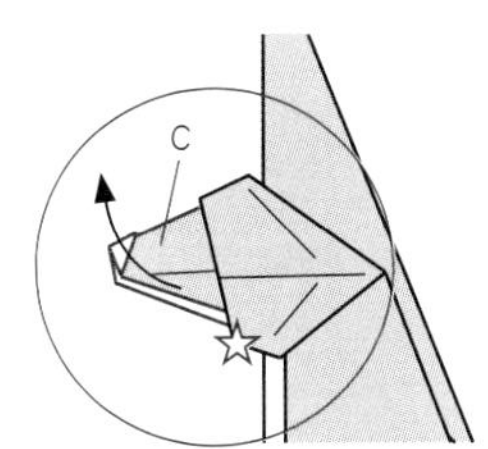

13 將 C 往上拉，把☆部分拉到底。

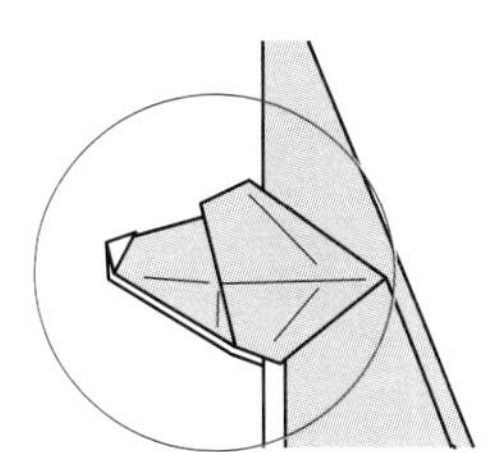

14 往上拉好的模樣。

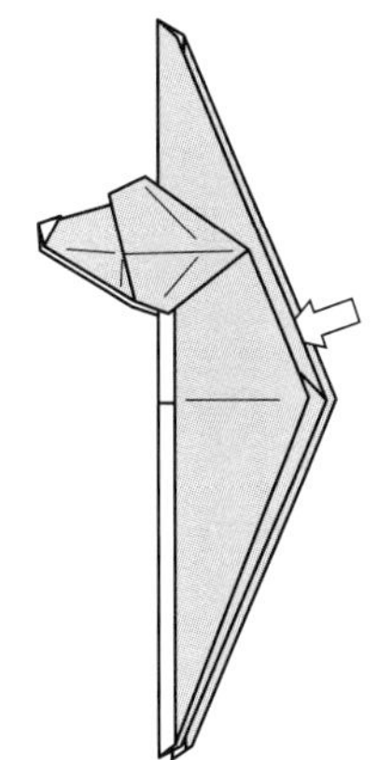

15 中間打開，回到 5 的形狀。

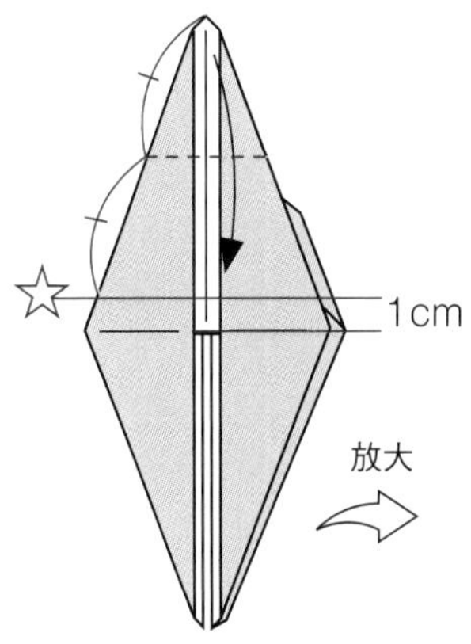

16 同 5，對齊☆線往下摺。

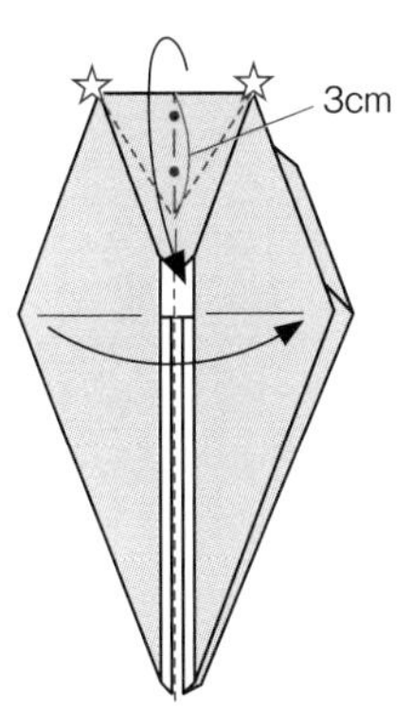

17 一邊將山摺線往前摺，一邊對半做谷摺，讓☆與☆對齊。

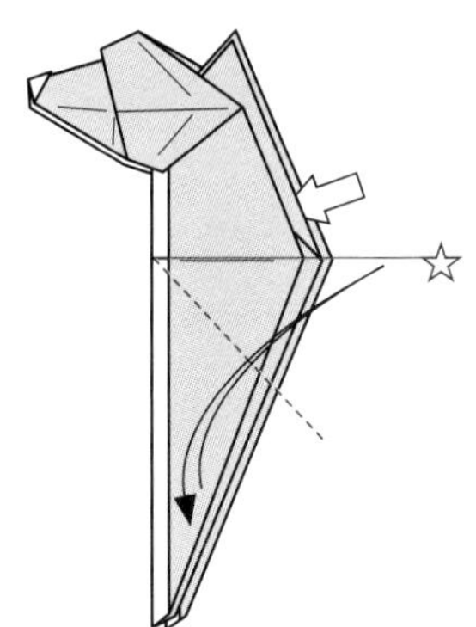

18 前側的腳對齊☆線壓出摺線。

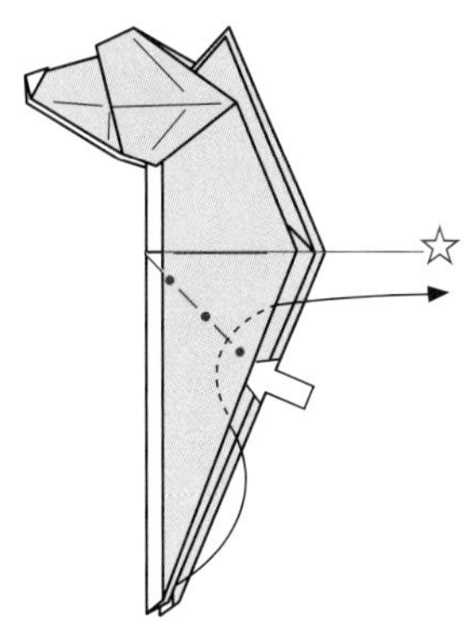

19 中間打開，向內壓摺。

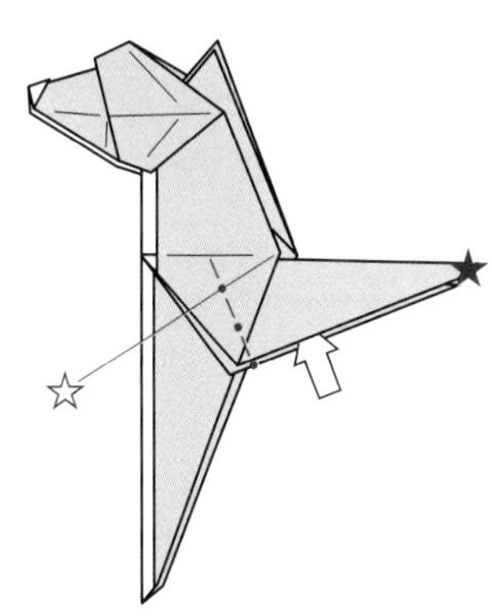

20 中間打開，讓★對齊☆線般地向內壓摺。

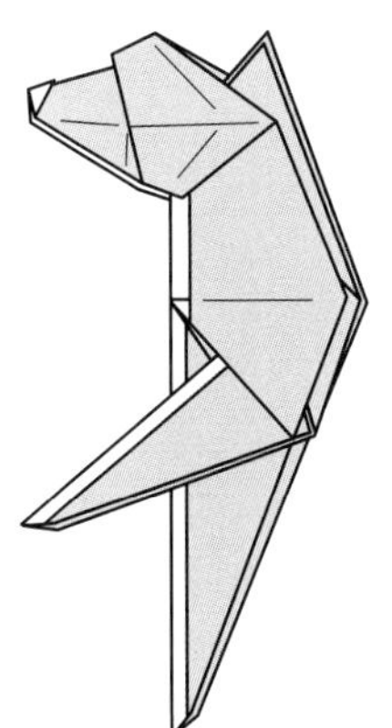

21 摺好的模樣。背面的摺法也相同。

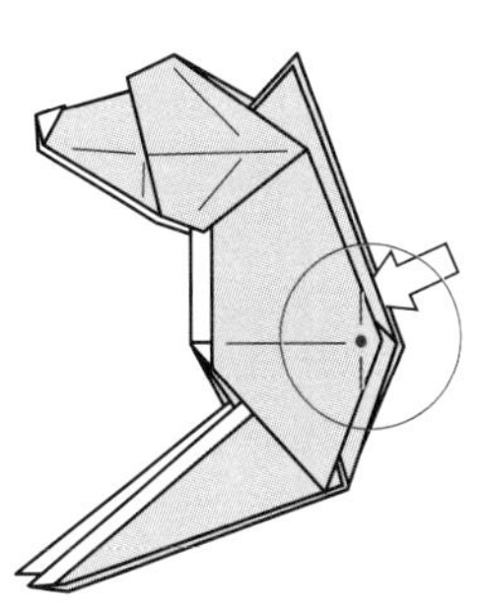

22 中間打開，2 張一起稍微山摺後，摺入內側，以黏膠固定。背面的摺法也相同。

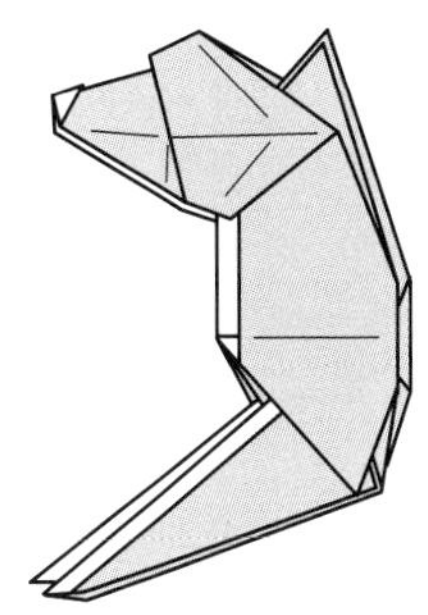

23 上半身完成了。

**下半身**　＊從熊－上半身的5（p.54）開始。

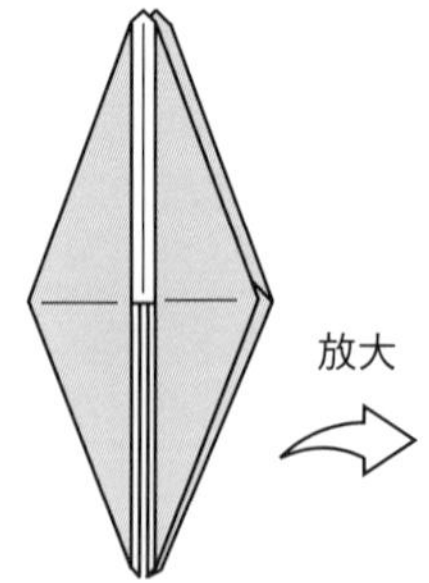

1 與上半身的 5（p.54）摺法相同。

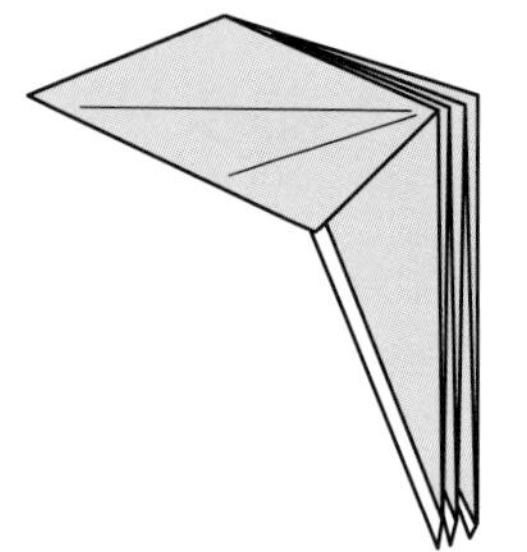

2 參照狗狗 a －下半身的 1 ～ 7（p.35），以相同方法摺疊後展開。

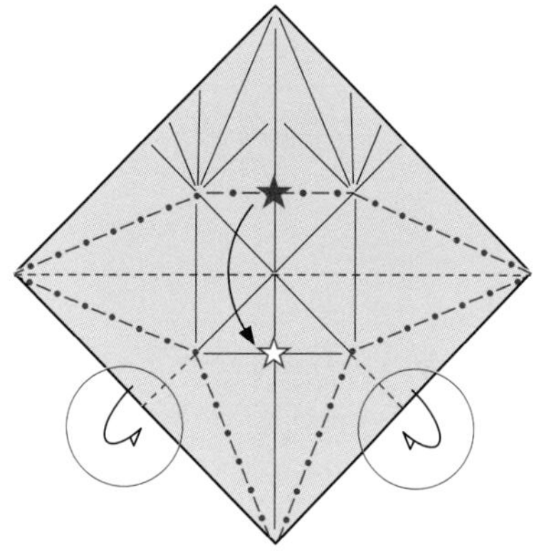

3 展開的模樣。紙張正面朝上，一邊讓★對齊☆進行谷摺，一邊將○處依照摺線摺入內側。

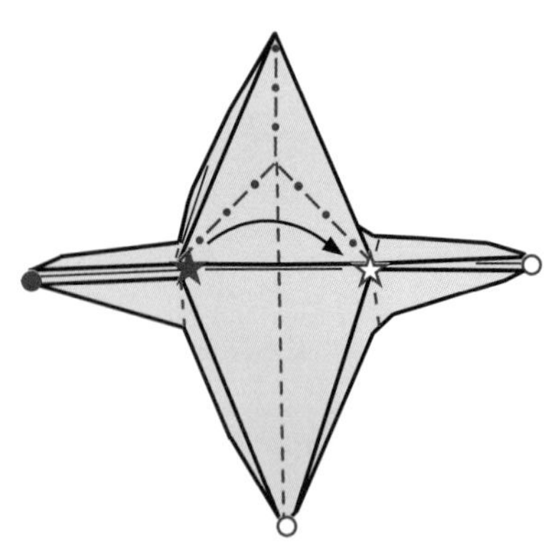

4 一邊依照摺線，讓★對齊☆進行摺疊，一邊讓●對齊○進行谷摺，回到 2 的形狀。

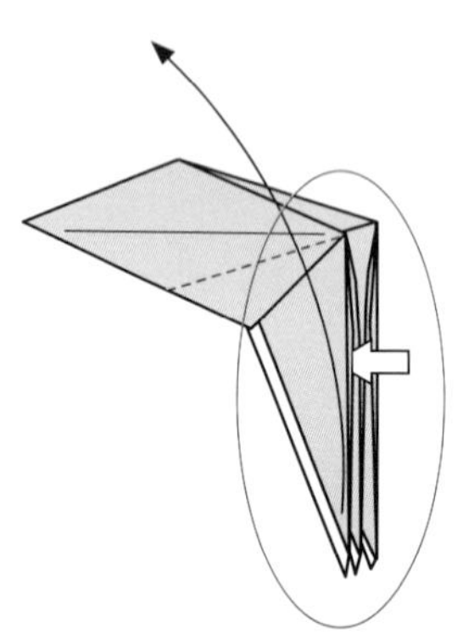

5 將○內的上面 1 組依照圖示位置往上翻開。

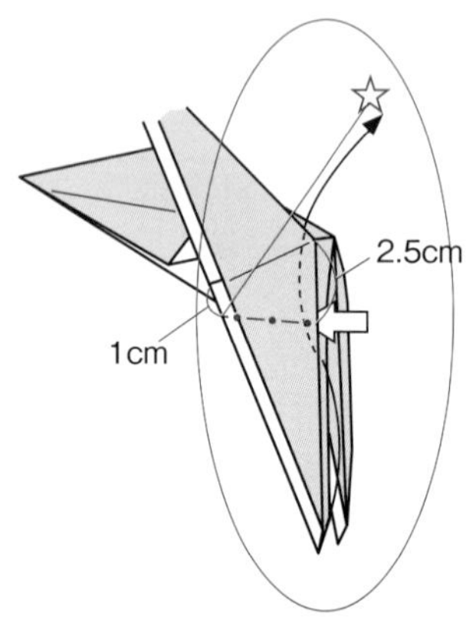

6 對齊☆線壓出摺線，向內壓摺。

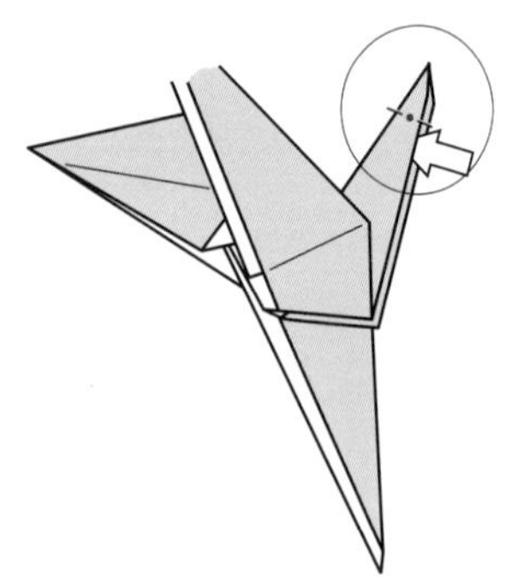

7 在○內稍微做山摺後，摺入內側。

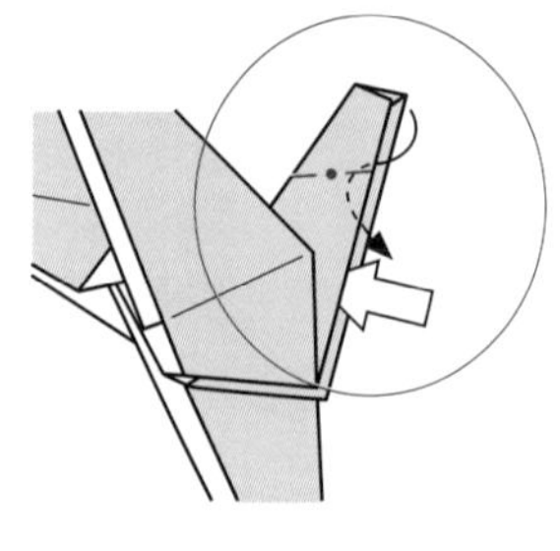

8 在圖示位置做向內壓摺。

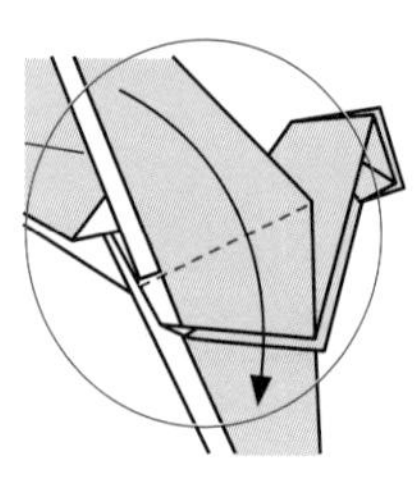

9 將 5 往上翻的部分恢復原狀。

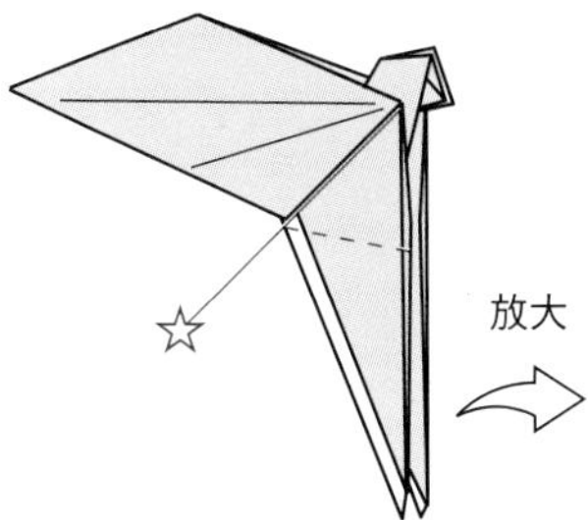

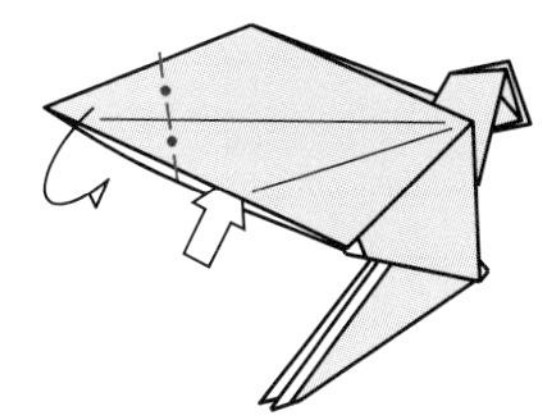

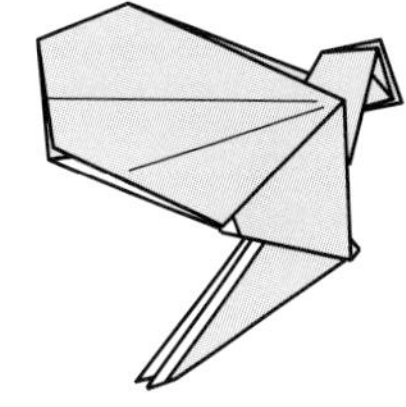

10 同上半身的18～21進行摺疊。

11 中間打開，摺入內側。背部以黏膠固定。

12 完成了。

## 熊a、b＆北極熊d、e－組合法

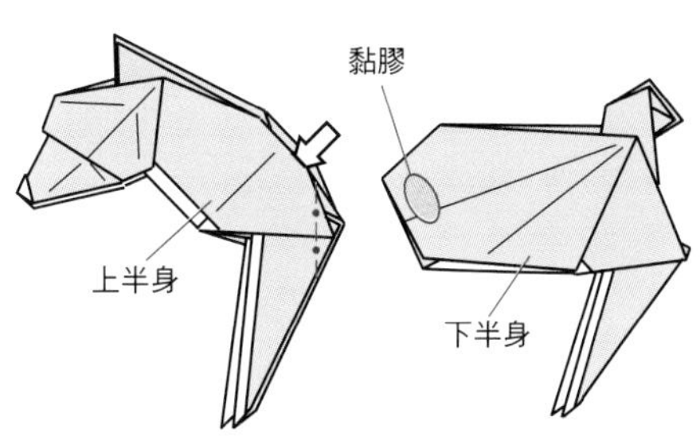

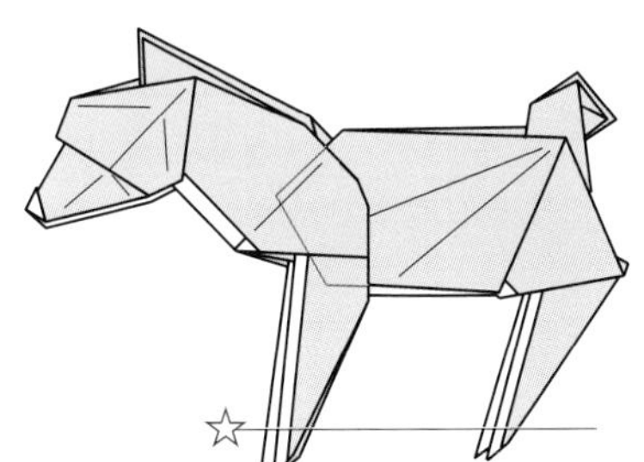

1 稍微改變上下半身的方向。將上半身的中間打開，2 張一起摺入內側，以黏膠固定。背面的摺法也相同。將上半身的中間打開，插入下半身。調整到滿意的形狀後，以黏膠固定。

2 統一前後腳的長度，在☆線處製作腳掌。腳掌的摺法同狐狸的組合法 3 ～ 7（p.53）。

3 完成了。

## 熊c－最後修飾

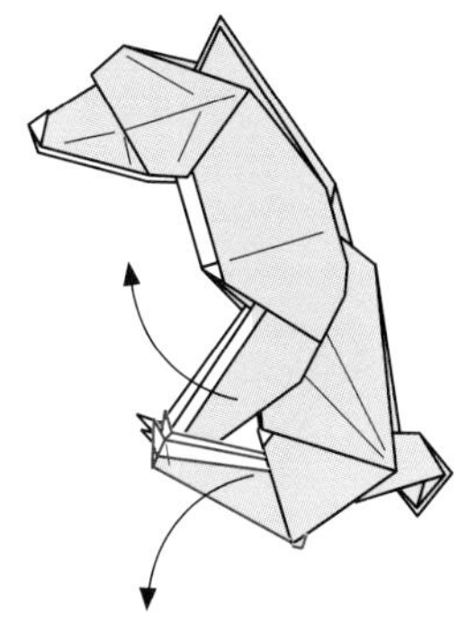

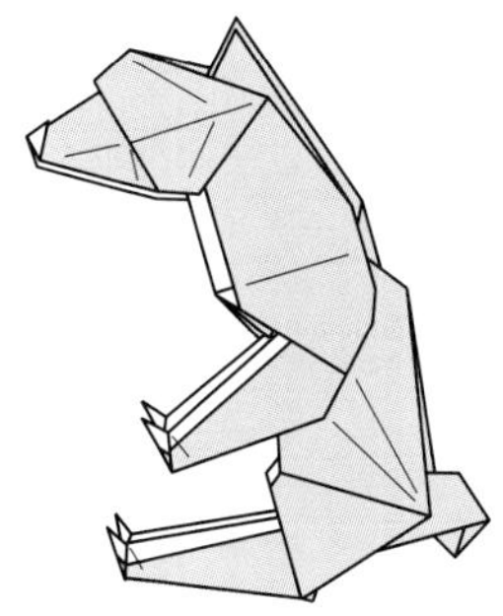

1 組合時如果後腳和前腳重疊的話，就將前腳稍微往上拉高，後腳稍微降低一些。

2 完成了。

# 綿羊

紙張大小（和紙）
18cm×18cm…2張

photo to_ p.26

原案_ 中島 進　　改編_ 富田登志江

## 下半身

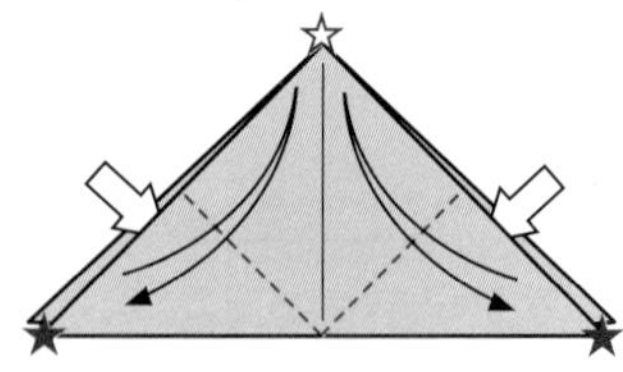

1 從三角摺開始。中間打開，只將上面 1 組的★對齊☆摺疊，壓出摺線。

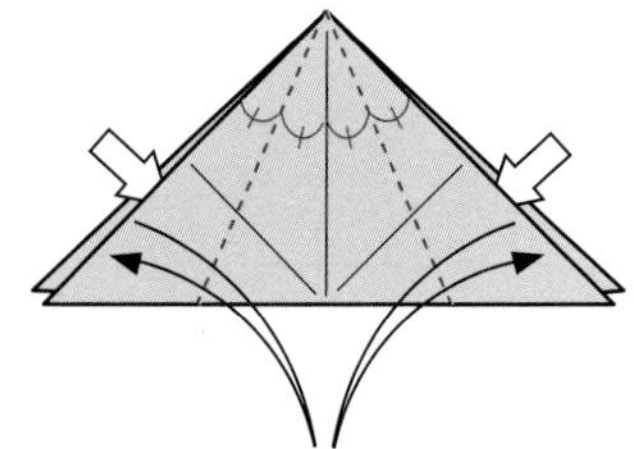

2 壓出摺線。

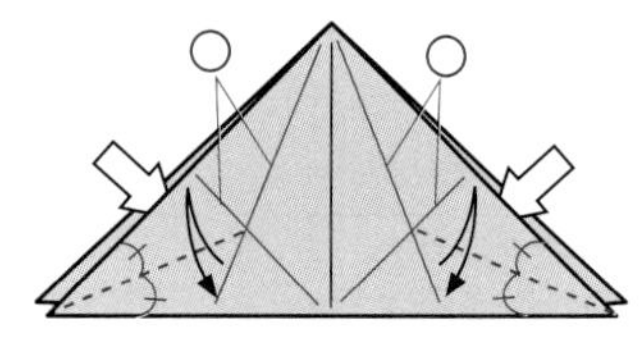

3 兩側都壓出摺線到〇線為止。

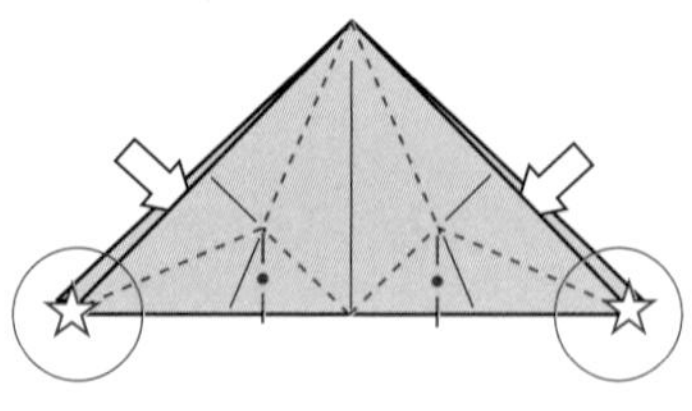

4 抓住〇內的☆部分往下摺。

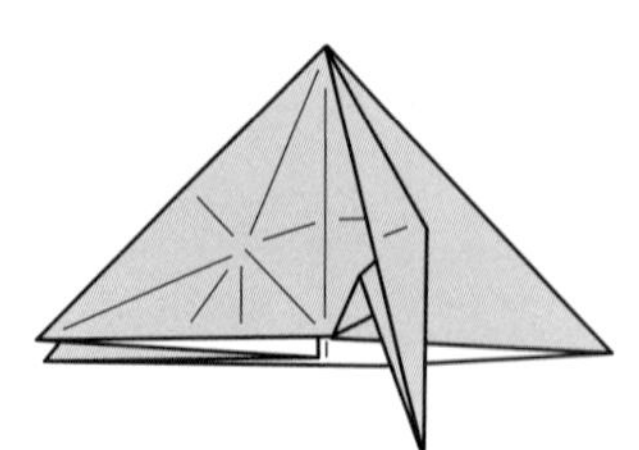

5 途中圖。左側的摺法也相同。

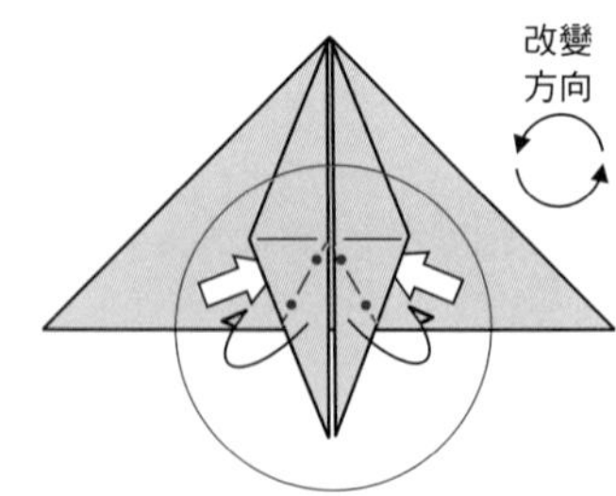

6 中間打開做山摺。

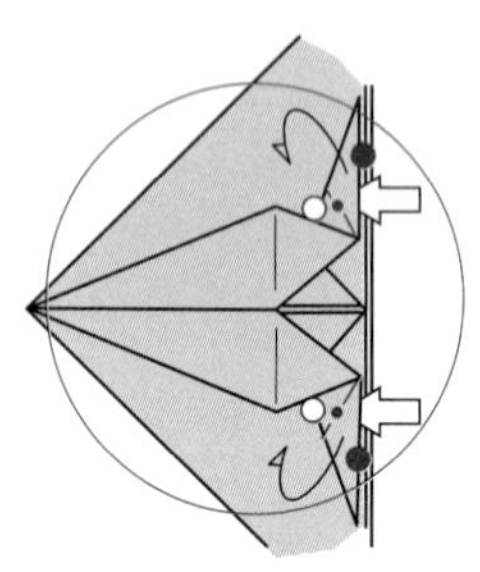

7 讓●對齊〇般地進行山摺。

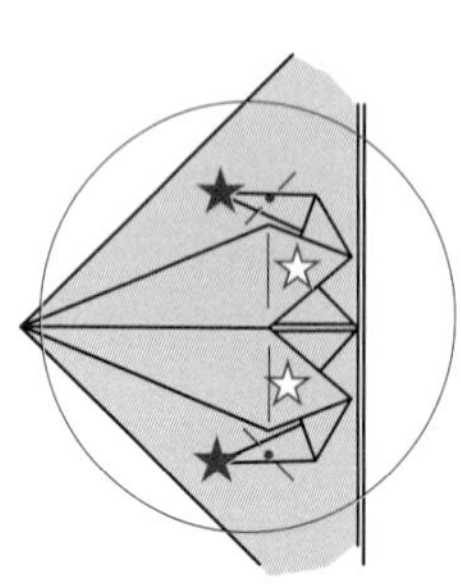

8 繼續山摺，讓★重疊在☆之上。

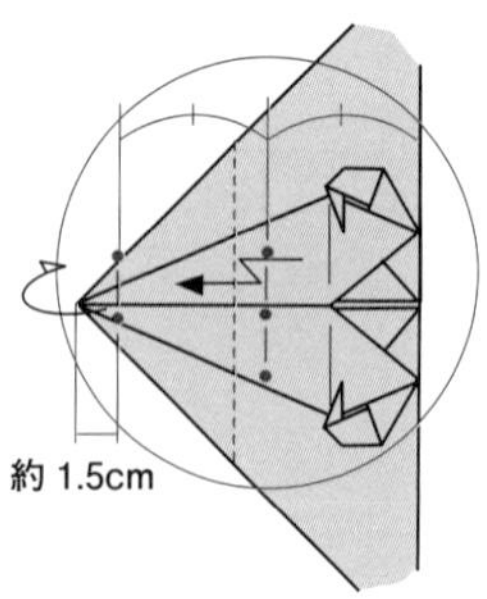

9 左端稍微做山摺，中央做階梯摺。

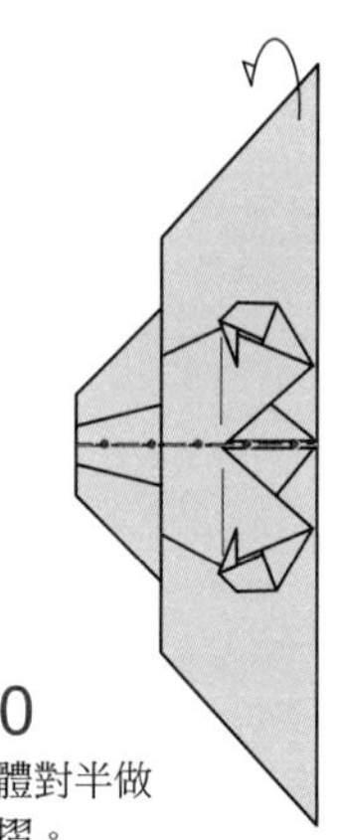

10 整體對半做山摺。

11 將☆部分稍微往下拉。

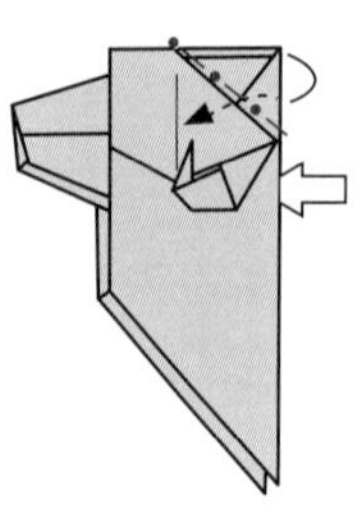

12 壓出摺線後，中間打開，摺入內側。

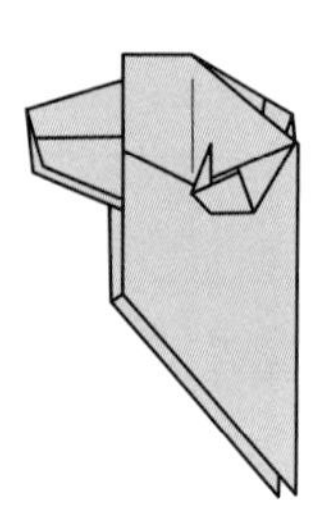

13 頭部完成了。

## 身體

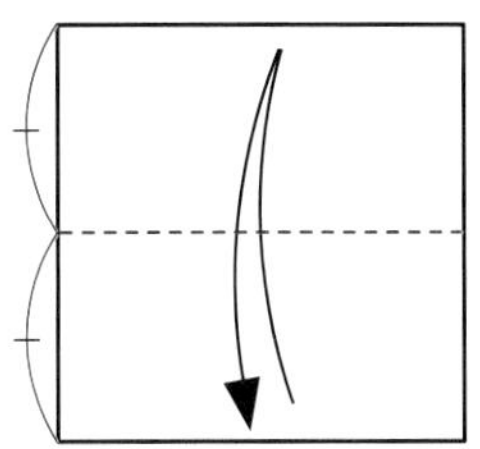

1 壓出摺線。

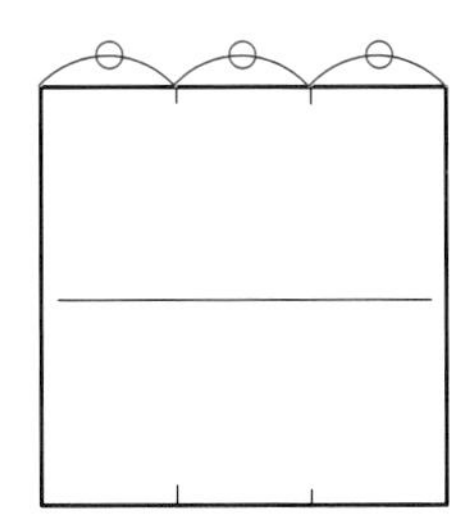

2 上下端壓出 3 等分的記號。

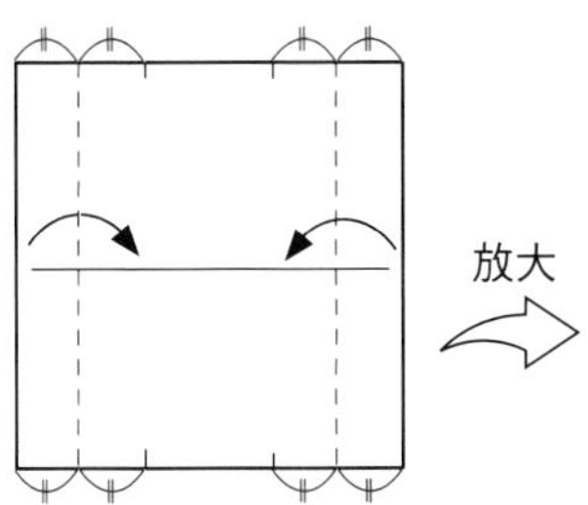

3 左右依照圖示位置摺疊。

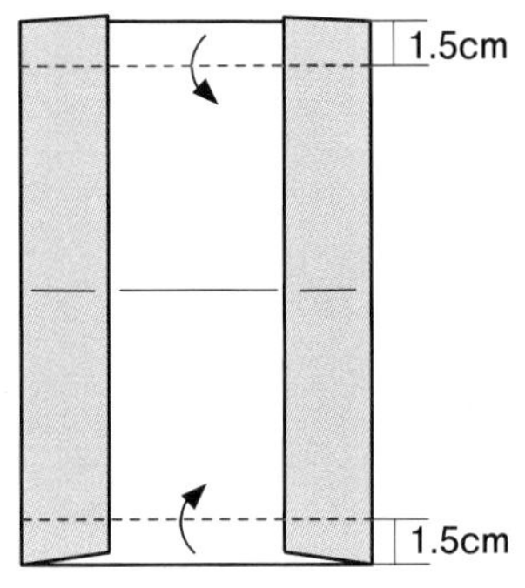

4 上下依照圖示位置摺疊。

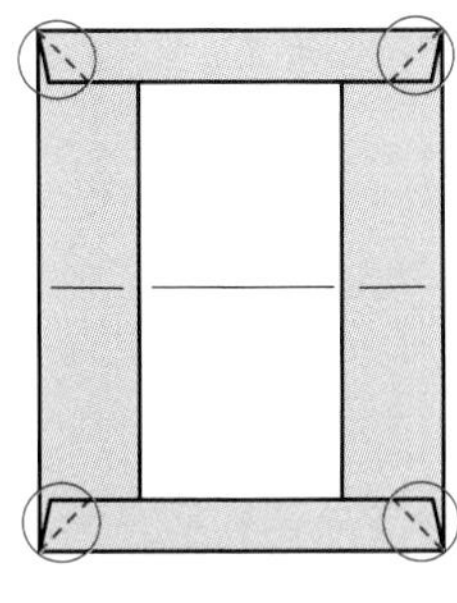

5 將○內的部分摺成三角形。

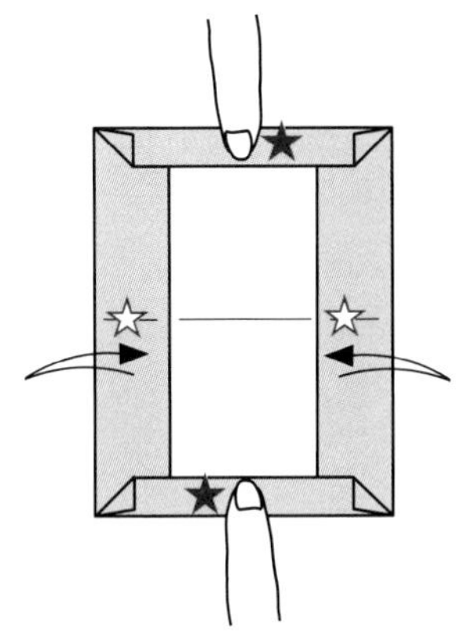

6 按住★處，將☆部分往外拉開後，重新摺疊在★處之上。

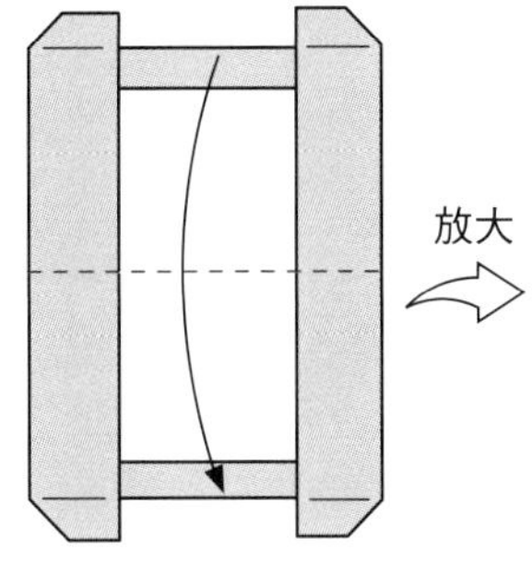

7 對摺。

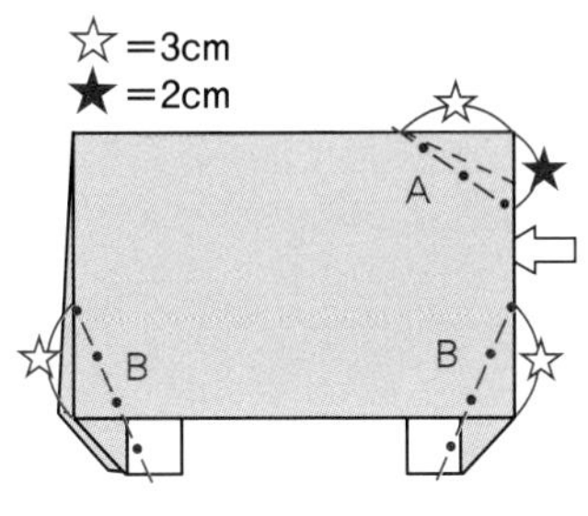

8 中間打開，在圖示位置將 A 做階梯摺，B 做山摺，摺入內側。背面的摺法也相同。

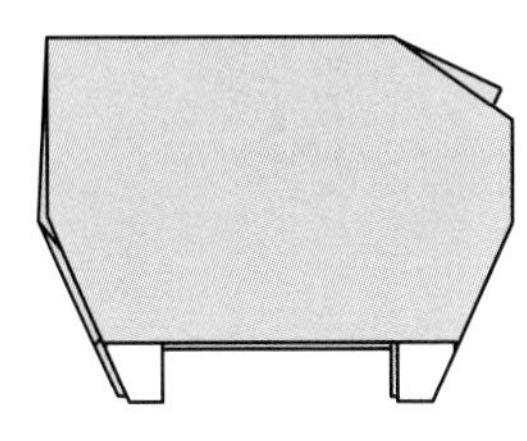

9 身體完成了。

## 組合法

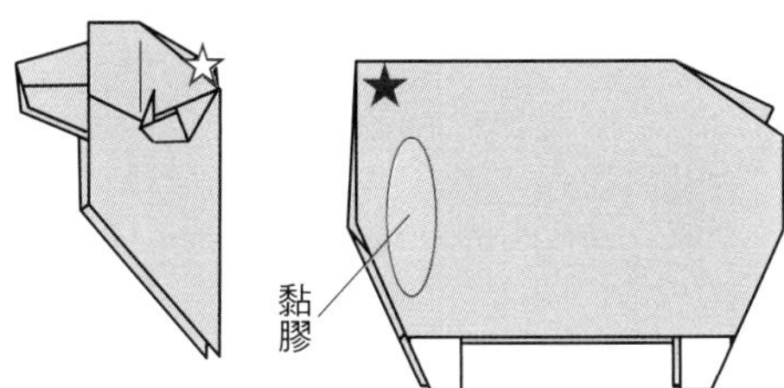

1 將★插入☆（有 2 處可插入）的任一處中，以黏膠固定。

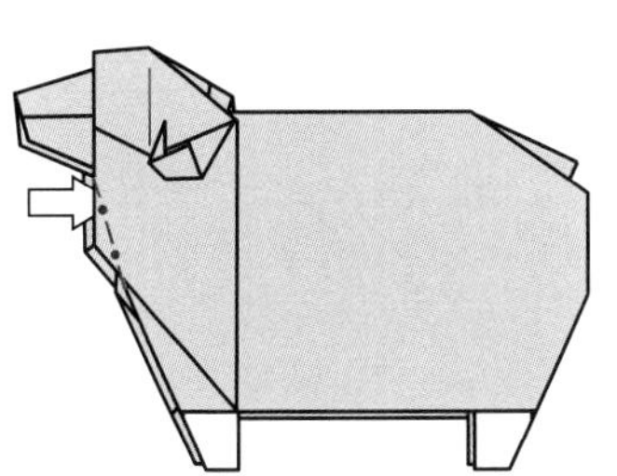

2 頭部以黏膠確實固定後，在圖示位置配合身體的線條稍微進行山摺，以黏膠固定。另一側的摺法也相同。

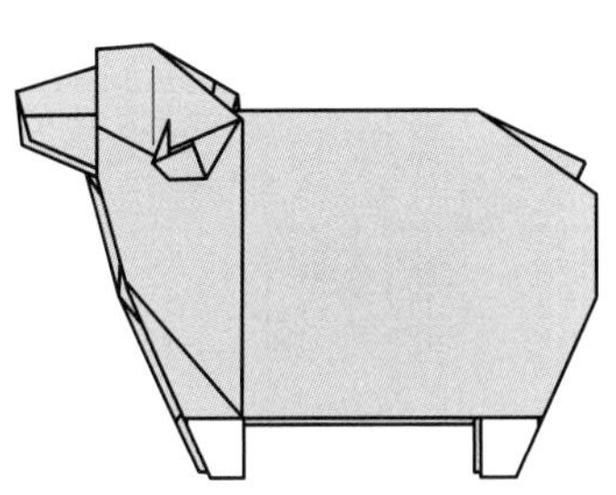

3 完成了。

# 馬

紙張大小（和紙）
18cm×18cm…2張

hoto to_ p.23
point lesson_ p.8
原案_ 富田登志江

## 上半身

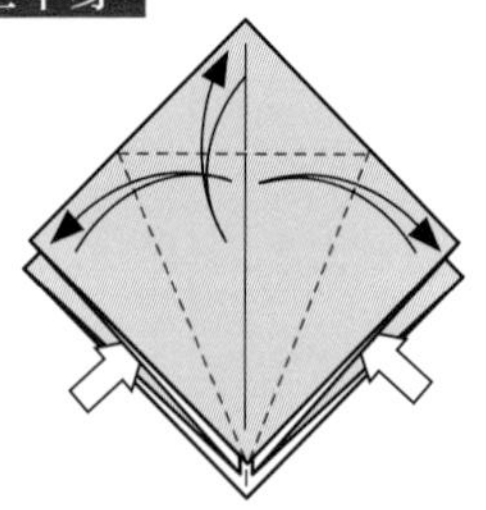

1 從四角摺開始，中間打開，只將上面 1 組壓出摺線。

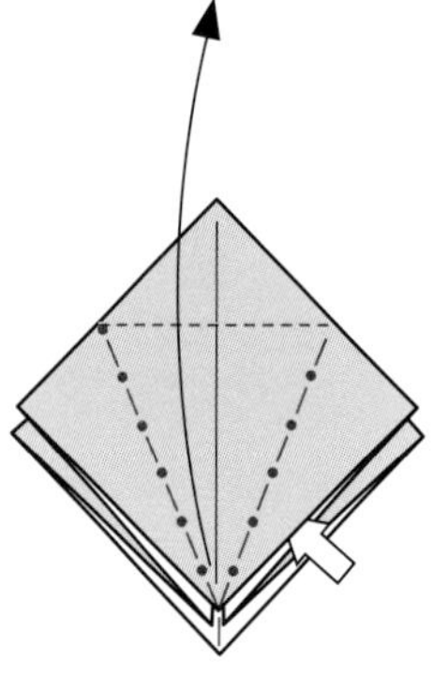

2 打開上面 1 張，依照摺線進行摺疊。

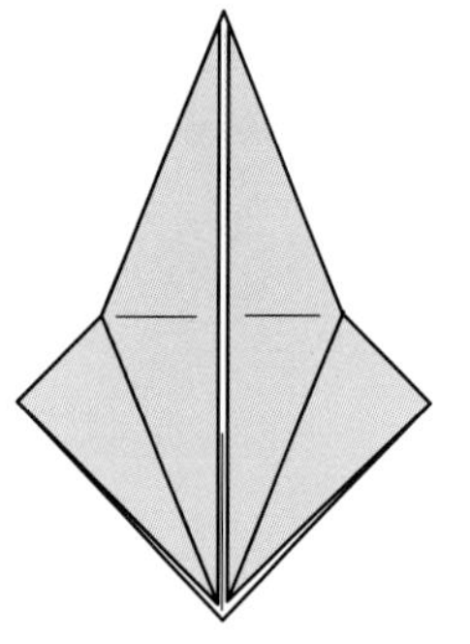

3 摺好的模樣。背面的摺法也同 1、2。

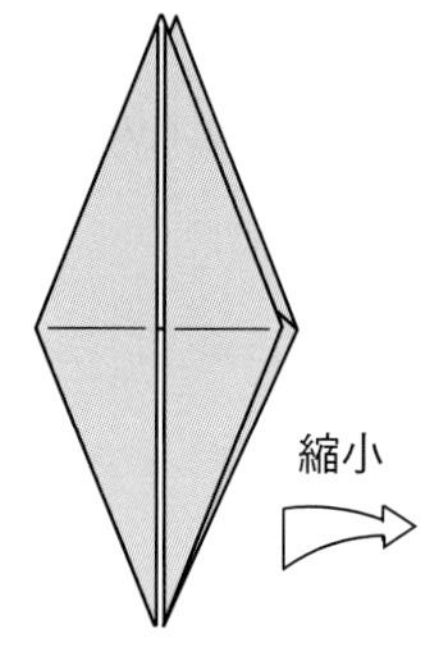

4 摺好的模樣。全部展開。

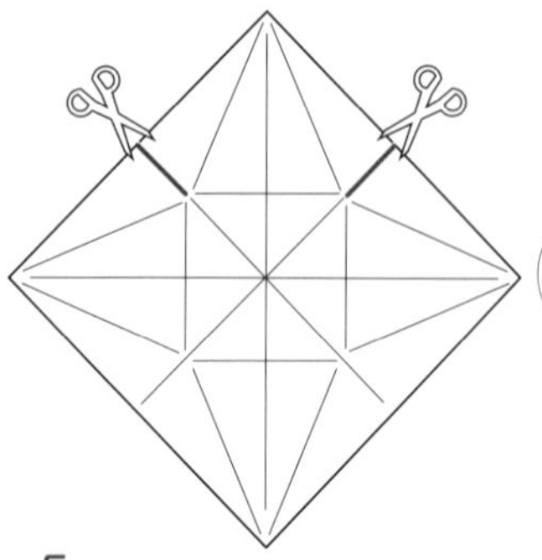

5 紙張背面朝上，在 2 處依照粗線剪開。

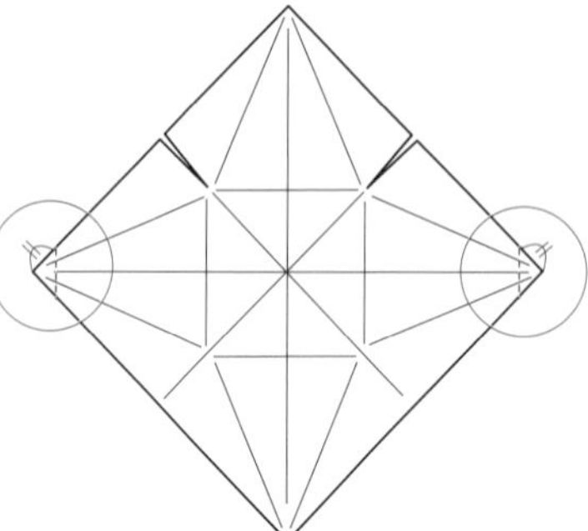

6 兩側○內的部分進行谷摺。

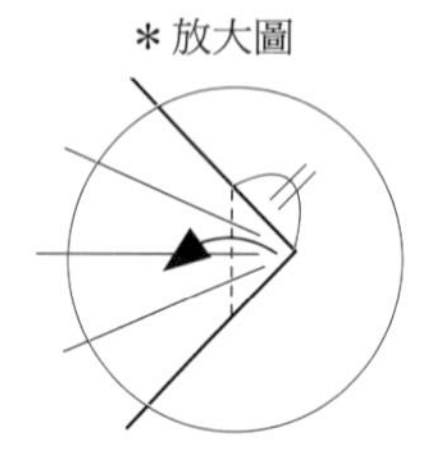

7 放大後的模樣。兩側都稍微往內谷摺。

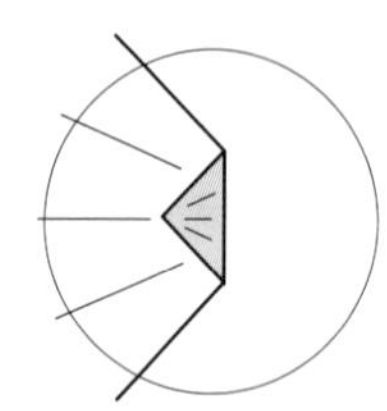

8 摺好的模樣。就這樣直接摺回 4 的形狀。

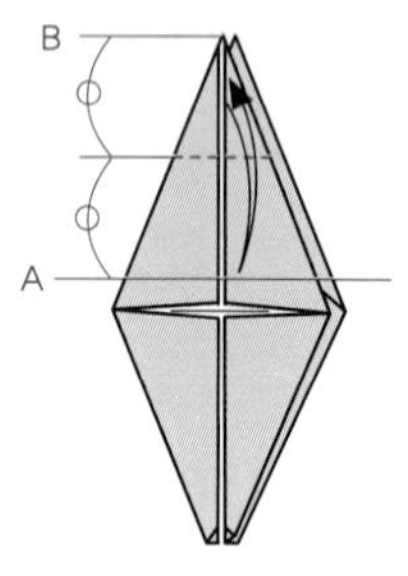

9 從正中央的稍上方開始，在A與B的中間壓出摺線。

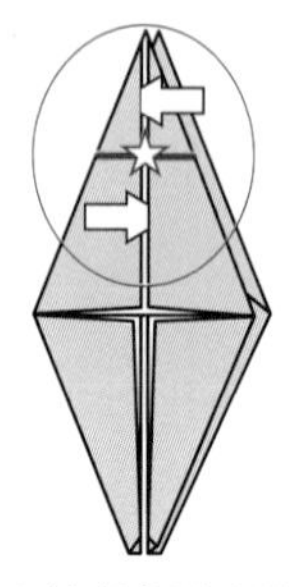

10 將 9 壓出的摺線中間打開，只將上面 1 張從☆處開始依照粗線剪開。

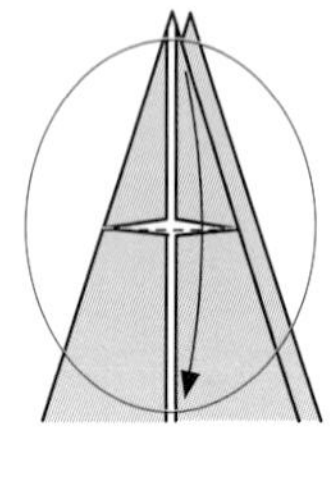

11 剪好的模樣。往下谷摺。

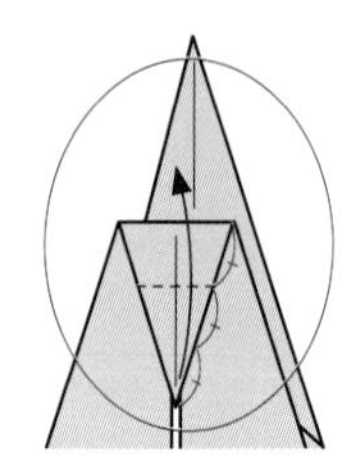

12 在 1/3 處往上谷摺。

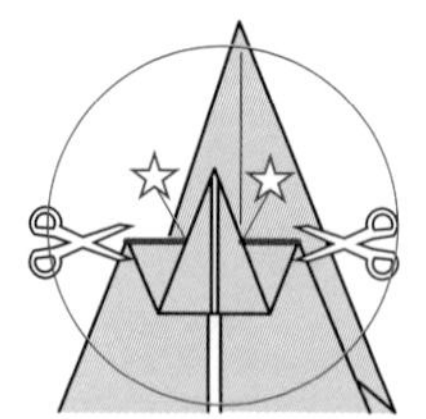

13 依照粗線剪開到 12 摺出的三角形的☆處為止。

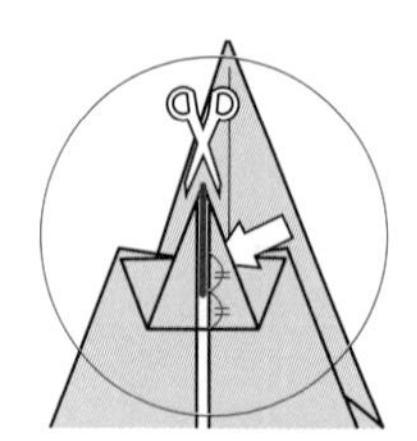

14 只將上面1張依照粗線剪開。

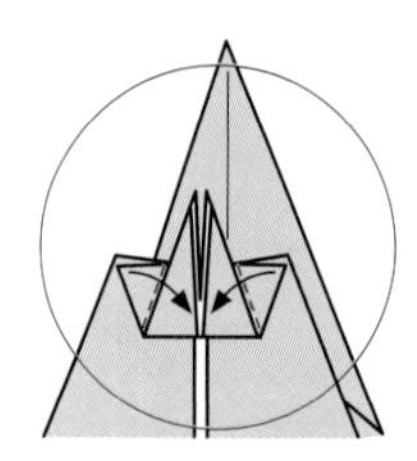

15 依照圖示將兩側進行谷摺。

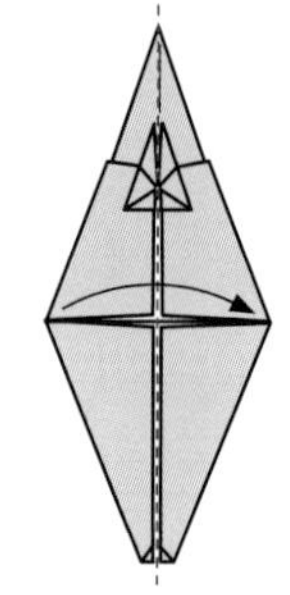

16 對摺。

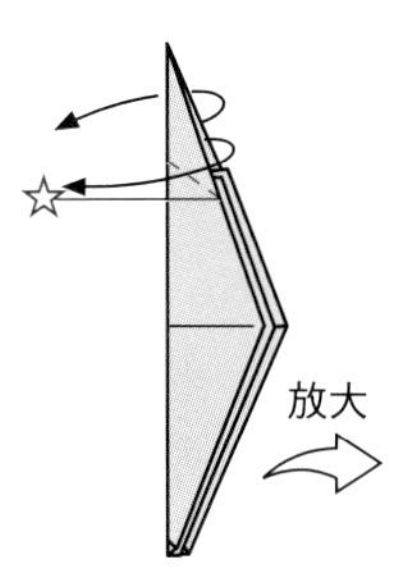

17 讓下緣對齊☆線般地壓出摺線，向外翻摺。

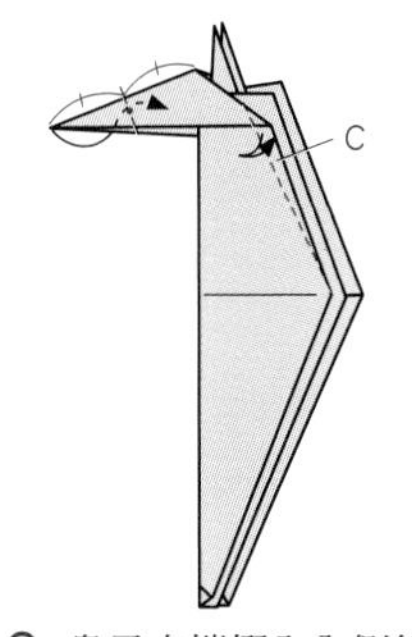

18 鼻子末端摺入內側後，壓出 C 的摺線。

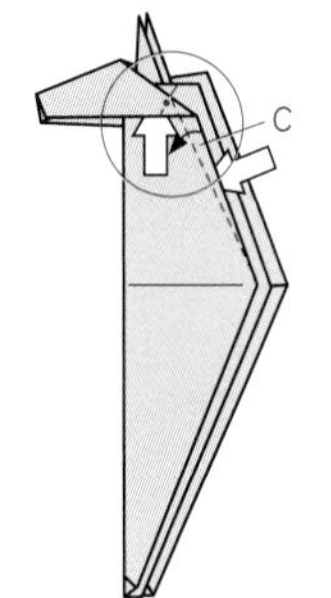

19 頭部中間打開，將 C 線進行谷摺。

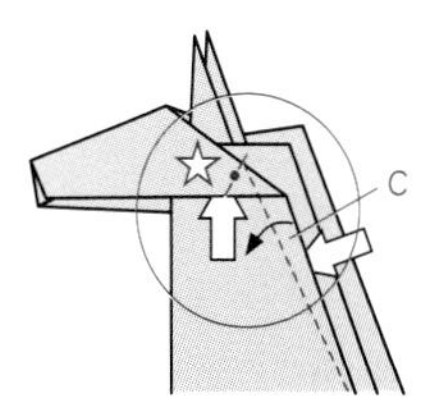

20 依照摺線將 C 線谷摺後，上面的部分摺到☆處之下。背面的摺法也同 18～20。

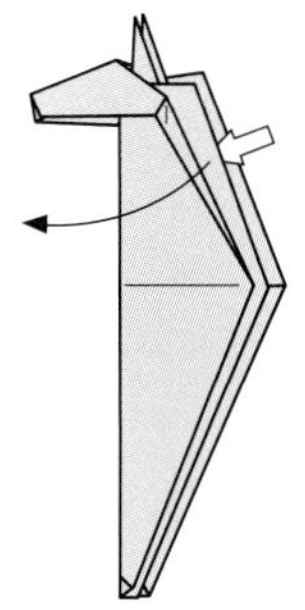

21 打開背部。

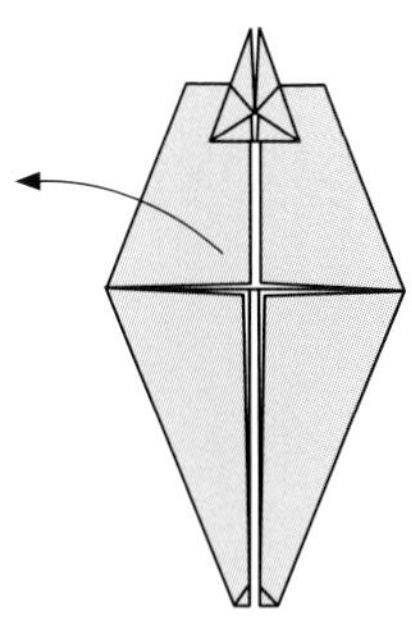

22 打開上面 1 張。

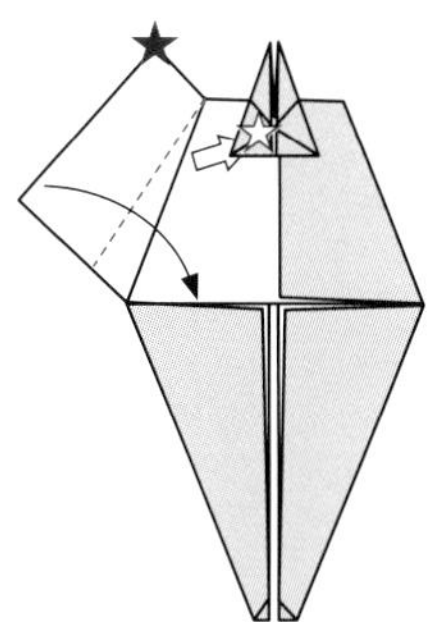

23 依照圖示摺疊，將★插入☆的下方。右側的摺法也相同。

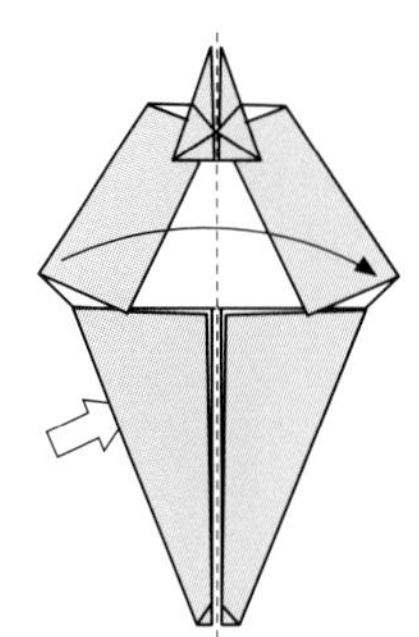

24 將左側 1 張翻到右邊。

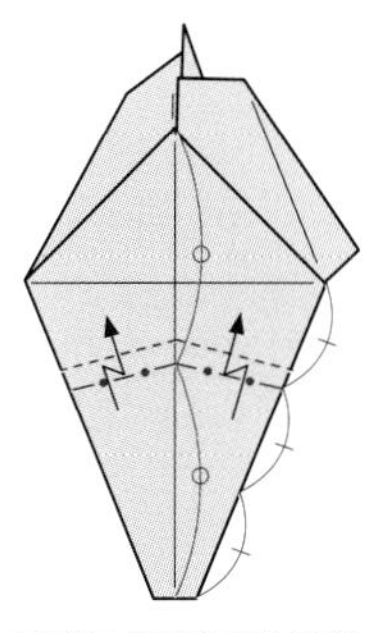

25 在圖示位置壓出摺線後做階梯摺。

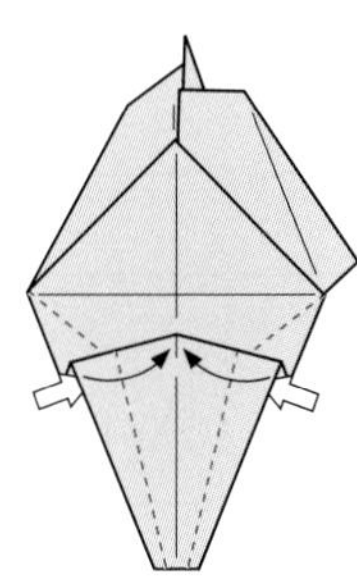

26 中間打開，依照圖示摺疊。右側與 24 的圖呈反方向地翻到左邊，摺法同 25、26。

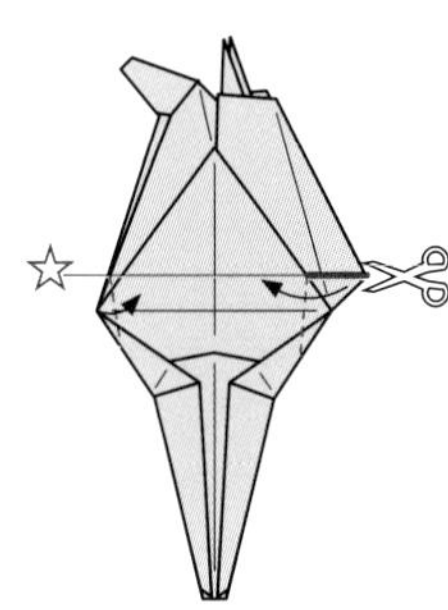

27 只將上面1張在☆線處依照粗線剪開。依照圖示做谷摺。背面的摺法也相同。

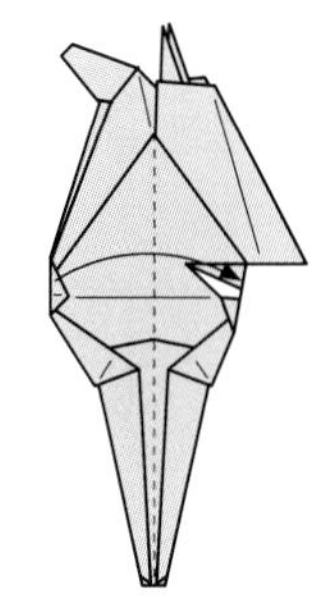

28 整體依照圖示對摺。背面的摺法也相同。

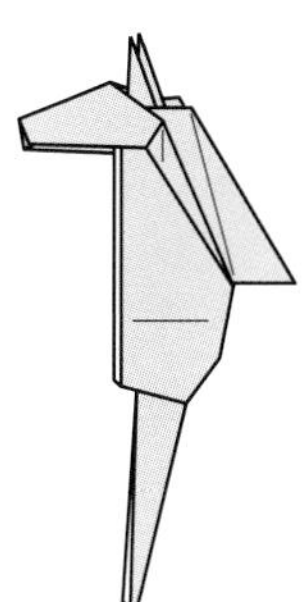

29 上半身完成了。

## 下半身

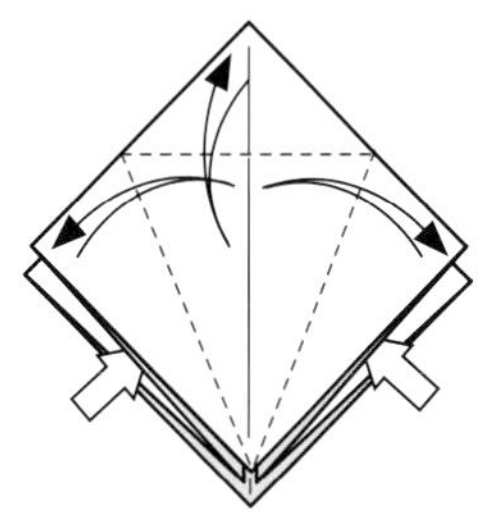

1 紙張正面朝內做四角摺。中間打開，只將上面 1 組壓出摺線。背面的摺法也相同。

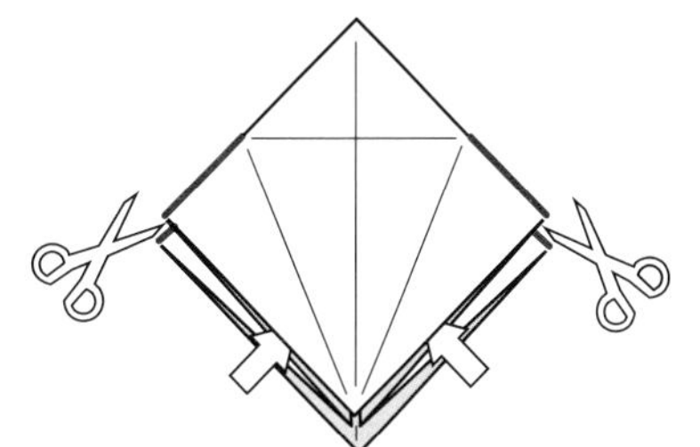

2 中間打開，依照粗線在 4 處剪開。

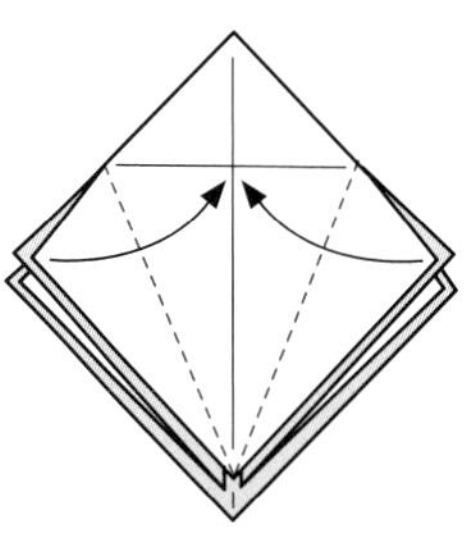

3 將 2 剪開的 8 個地方每一張都依照摺線摺疊。

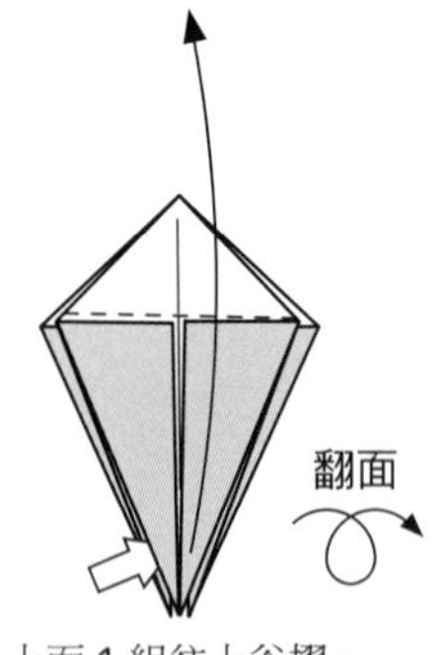

4 上面 1 組往上谷摺。

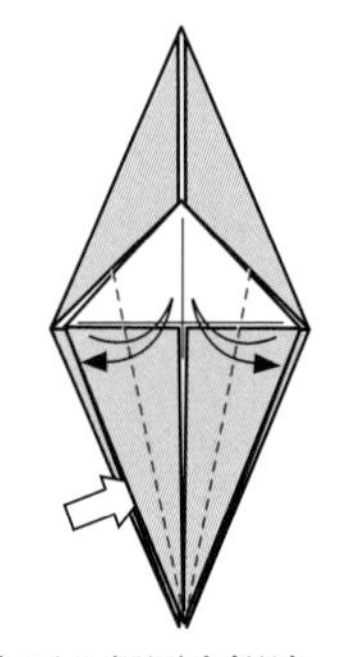

5 上面 1 組壓出摺線。

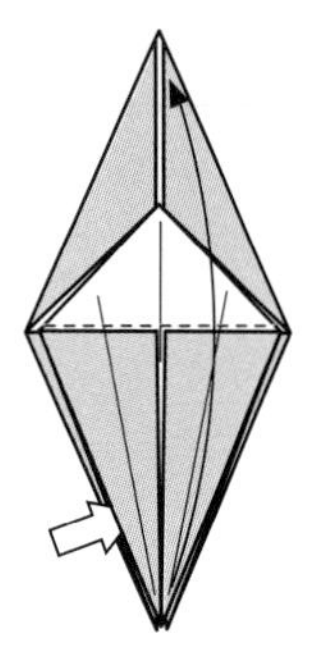

6 上面 1 組往上谷摺。

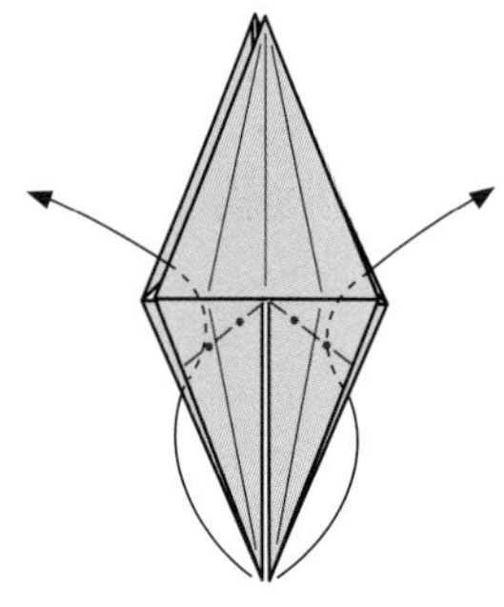

7 參照 8 的形狀向內壓摺。

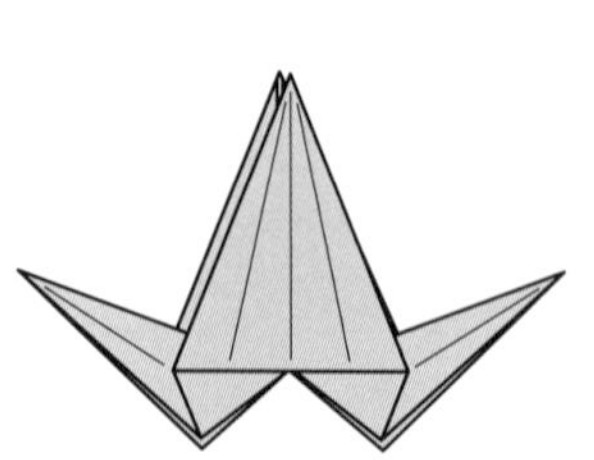

8 摺好的模樣。摺回 5 的形狀。

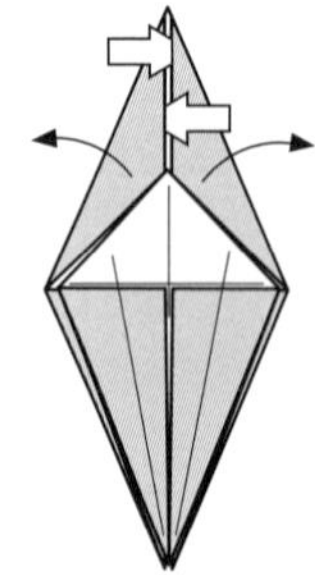

9 依照圖示打開。

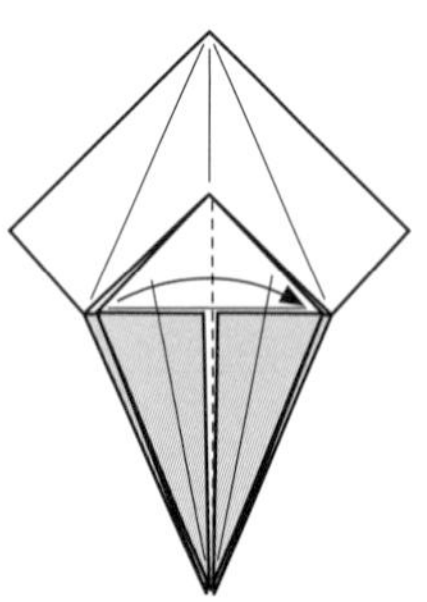

10 只將上面 1 組翻到右邊。

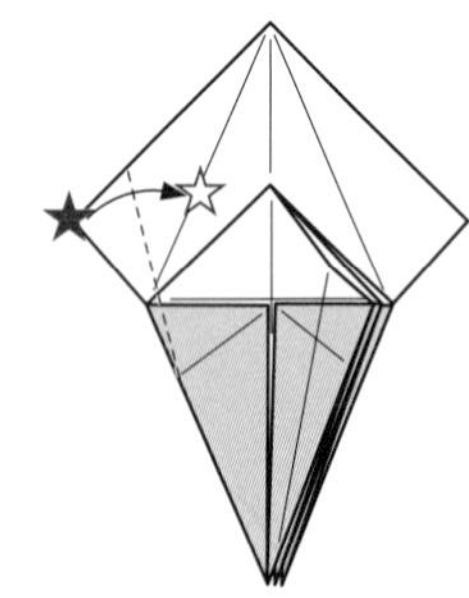

11 讓★對齊☆般地進行谷摺。

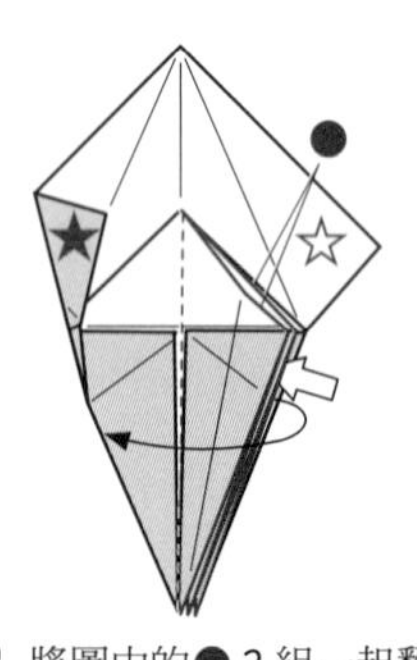

12 將圖中的● 2 組一起翻到左邊，☆的摺法同★，上面 1 組翻到右邊。

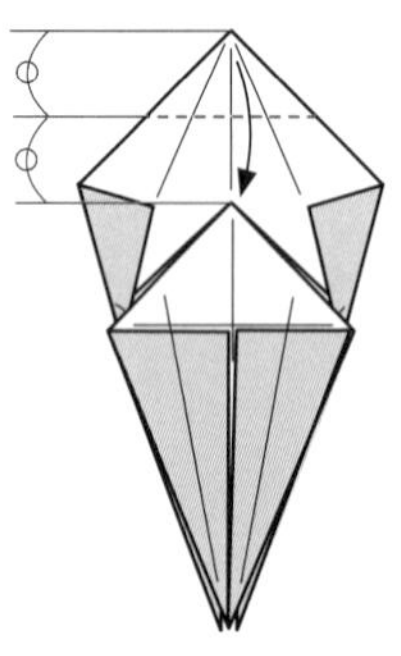

13 上面的角依照圖示摺疊。

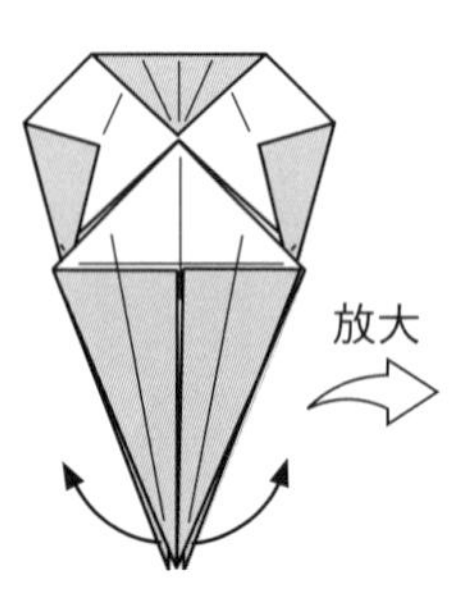

14 將 7 的向內壓摺恢復原狀。

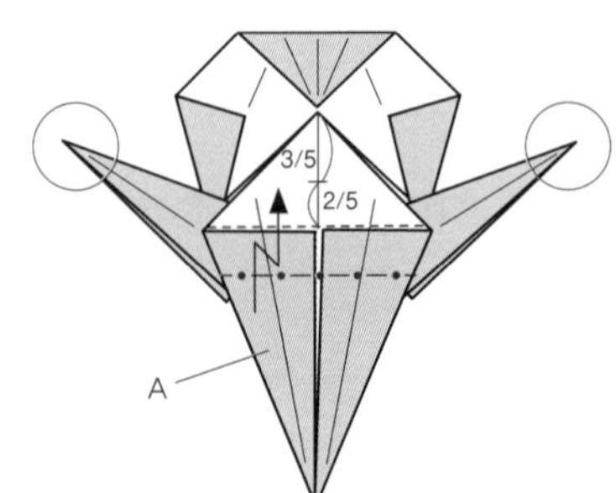

15 ○內的部分摺法同前腳。將 A 做階梯摺，摺到圖中約 2/5 的地方。

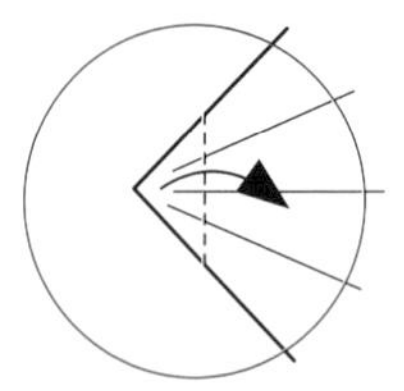

16 末端稍微往內谷摺。

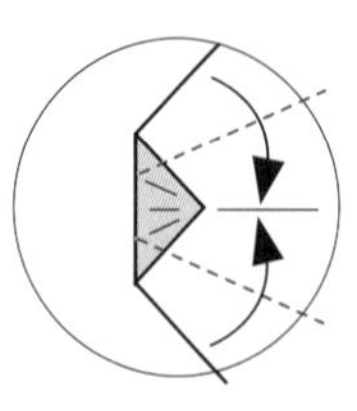

17 谷摺。

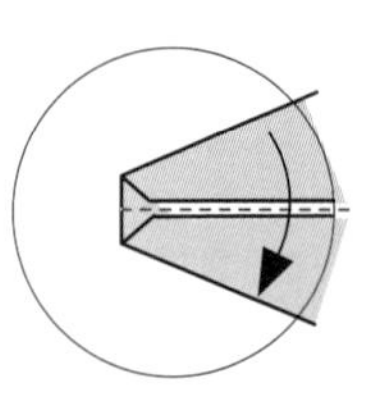

18 對摺。右側的摺法也相同。

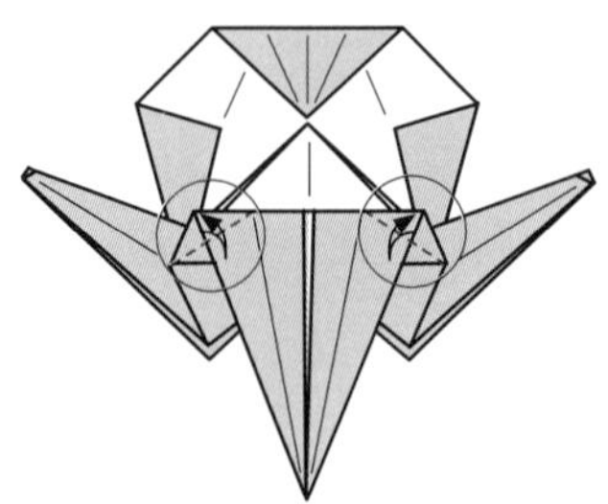

19 中間打開，在○內壓出摺線。

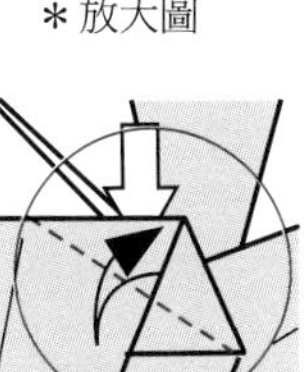

20 放大後的模樣。左右都壓出摺線。

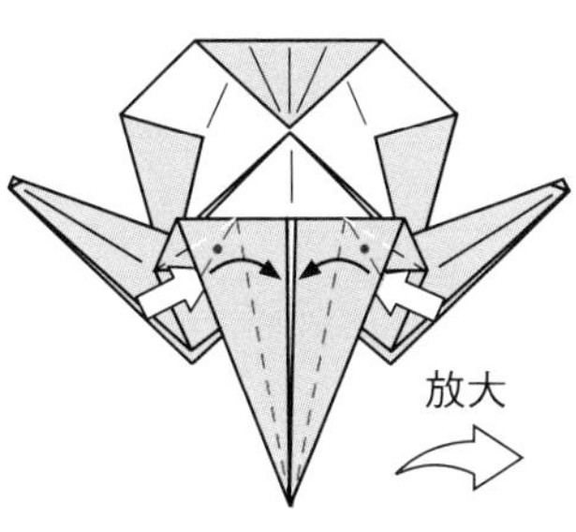

21 中間打開，對齊中央線摺疊。

22 兩側都將中間打開，對半做山摺。

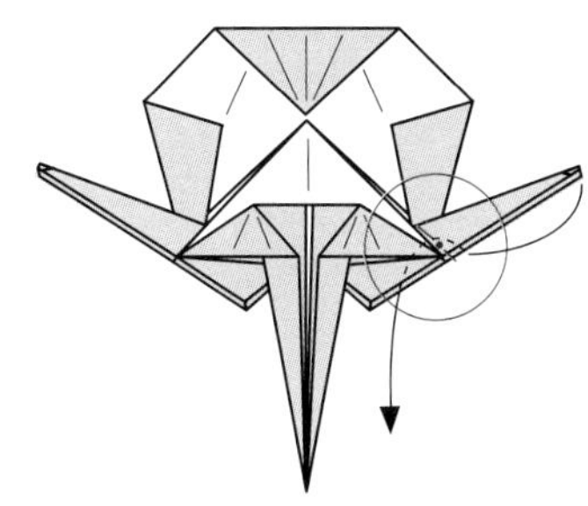

23 在圖示位置做向內壓摺。

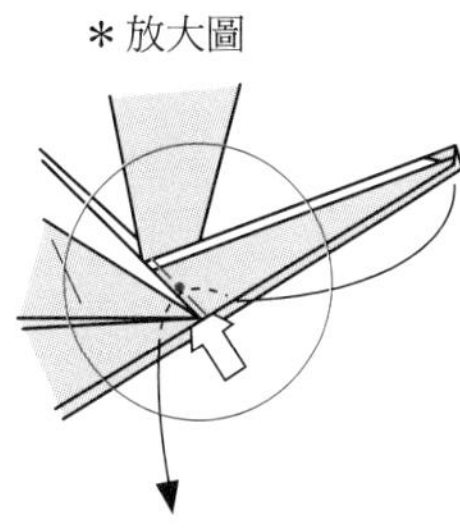

24 放大後的模樣。

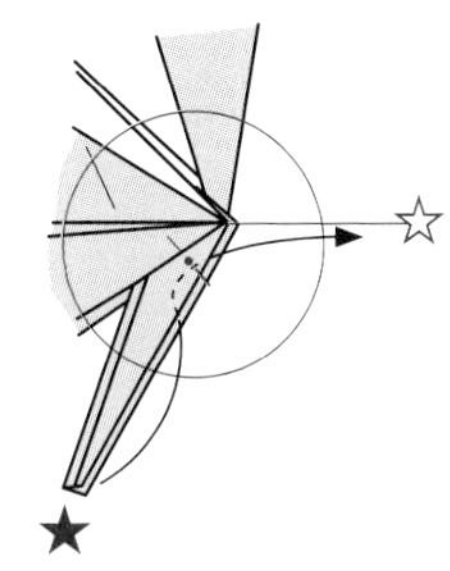

25 讓★對齊☆線般地向內壓摺，做出腳的形狀。

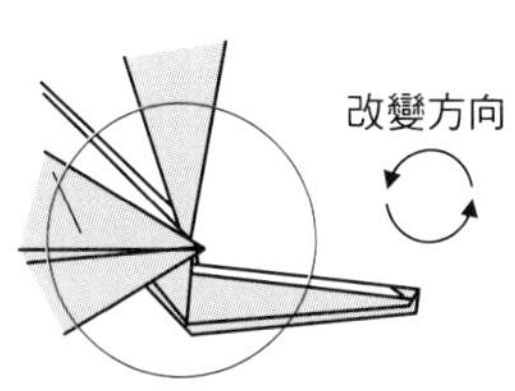

26 摺好的模樣。另一側的摺法也同 23 ～ 26。

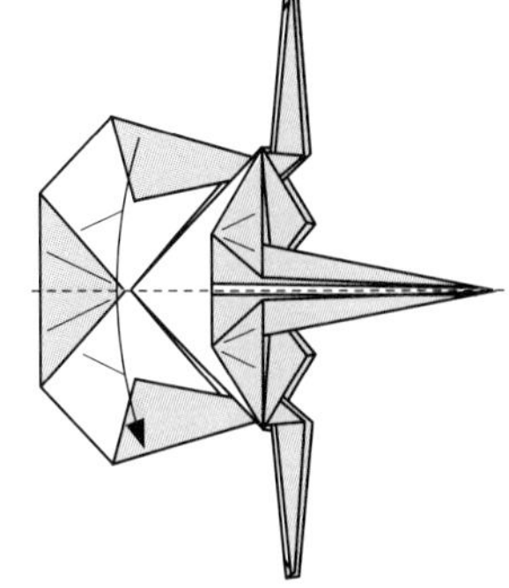

27 對摺。

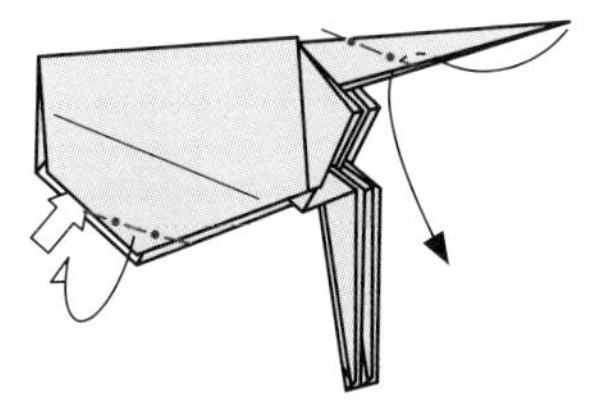

28 腹部的角稍微往內摺。背面的摺法也相同。尾巴向內壓摺。

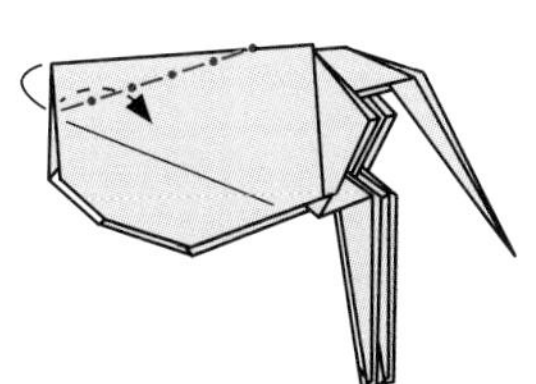

29 背部連同內側的三角形一起向內壓摺。

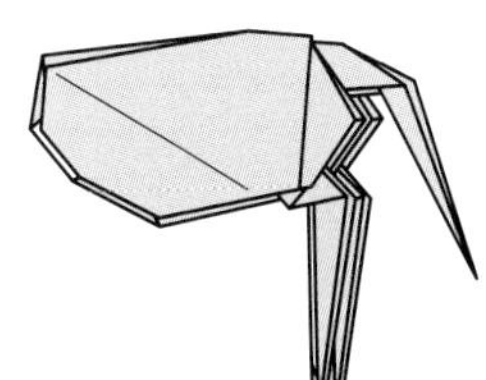

30 完成了。

**組合法**

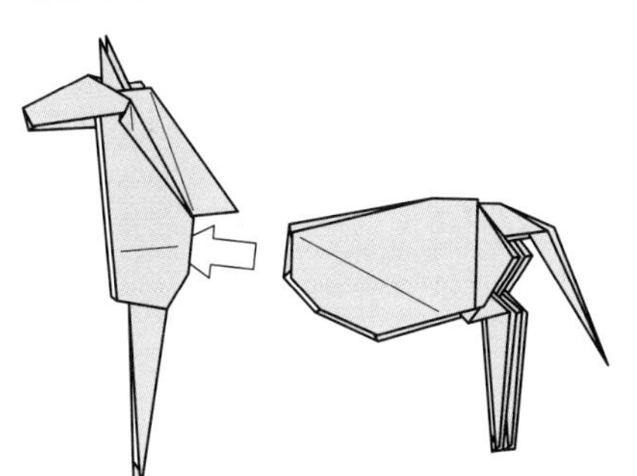

1 上半身的中間打開，插入下半身。

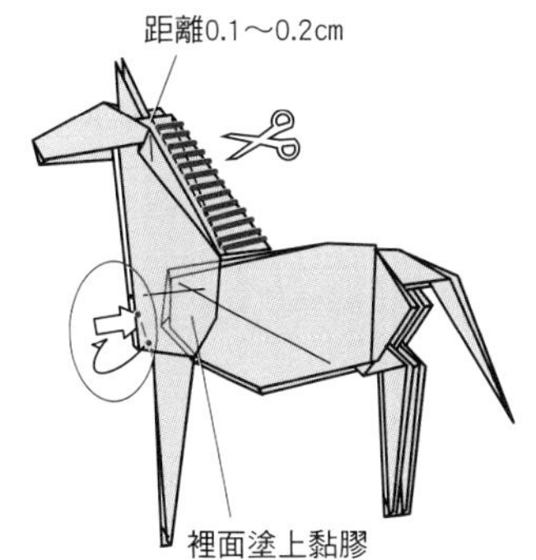

2 裡面塗上黏膠後，將○處以山摺摺入內側，以黏膠固定。鬃毛在距離根部 0.1cm～ 0.2 cm處以剪刀細細地剪開（參照 p.9）。

3 完成了。

# 貓熊

photo to_ p.24、25

原案_ 富田登志江　　改編_ 渡部浩美

紙張大小（和紙）
a 大貓熊　30cm×30cm…1張
b 中貓熊　25cm×25cm…1張
c 小貓熊　22cm×22cm…1張

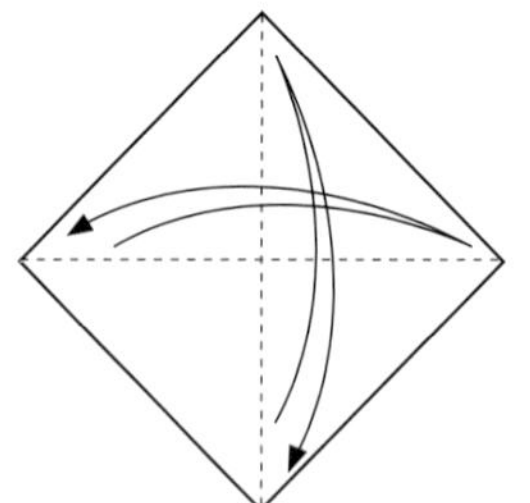

1 壓出摺線。

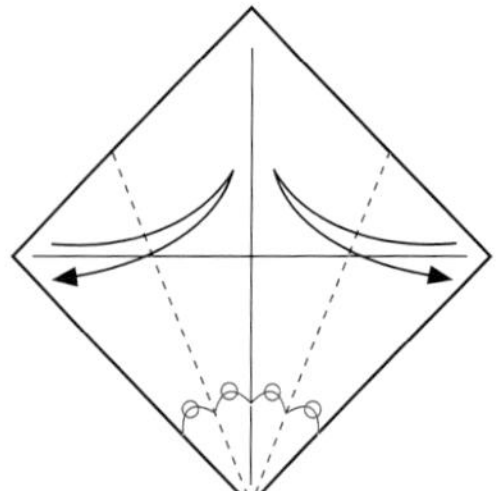

2 兩側對齊中央線摺疊，壓出摺線。

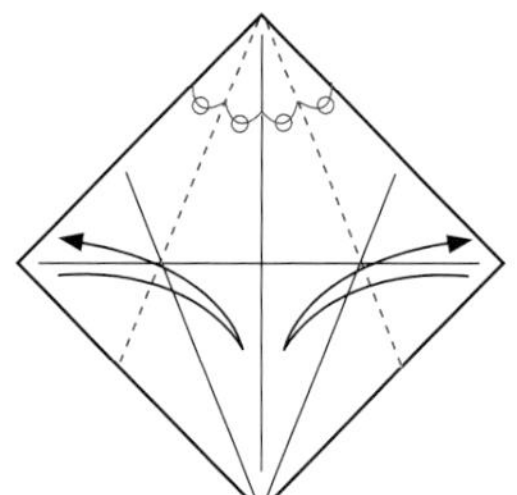

3 摺法同2。

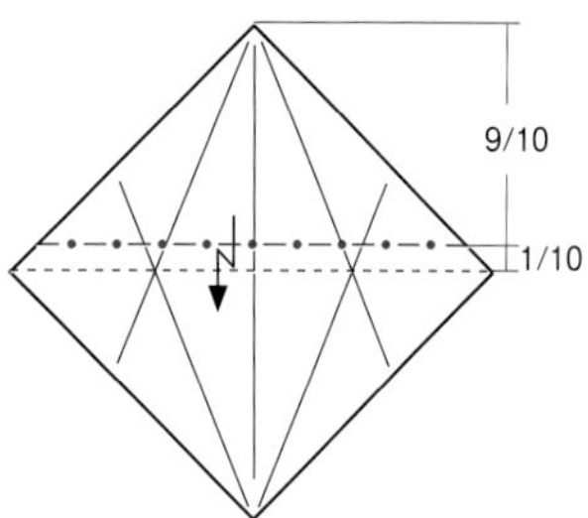

4 在圖示位置做階梯摺。

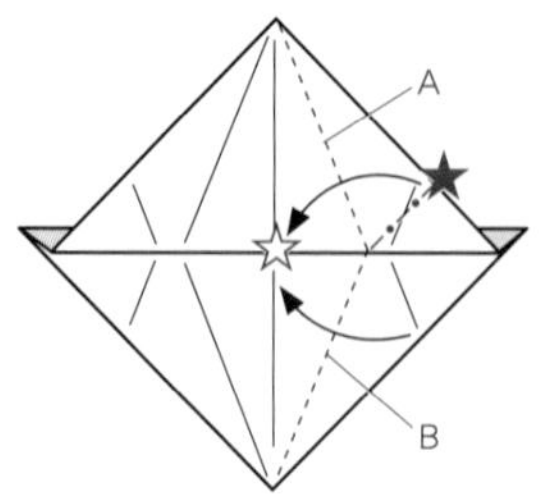

5 依照A、B的順序摺疊，讓★對齊☆。

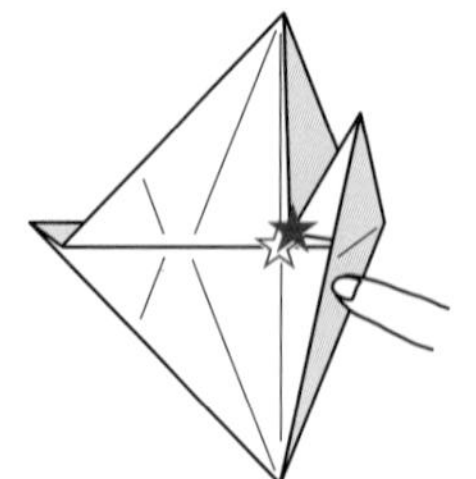

6 摺好的模樣。另一側的摺法也相同。

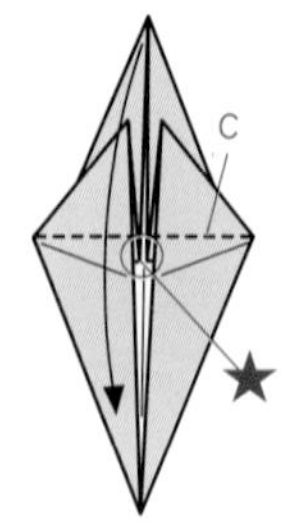

7 整體在C線谷摺。○內的★會在8用到。

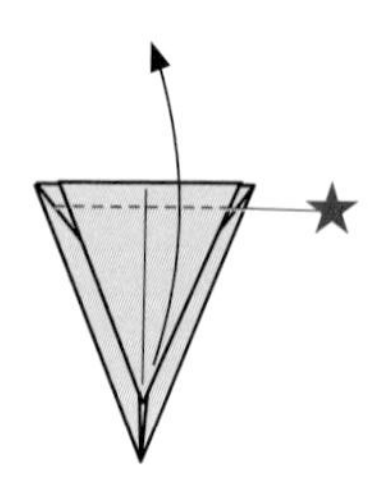

8 將7往下摺的部分對齊7的★處往上谷摺。

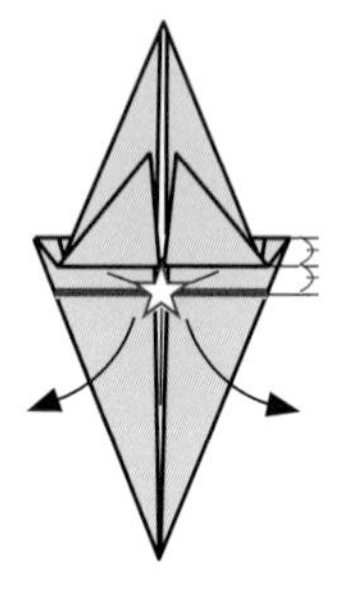

9 只將上面1張從☆處開始依照粗線剪開後，往左右打開。

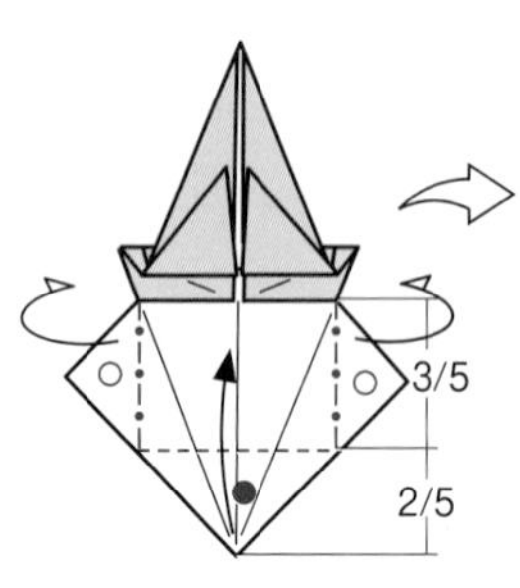

10 將○部分做山摺，●部分做谷摺。

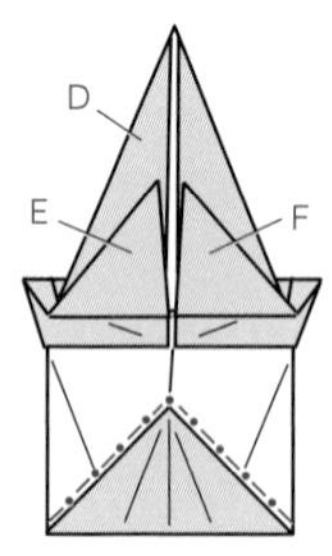

11 將D～F一起往上拉。下面沿著三角形的邊線做山摺，壓出摺線。

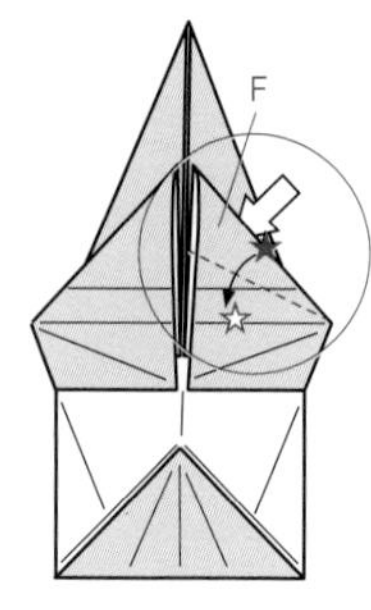

12 將F的★與☆對齊摺疊。

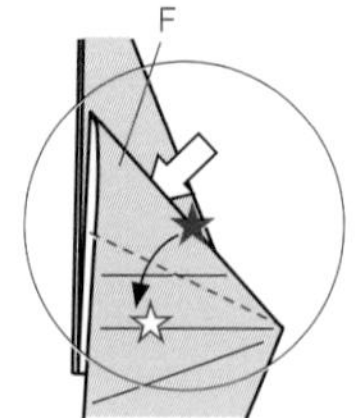

13 由上往下摺疊。

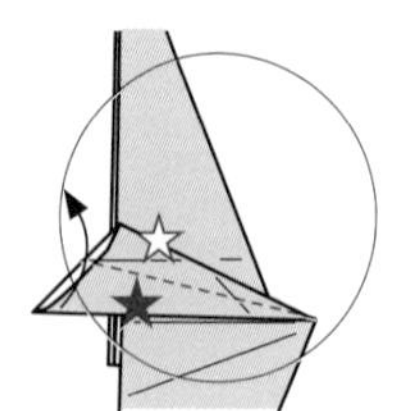

14 再將★與☆對齊谷摺。

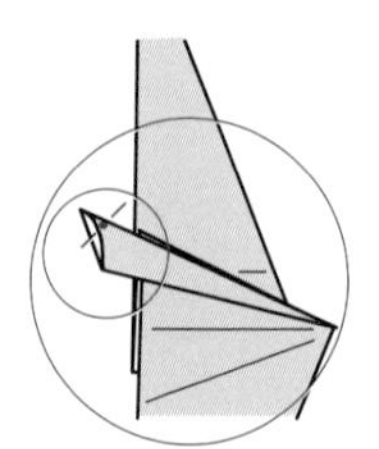

15 摺好的模樣。接著摺疊小○內的部分。

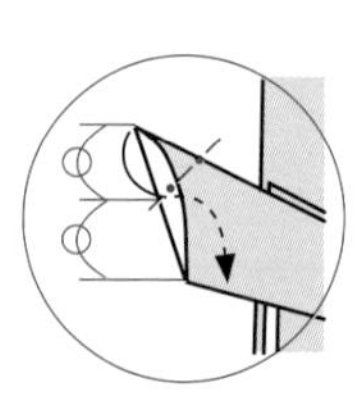

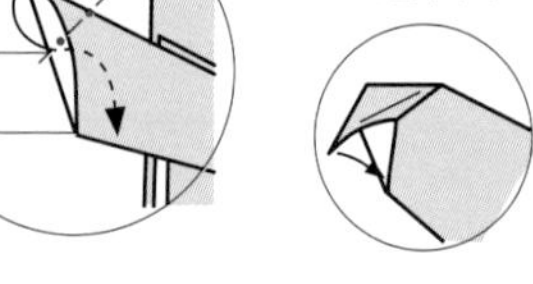

＊途中圖

16 在大約一半處做向內壓摺。

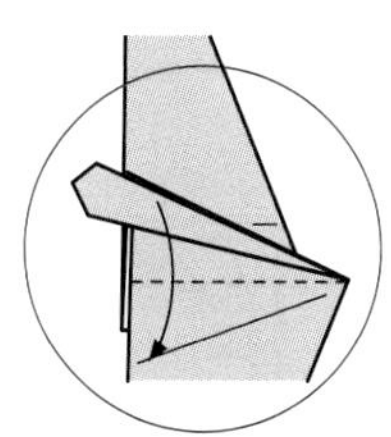

17 在圖示位置進行谷摺。

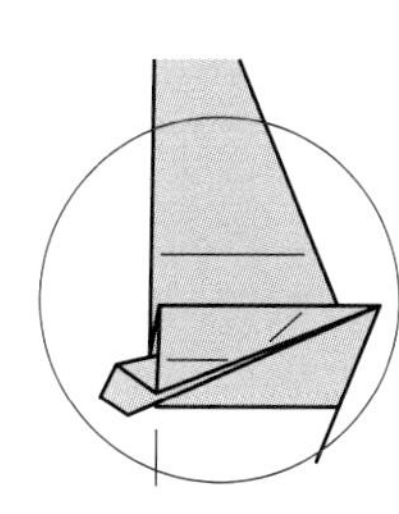

18 摺好的模樣。11 的 E 摺法也同 12 ～ 18。

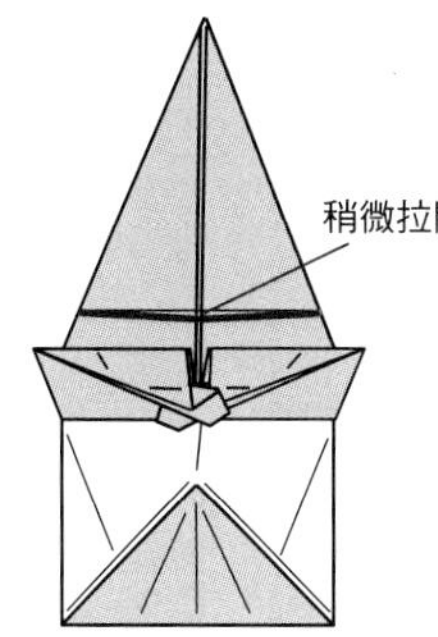

19 在 8 壓出的摺線中心稍下方處開始，只將上面 1 張依照粗線剪開後，往左右打開。

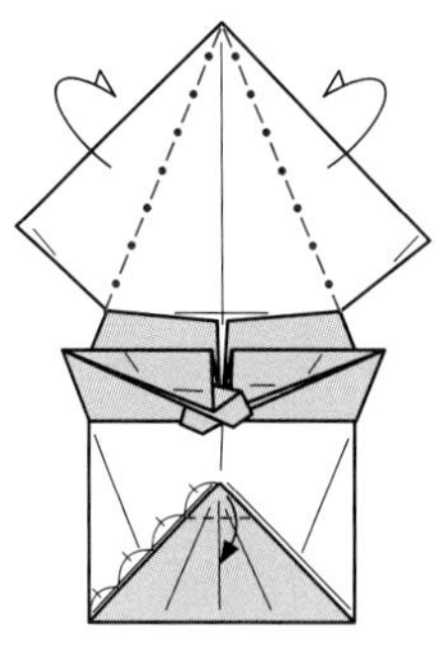

20 上面兩側往後做山摺，下面在圖示位置做谷摺。

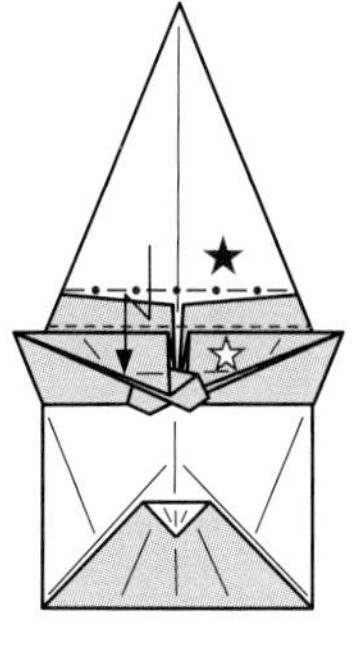

21 做階梯摺，讓★重疊在☆之上。

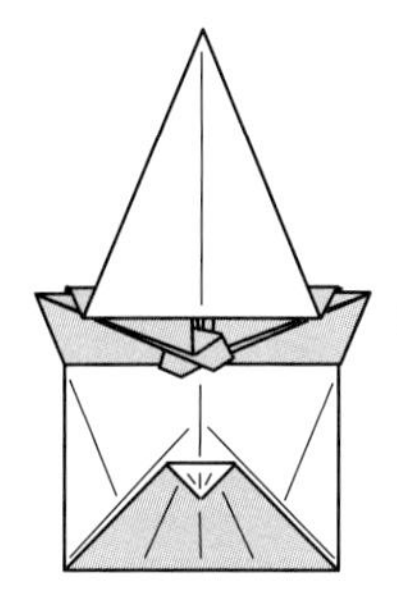

22 摺好的模樣。

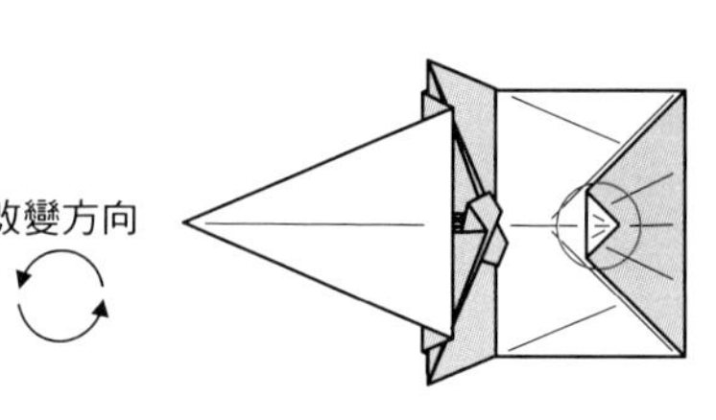

23 摺疊○內的部分。只將上面 1 張依照圖示摺疊，詳細圖示請看 24。

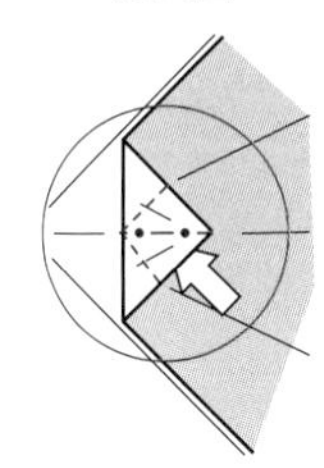

24 放大後的模樣。

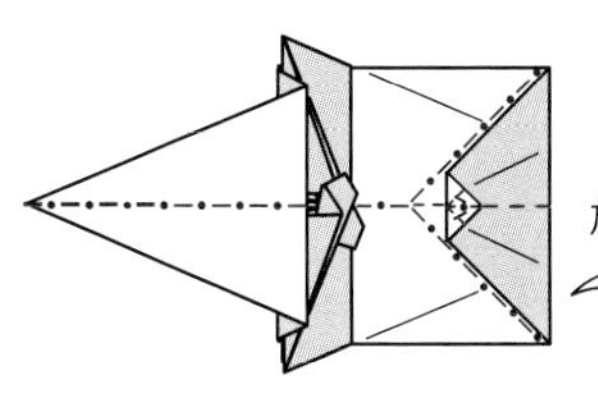

25 整體依照圖示摺疊，做成立體狀。

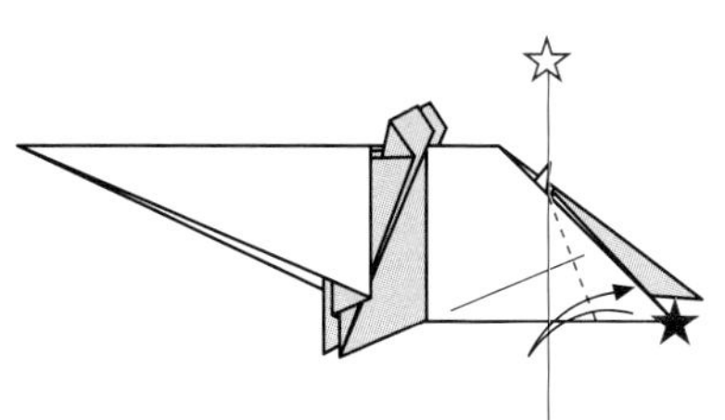

26 讓★對齊☆線般地壓出摺線。

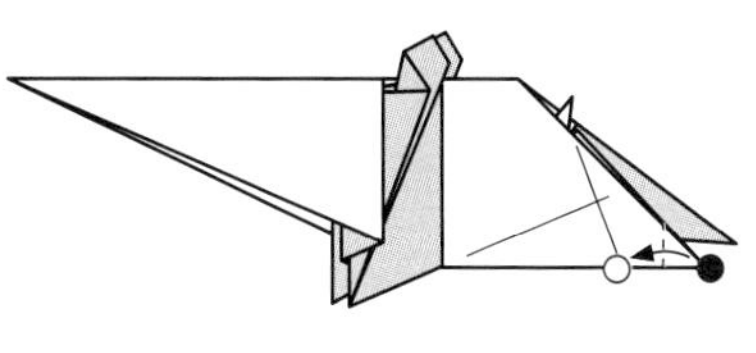

27 讓●對齊○般地壓出摺線。

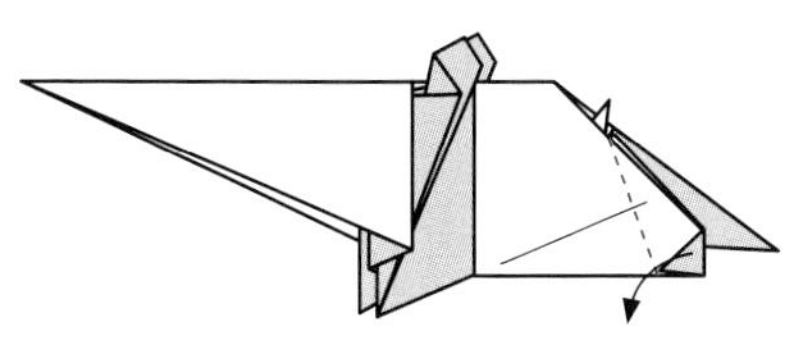

28 谷摺。

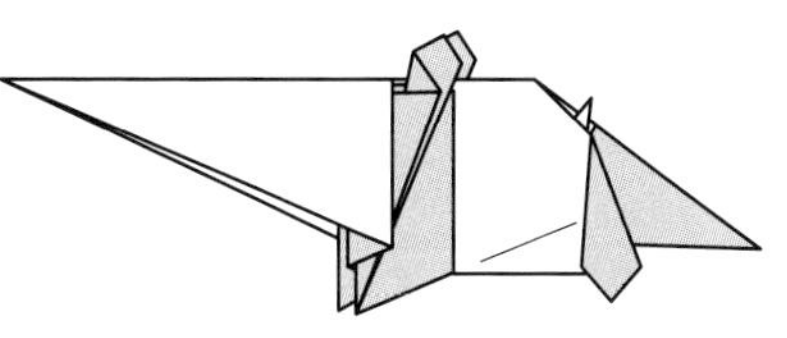

29 摺好的模樣。另一側的摺法也同 26 ～ 28。

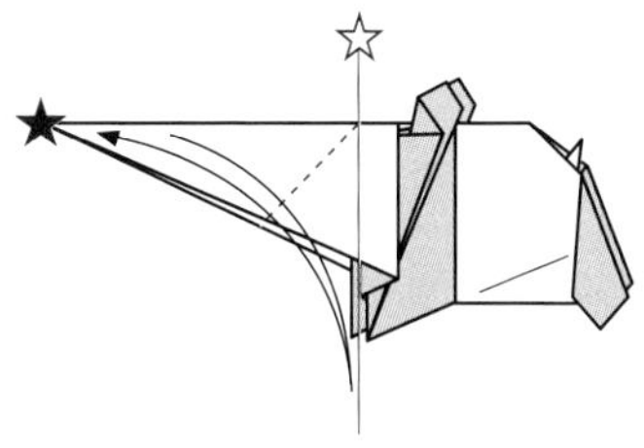

30 讓★對齊☆線般地壓出摺線。

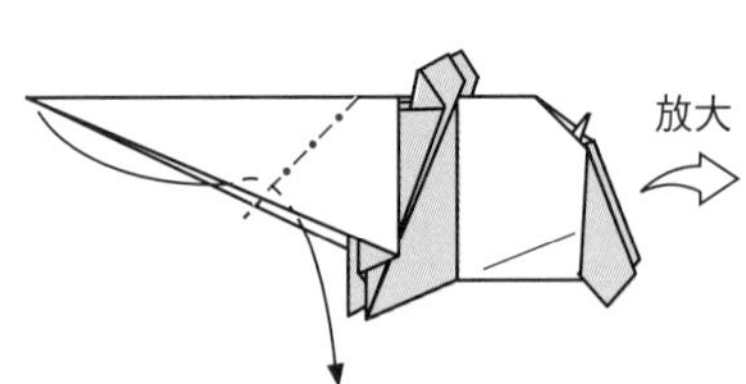

31 以 30 壓出的摺線進行向內壓摺。

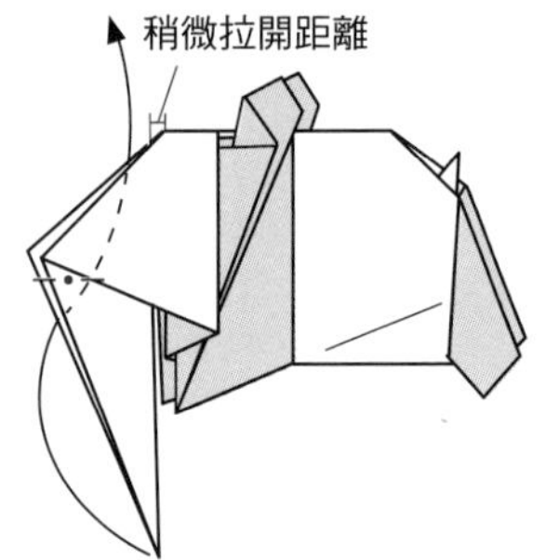

32 依照圖示向內壓摺。

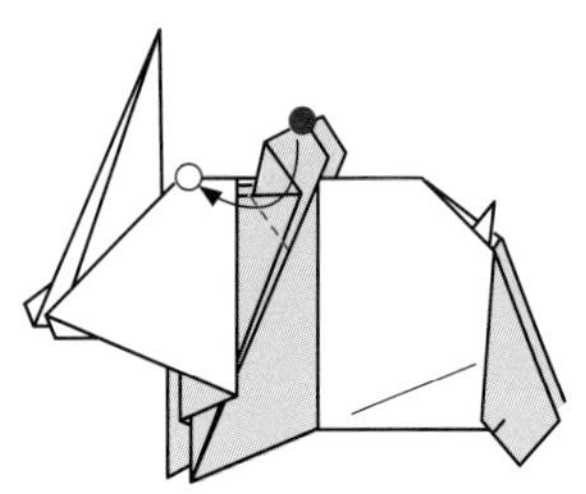

33 讓●對齊○般地摺疊。背面的摺法也相同。

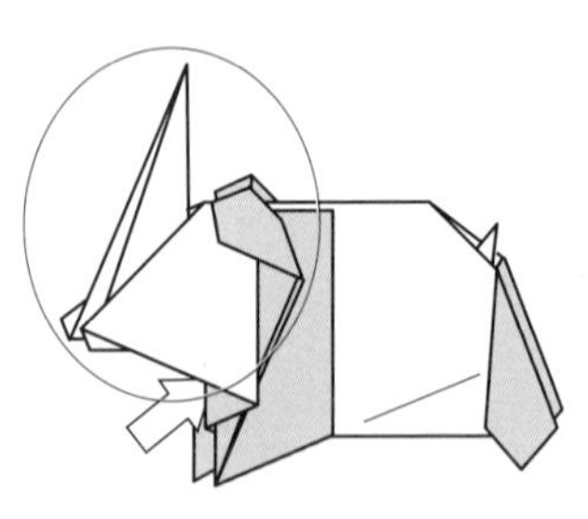

34 打開箭頭處，由下往上看過去。

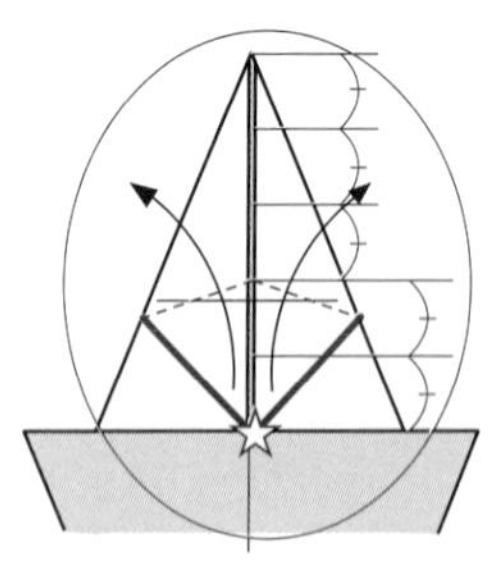

35 只將上面 1 張從☆處開始依照粗線剪開，斜向進行谷摺。

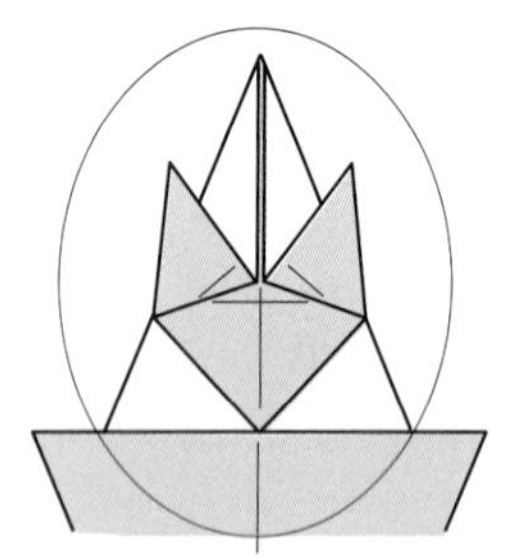

36 剪開摺好的模樣。就這樣直接摺回 33 的形狀。

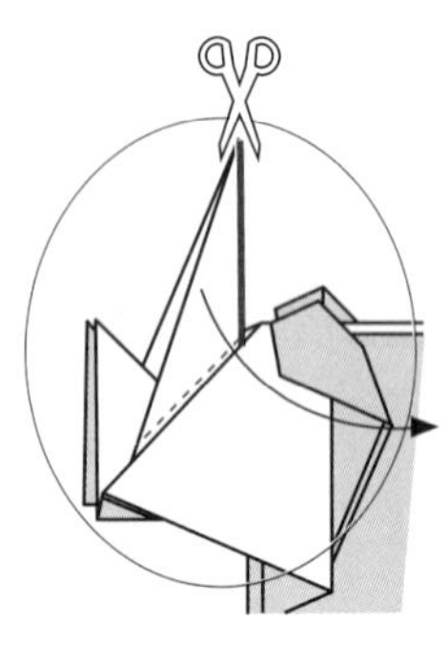

37 依照粗線剪開，斜向摺疊。背面的摺法也相同。

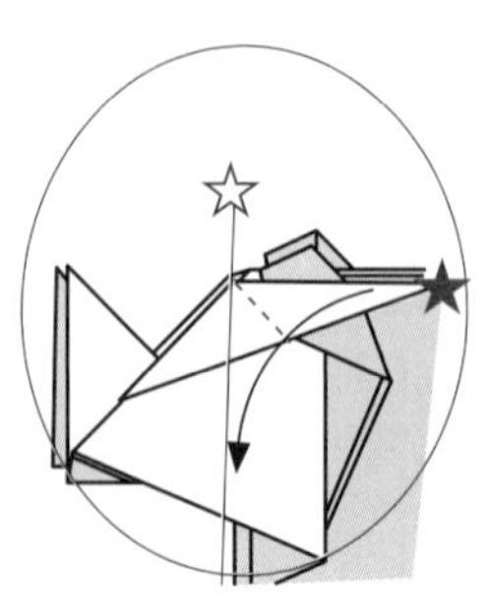

38 讓★對齊☆線般地摺疊。

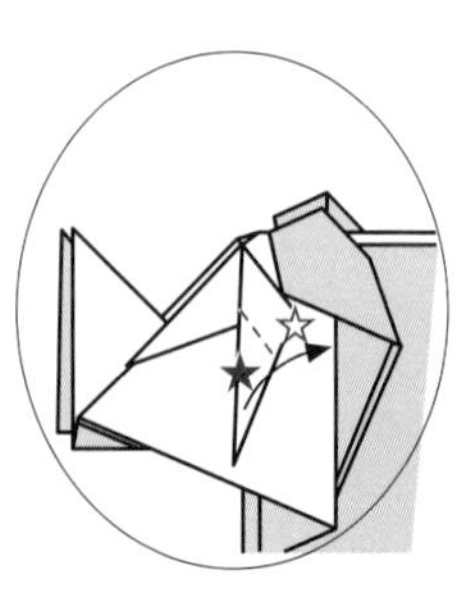

39 讓★對齊☆線般地摺疊。

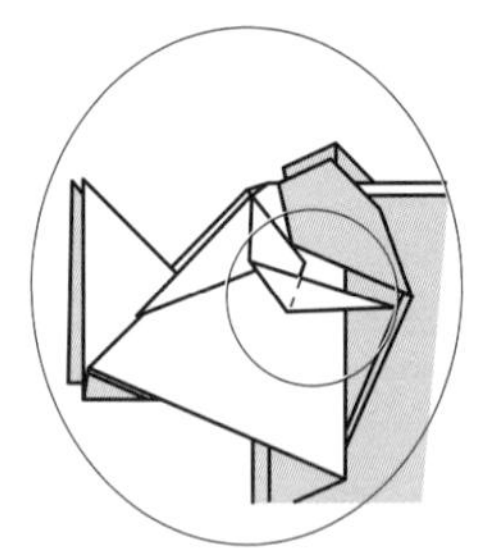

40 摺好的模樣。接著摺疊小○內的部分。

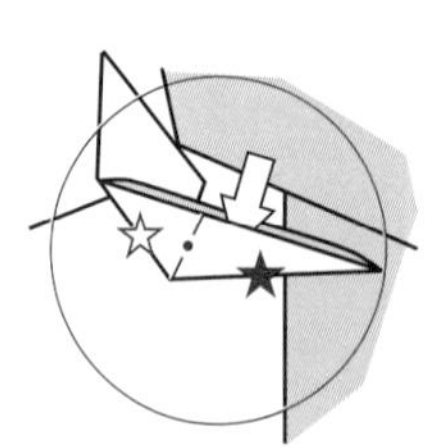

41 讓★對齊☆線般地壓出摺線，中間打開，摺成 42 的形狀。

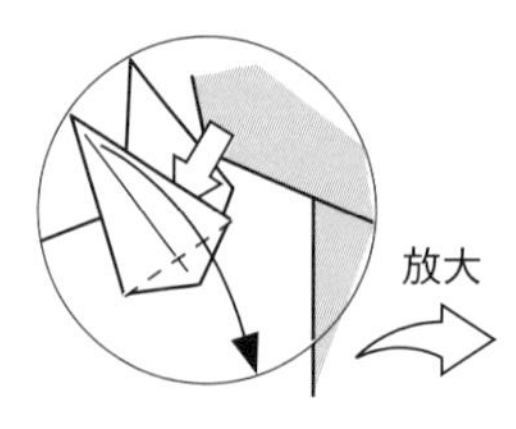

42 中間打開，在圖示位置進行谷摺。

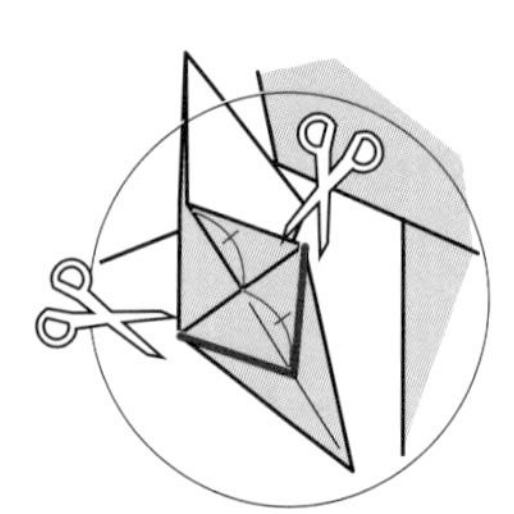

43 只將上面 1 張依照粗線剪開。

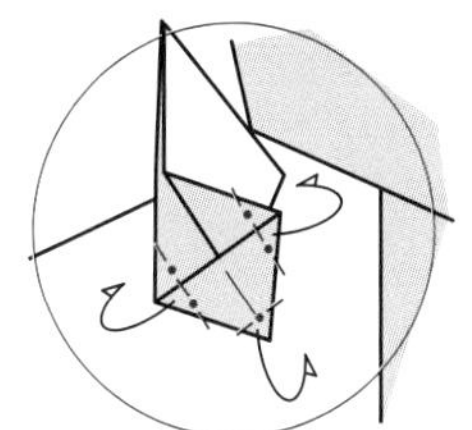

44 在 3 處做山摺。

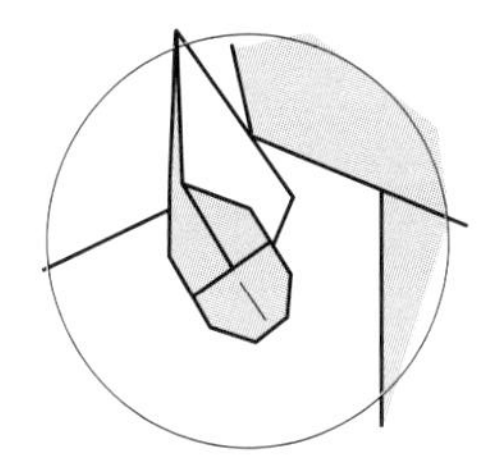

45 眼睛完成了。另一側也請參照 38 ～ 44，以相同方法摺疊。

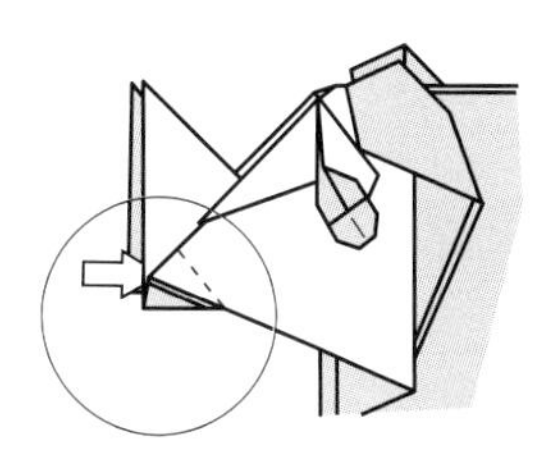

46 摺疊○內的部分。

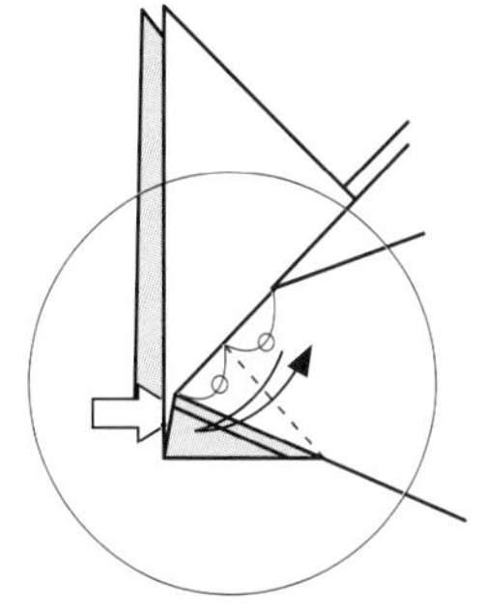

47 一起壓出摺線（48 的★）。

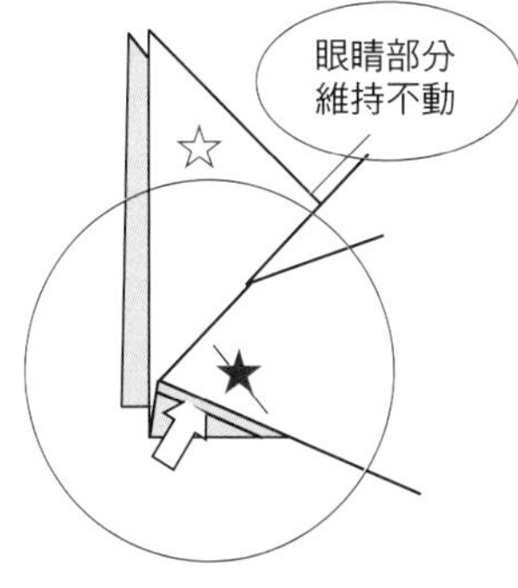

48 中間打開，直接將☆拉出來。

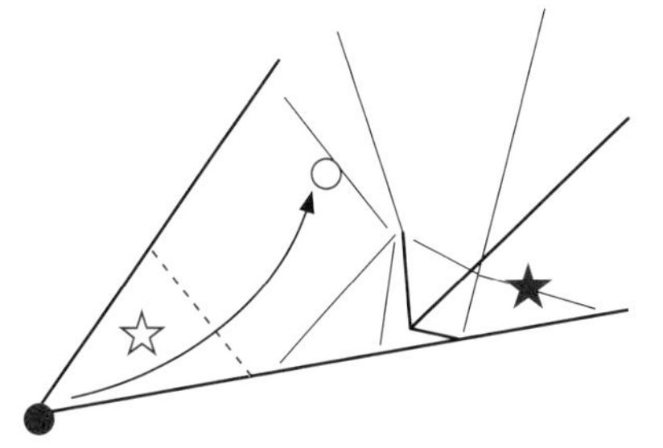

49 讓●對齊○般地進行谷摺。確認 48 的★的位置。

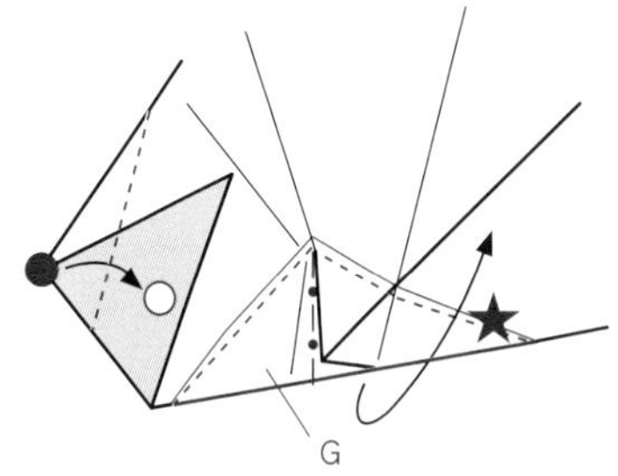

50 讓●對齊○般地稍微谷摺。G 部分一起依照摺線往上摺。

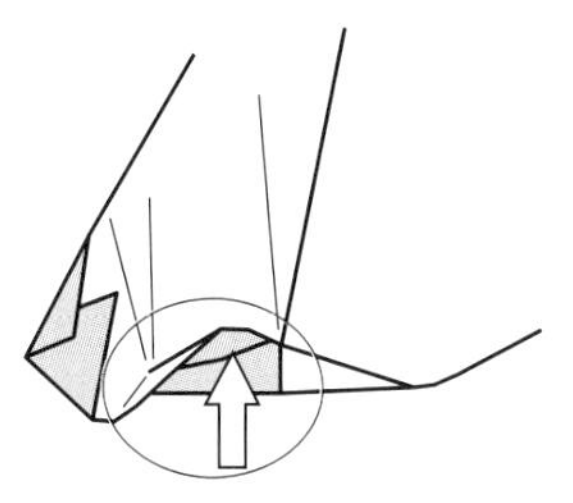

51 直接壓住○部分，做成 52 的形狀。另一側的摺法也同 46 ～ 51。

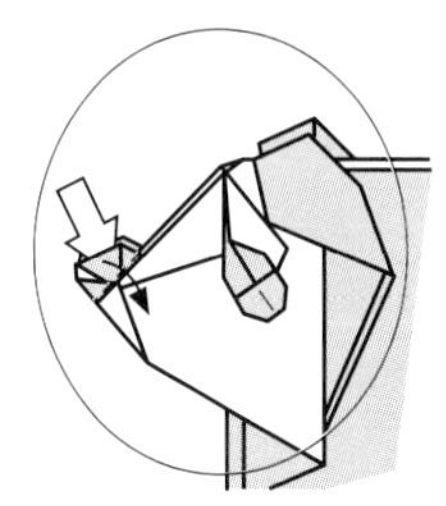

52 直接進行谷摺。另一側的摺法也相同。

53 中間打開，將角摺入內側，讓★對齊☆線般地進行谷摺。另一側的摺法也相同。

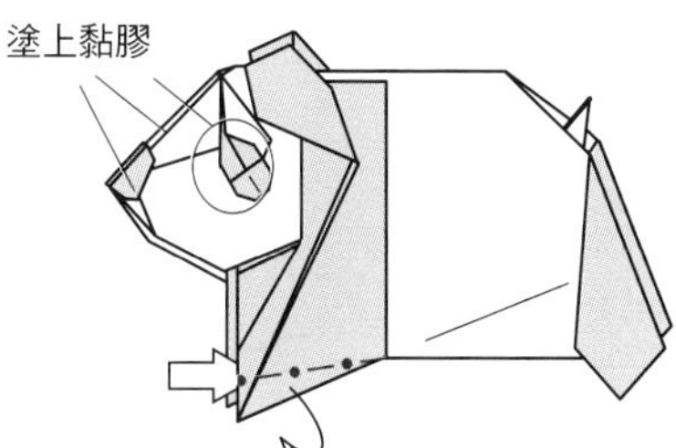

54 中間打開，稍微山摺後恢復原狀。另一側的摺法也相同。眼睛、鼻子、臉部的隙縫要以黏膠固定。

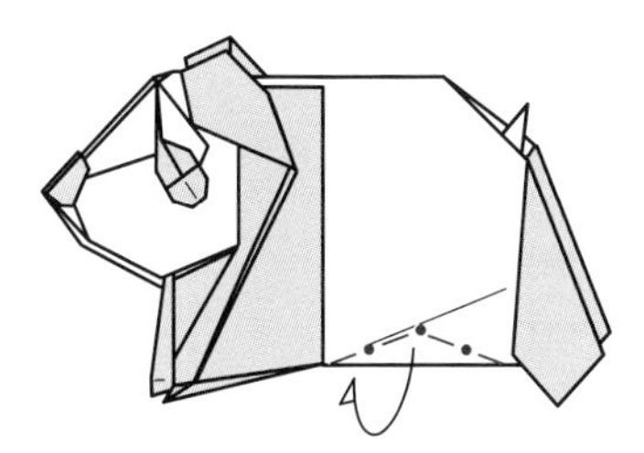

55 下面稍微做山摺，以呈現出立體感。另一側的摺法也相同。

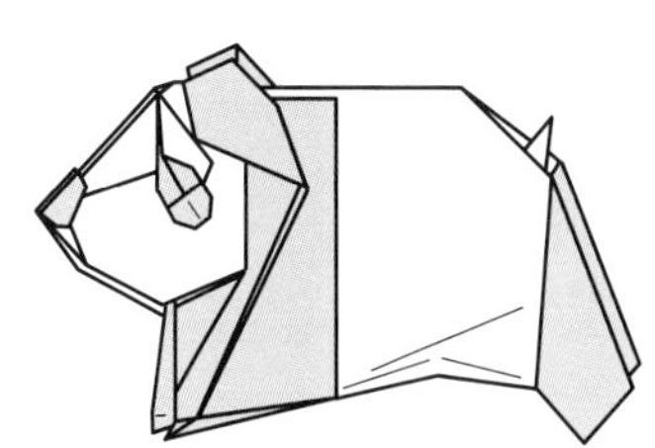

56 完成了。

# 海獅

紙張大小（和紙）
18cm×18cm…1張

hoto to_ p.26
改編_ 湯浅信江

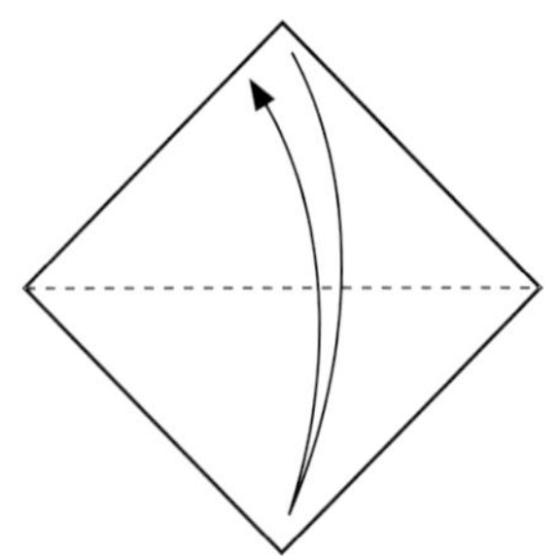

1 壓出摺線。

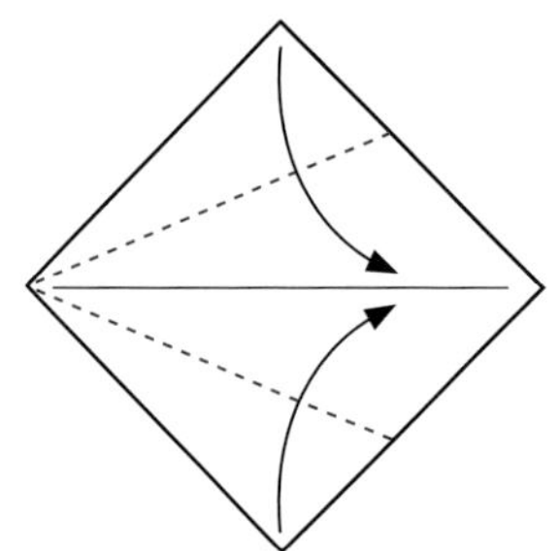

2 上下對齊中央線摺疊。

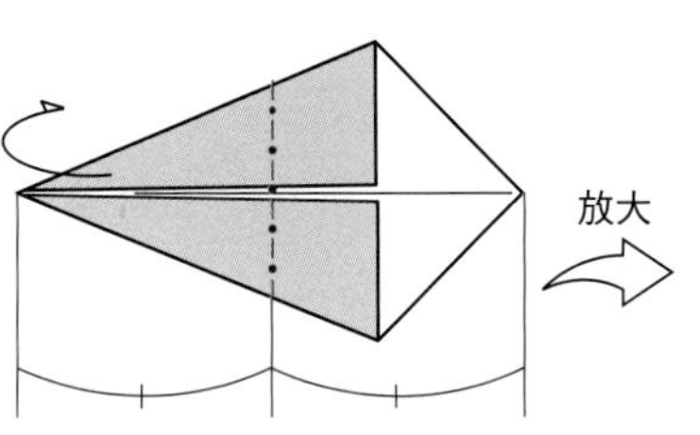

3 對半做山摺。

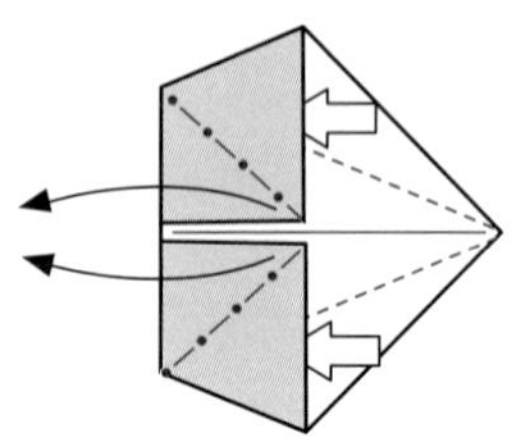

4 中間打開壓平。

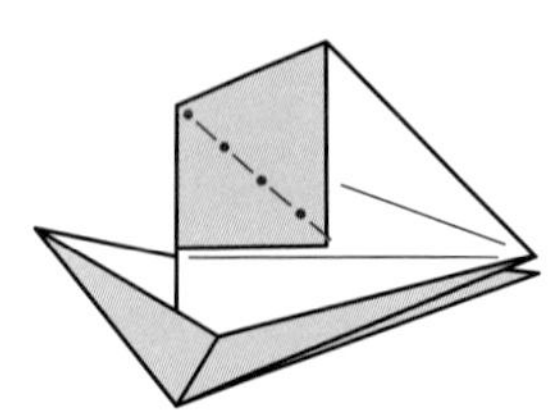

5 正在摺疊的模樣。上面的摺法也相同。

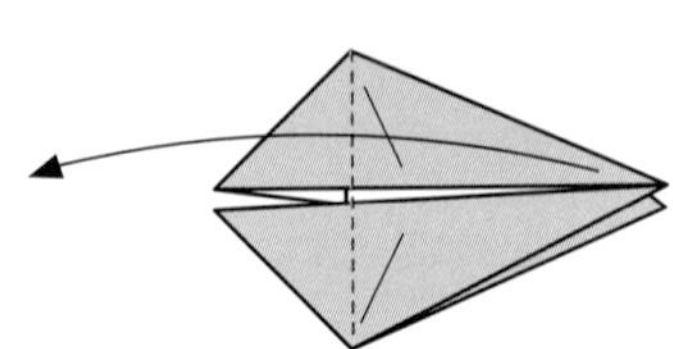

6 上面 1 張翻到左邊。

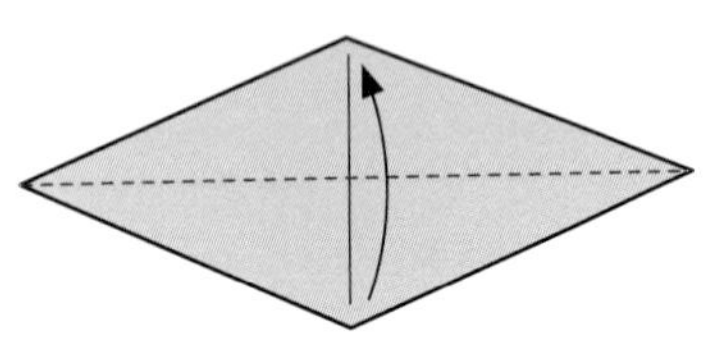

7 往上對摺。

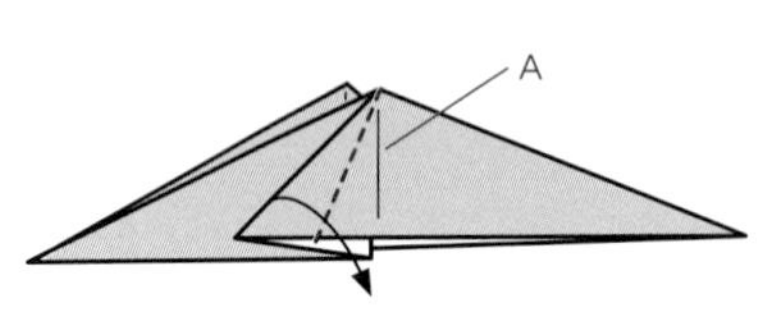

8 對齊 A 線摺疊。背面的摺法也相同。

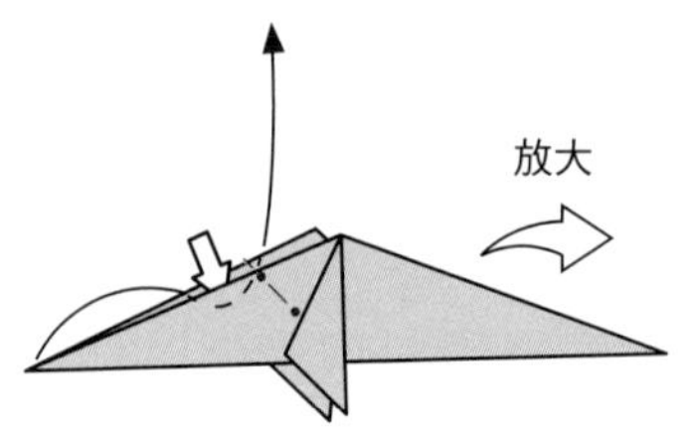

9 壓出摺線，向內壓摺。

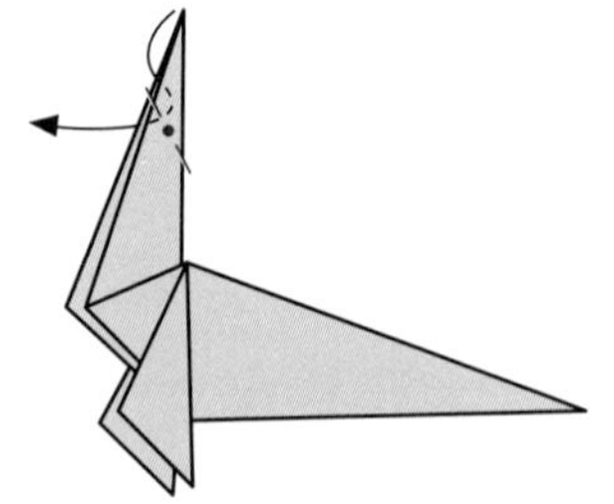

10 壓出摺線，向內壓摺。

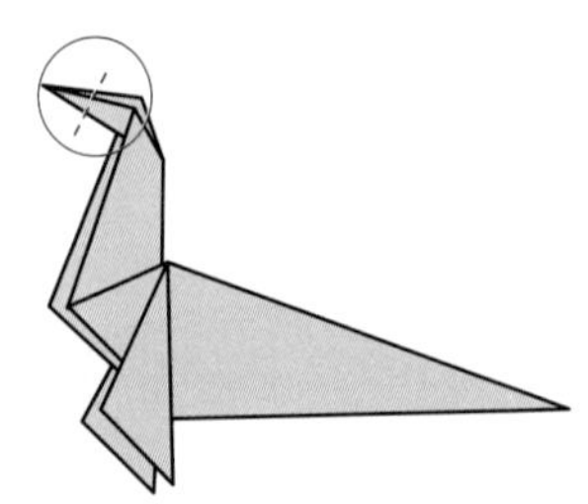

11 壓出摺線。

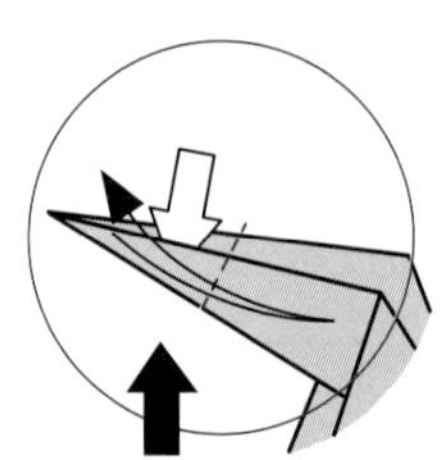

12 從下面看過去。
壓出摺線後打開。

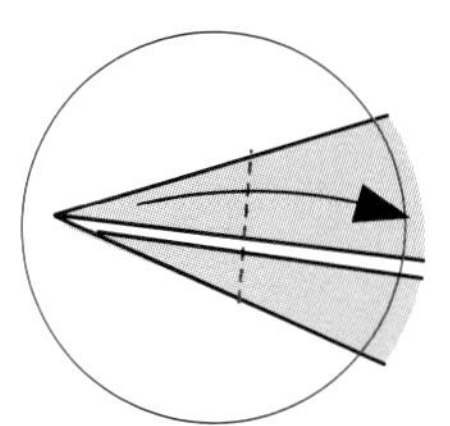

13 依照 12 壓出的摺線摺疊。

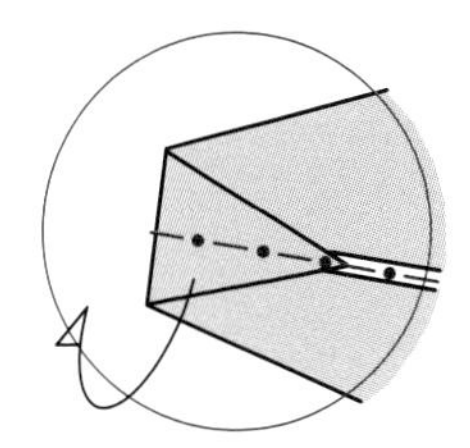

14 往後山摺，做成 15 的形狀。

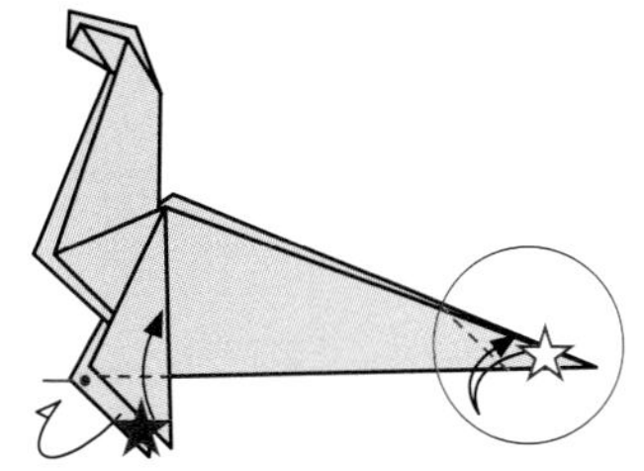

15 ☆部分壓出摺線，★部分做谷摺後使其立起。背面的摺法也相同。

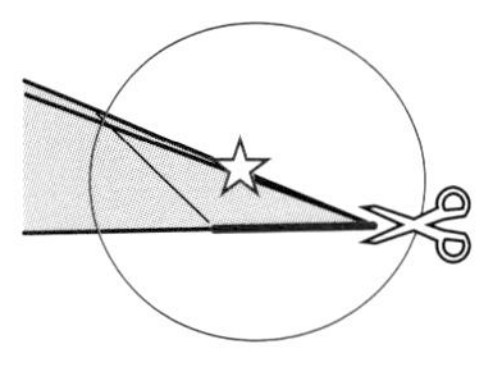

16 依照粗線剪開。

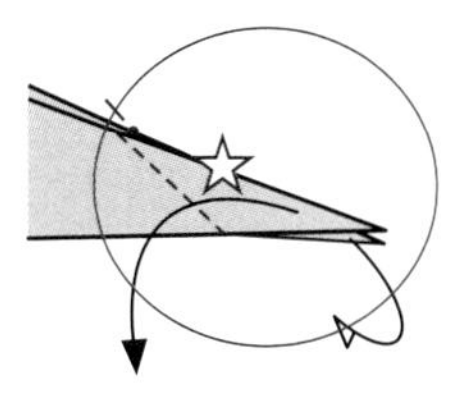

17 ☆部分做谷摺，背面的摺法也相同。

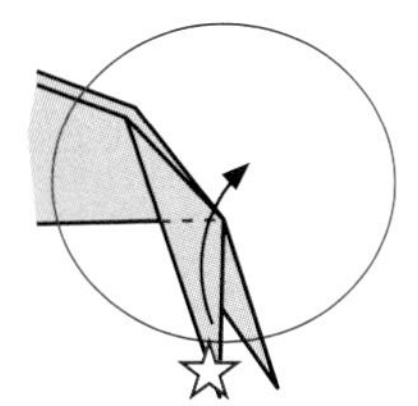

18 ☆部分做谷摺，背面的摺法也相同。

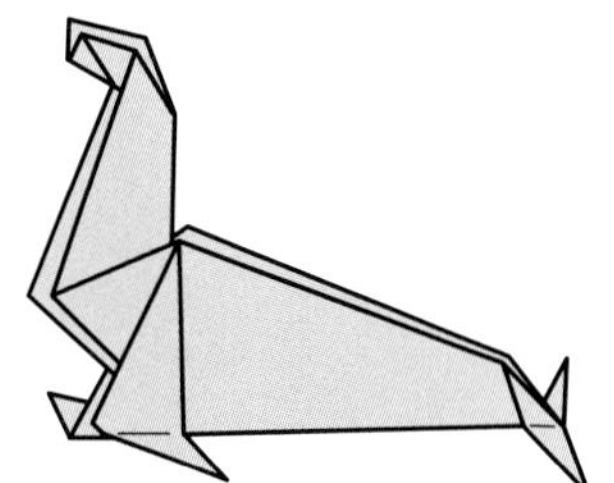

19 完成了。

# 圈圈

紙張大小（和紙）
5cm×15cm…1張

photo to_ p.26

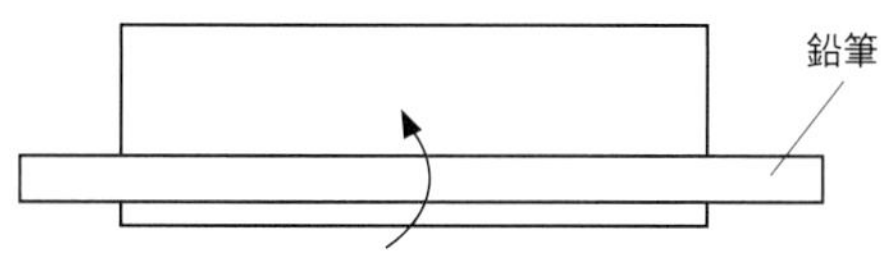

1 將鉛筆放在用紙上，從較長的一端開始捲起。

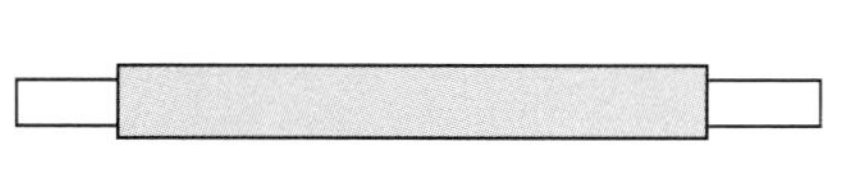

2 捲好的模樣。直接將鉛筆抽出來。

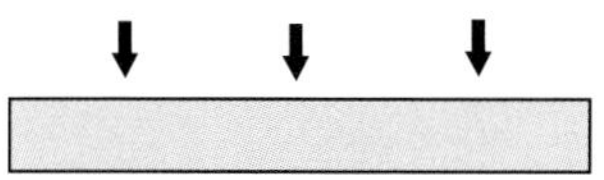

3 直接往下壓平。

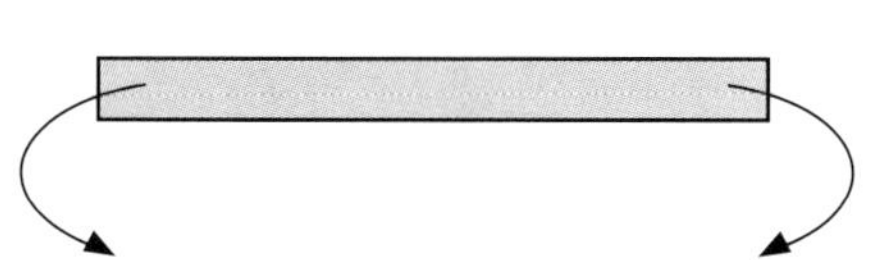

4 從邊端開始做成圈狀。

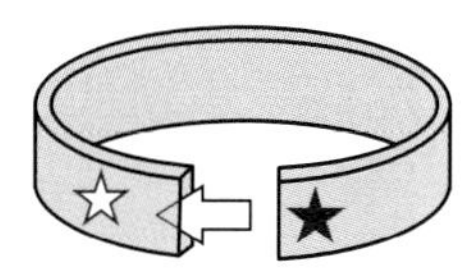

5 將★插入☆內。

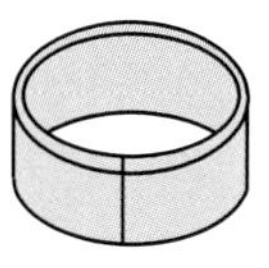

6 做成剛好的大小就完成了。

# 海豹

photo to_ p.26
原案_ 湯浅信江

紙張大小（和紙）
a　18cm×18cm…1張
b　17cm×17cm…1張

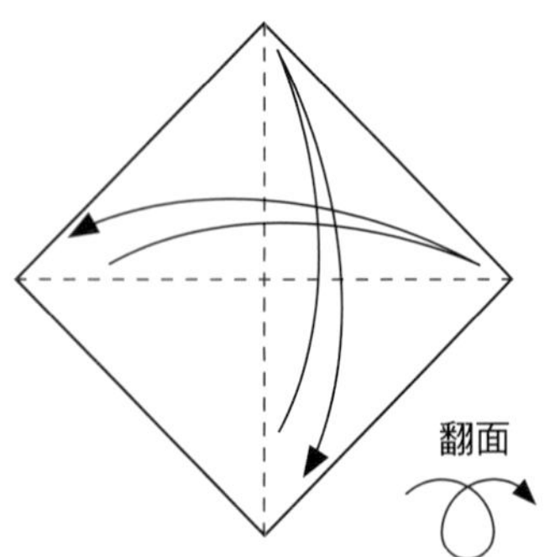

1 壓出摺線。

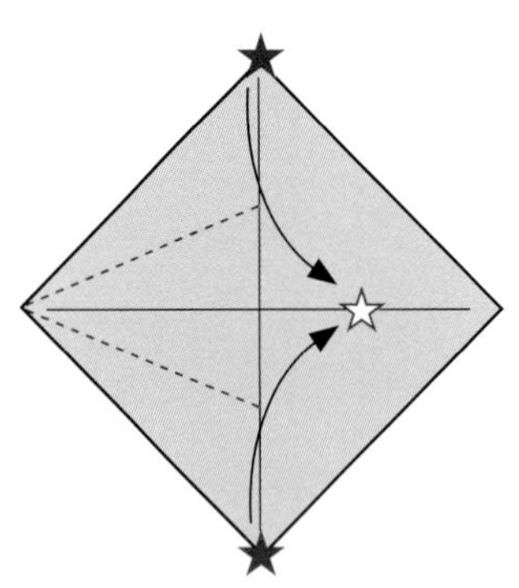

2 讓★對齊☆般地在圖示位置進行谷摺。

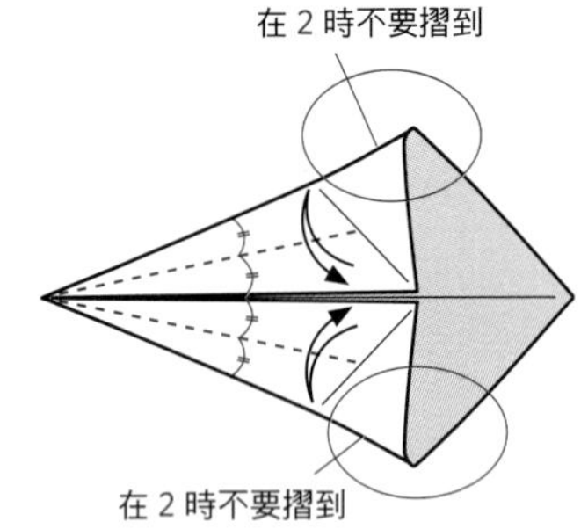

3 摺到 1 壓出的摺線為止，壓出摺線後打開。

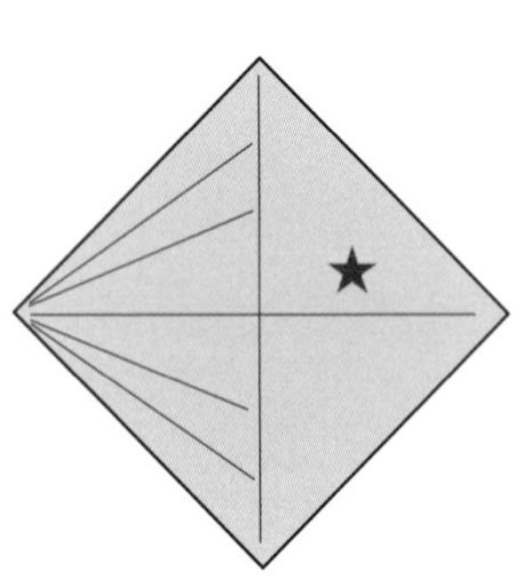

4 ★部分的摺法也同 2 ～ 3。

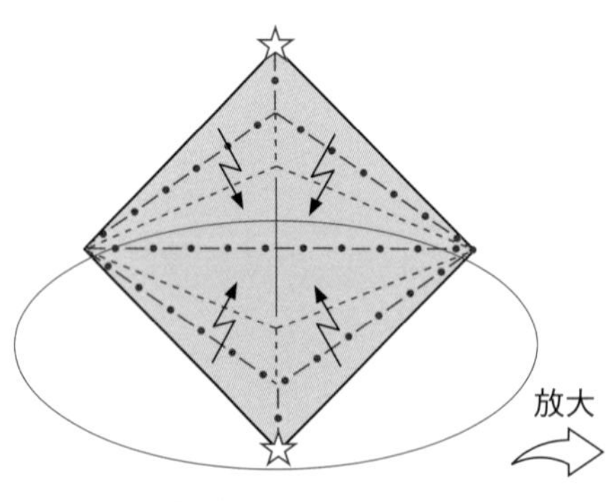

5 將摺線依照圖示重新整理，捏住☆處，兩側做階梯摺。

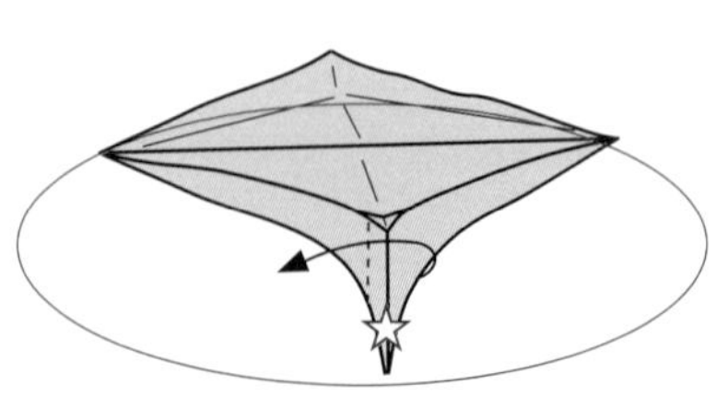

6 途中圖。摺好後將☆部分翻到左邊。

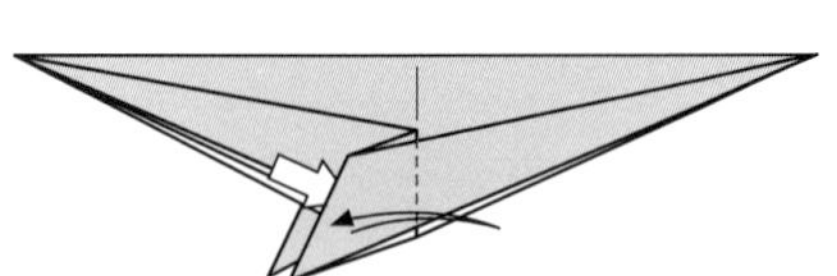

7 中間打開，在圖示位置壓出摺線。背面的摺法也相同。

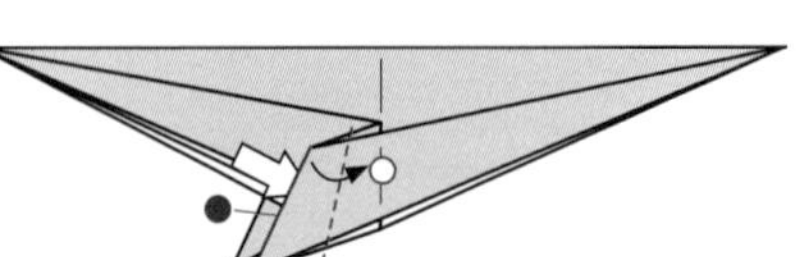

8 讓●對齊○線般地進行谷摺。

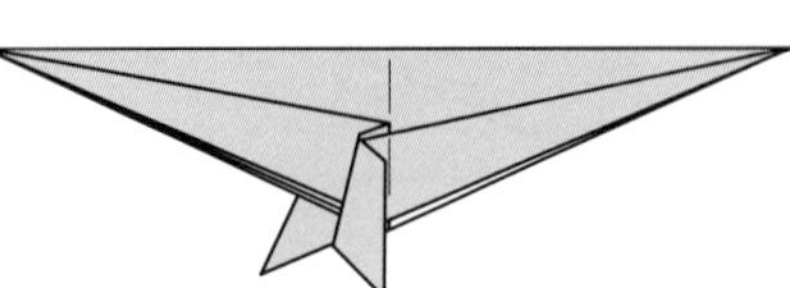

9 摺好的模樣。背面的摺法也相同。

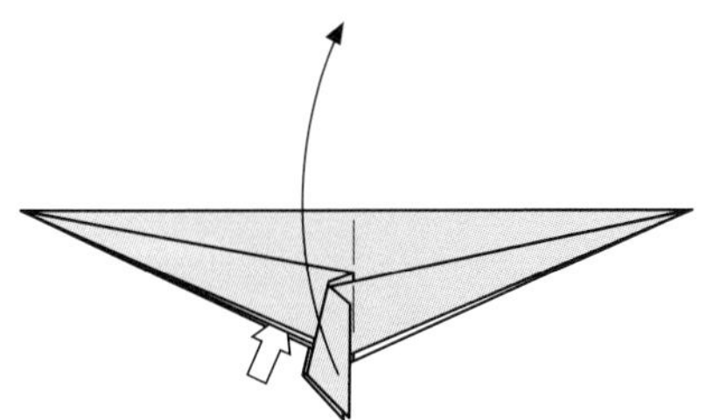

10 往上翻開。

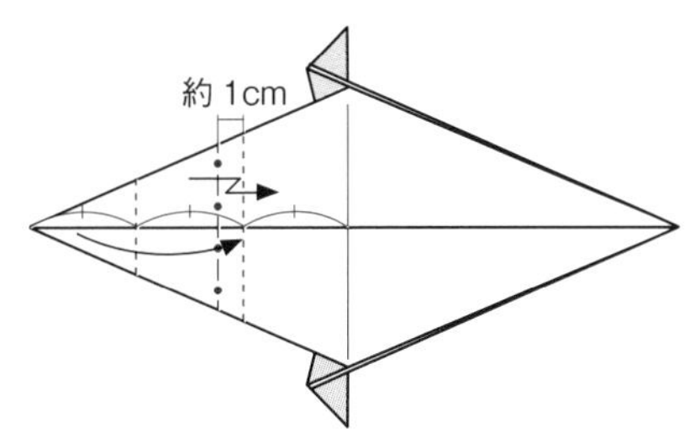

11 在圖示位置做出階梯摺後，左端進行谷摺。

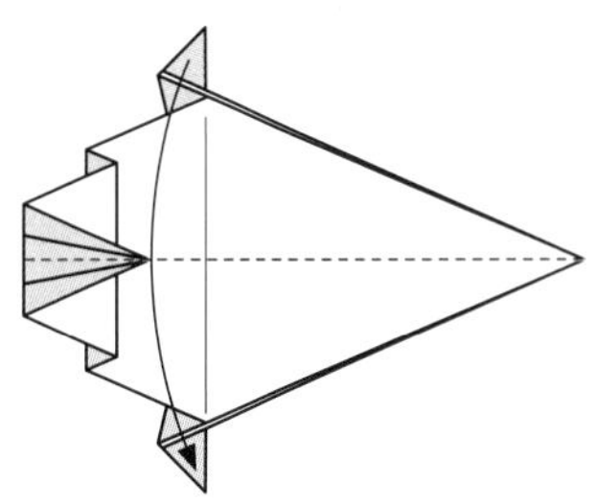

12 對摺。

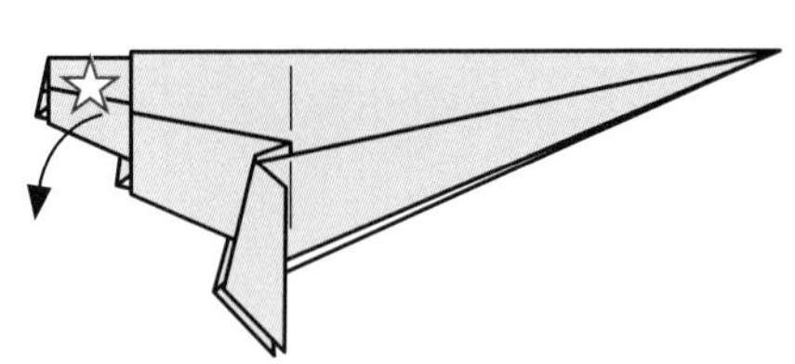

13 將☆部分稍微往下拉。

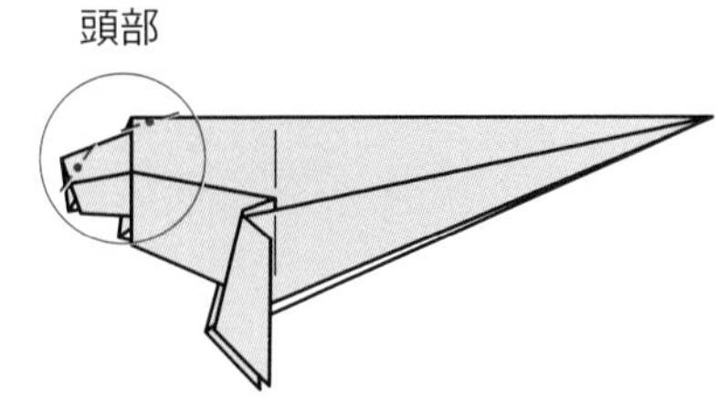

14 製作○內的頭部。

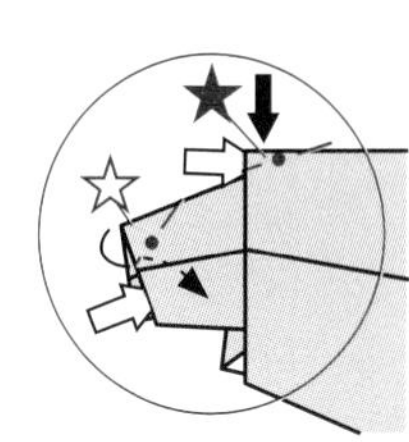

15 中間打開，將☆處向內壓摺，★處稍微往內摺一點。

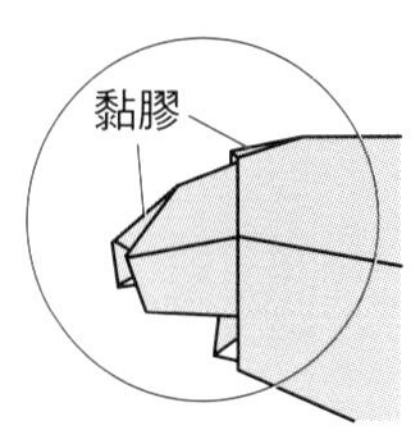

16 內側以黏膠固定。

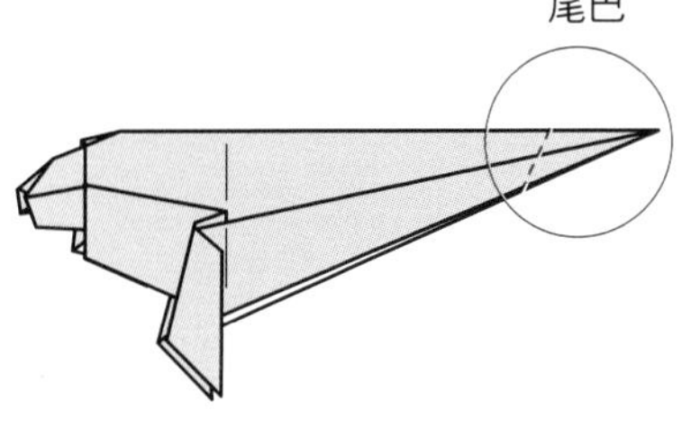

17 製作○內的尾巴。

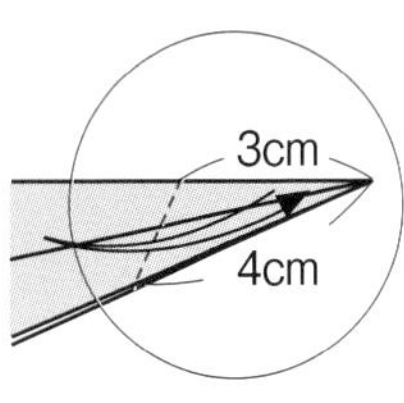

18 在圖示位置壓出摺線。

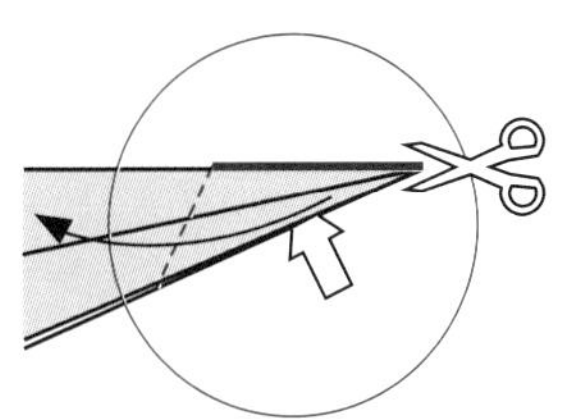

19 中間打開，依照粗線剪開後，在 18 壓出的摺線上進行谷摺。背面也同樣做谷摺。

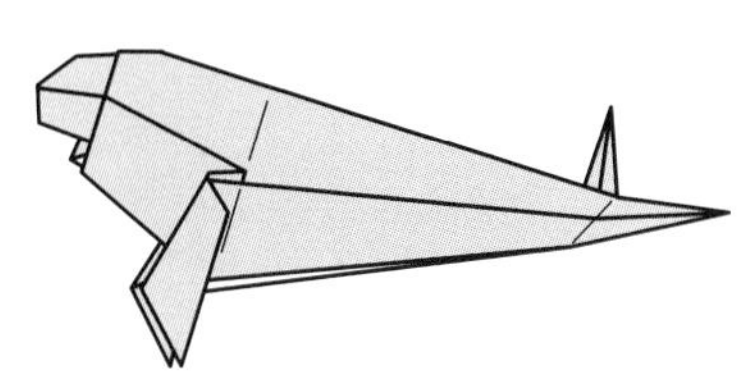

20 完成了。

# 海豚

紙張大小（和紙）
15㎝×15㎝…1張

photo to_ p.27
原案_ 湯浅信江

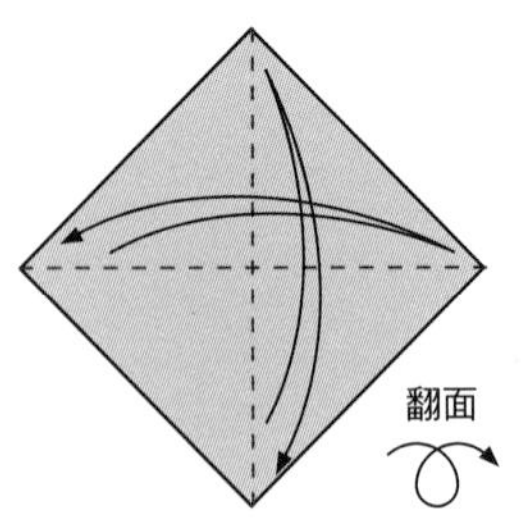

1 紙張正面朝上，壓出摺線。

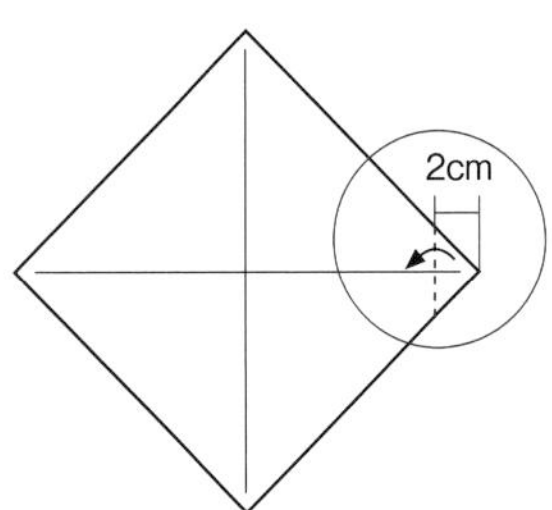

2 ○內的部分往內摺約 2㎝。

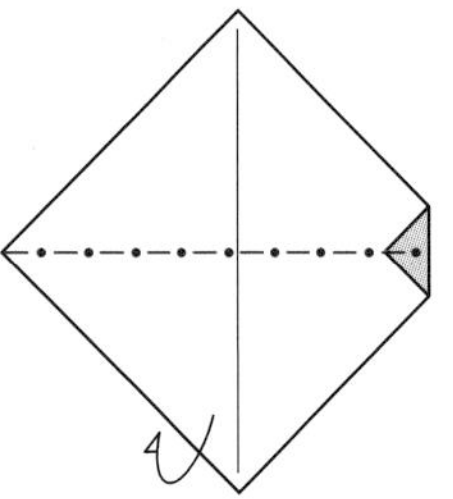

3 2 摺好的部分不動，直接對半做山摺。

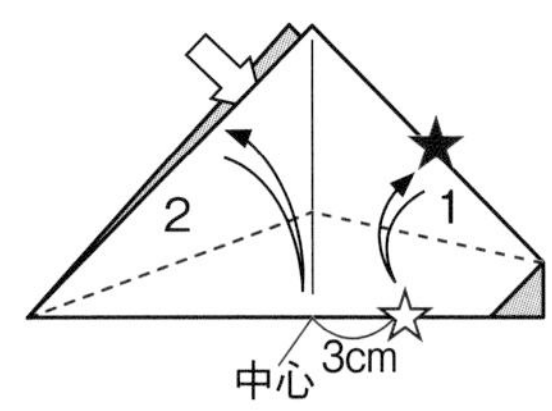

4 只將上面 1 張依照 1、2 的順序壓出摺線。讓★與☆對齊般地壓出 1 的摺線。

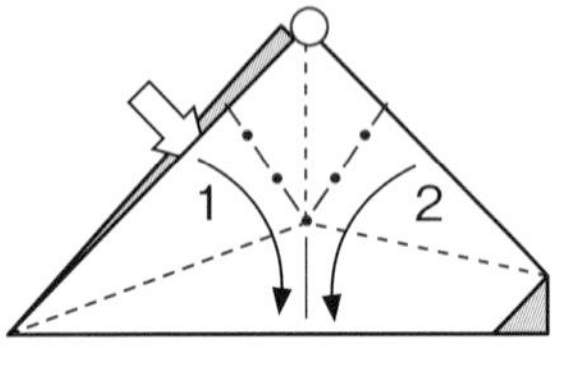

5 捏住○處，如摺線所示依照 1、2 的順序摺疊。

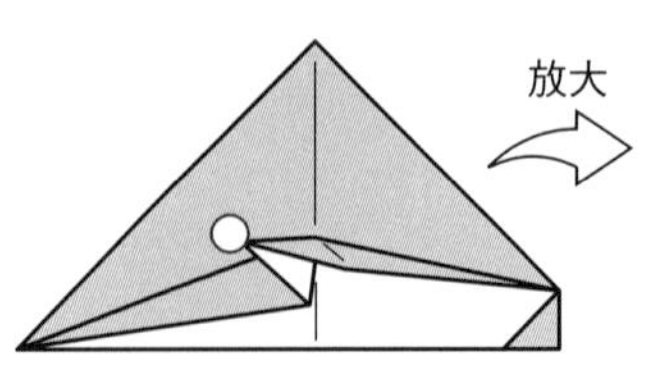

6 正在摺疊的模樣。

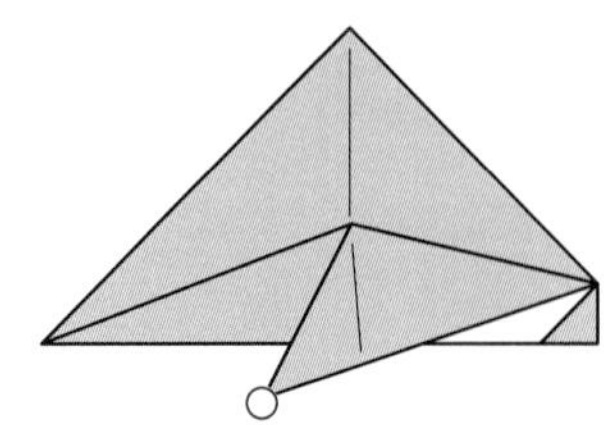

7 摺好的模樣。展開成 4 的形狀。

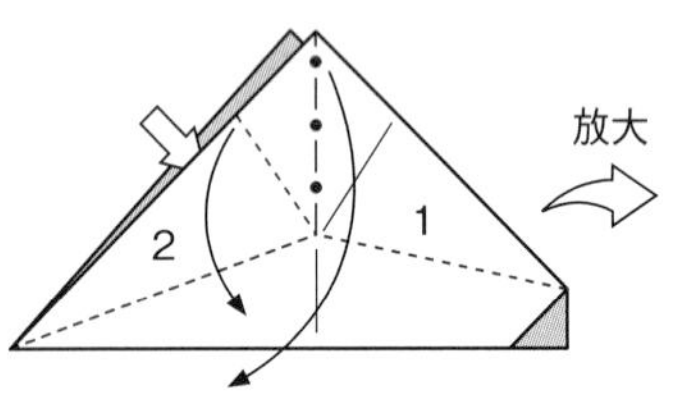

8 將摺線依照圖示重新整理，依照 1、2 的順序摺疊。背面的摺法也同 4 ～ 8。

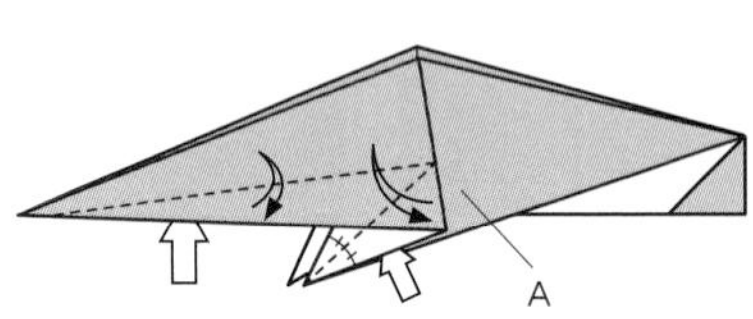

9 中間打開，各自只將上面 1 張壓出摺線。打開 A 部分。

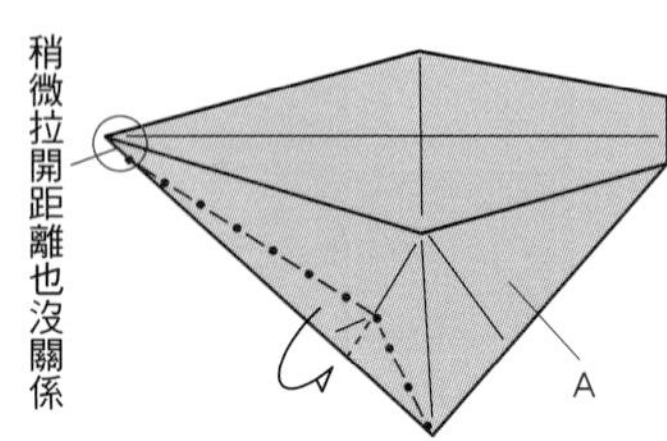

10 將摺線依照圖示重新整理，摺入內側，A 部分摺回到 9 的形狀。

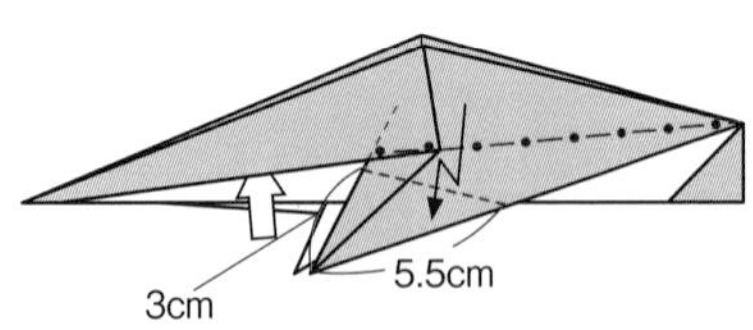

11 中間打開，在圖示位置做階梯摺。

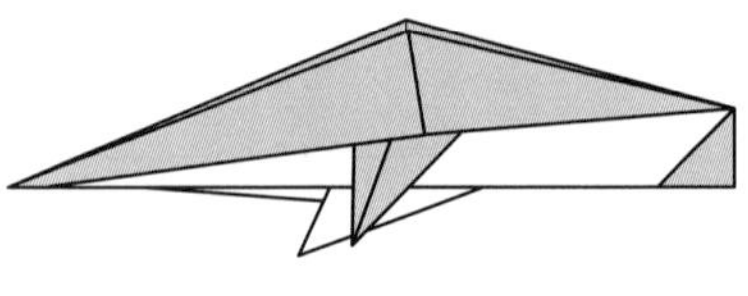

12 摺好的模樣。背面的摺法也同 9 ～ 11。

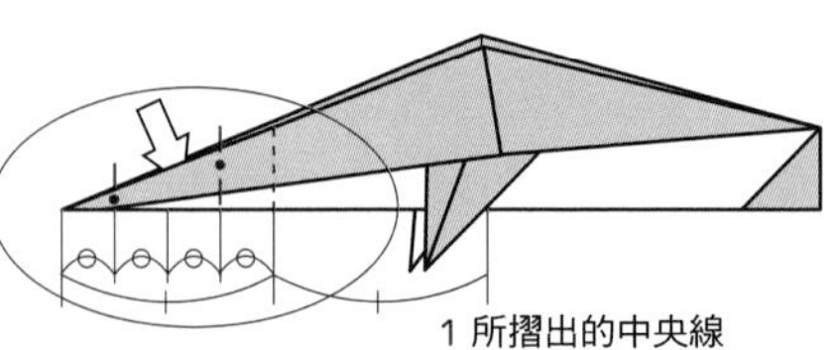

13 2 張一起在圖示位置壓出摺線，中間打開。

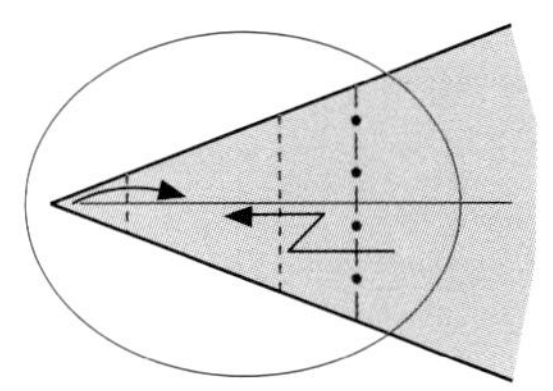

14 中間打開，從上面看過去的模樣。在圖示位置做出階梯摺後，進行谷摺。

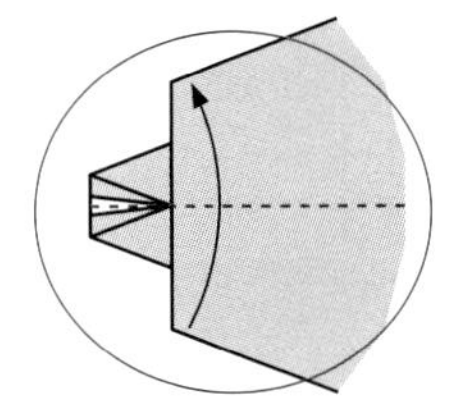

15 對摺，摺回原狀。

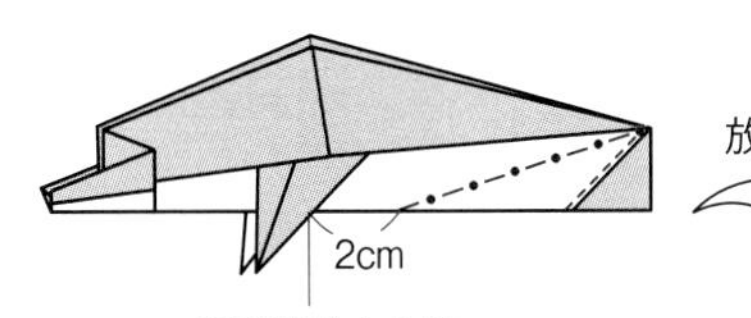

16 2 張一起在圖示位置壓出摺線，先做山摺再做谷摺。

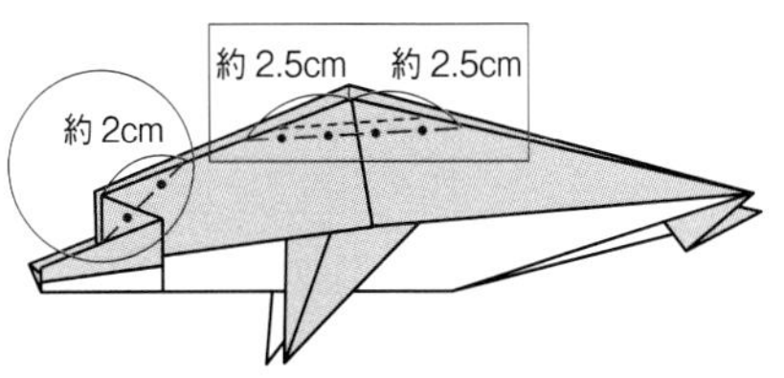

17 ○內的部分以山摺摺入內側，背面的摺法也相同。□內的部分做階梯摺，背面的摺法也相同。

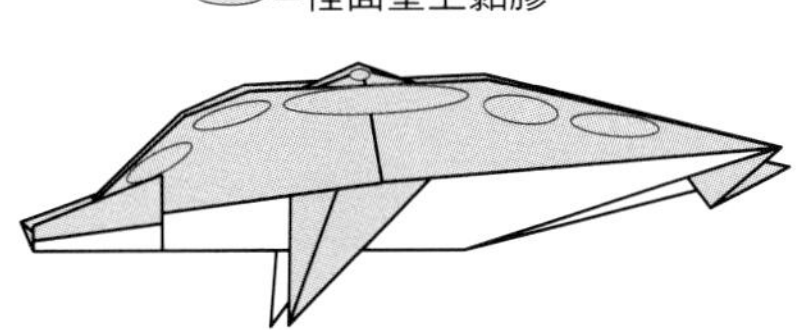

18 背部以黏膠固定，但嘴巴和尾鰭不要黏起來。

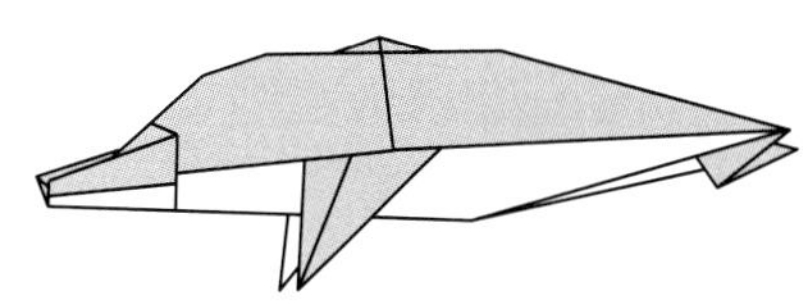

19 完成了。

# 泳圈

紙張大小（和紙）
5cm×5cm（2色）…6張

hoto to_ p.27
point lesson_ p.9
原案_ 渡部浩美

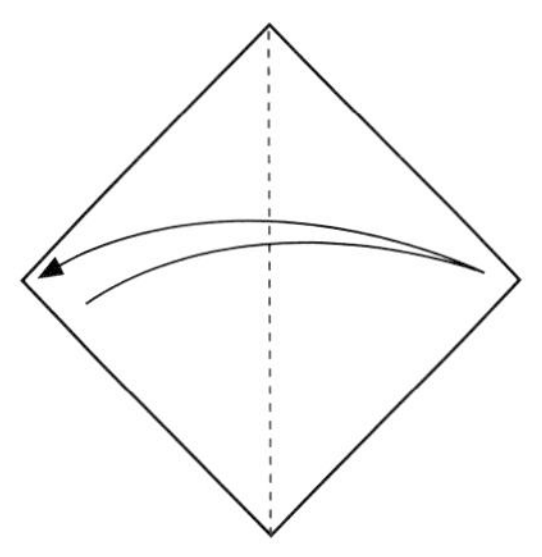

1 壓出摺線。

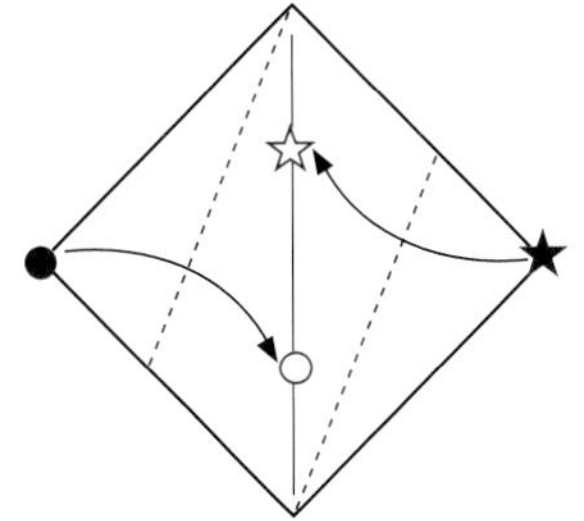

2 讓★對齊☆、●對齊○，各自進行谷摺。

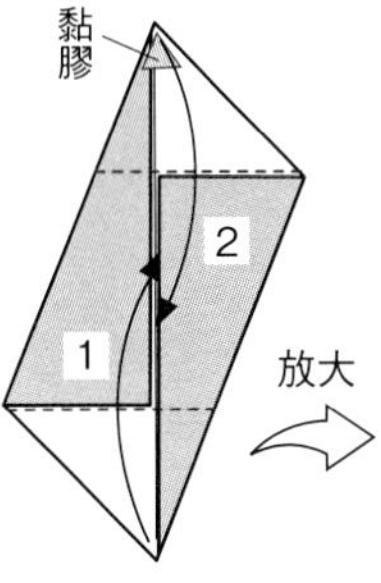

3 在圖示位置塗上黏膠，依照 1、2 的順序摺疊。

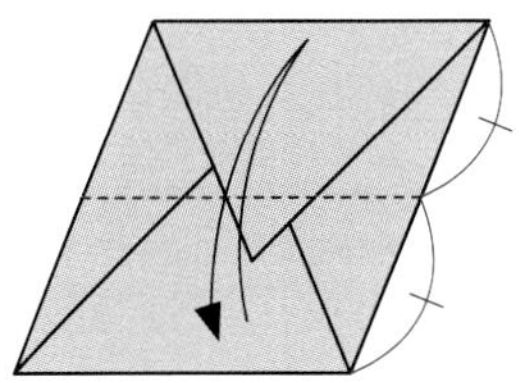

4 壓出摺線。

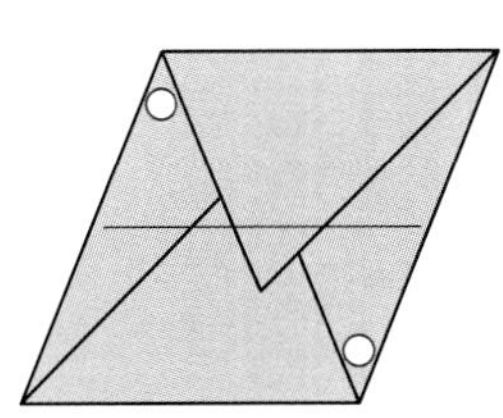

5 完成了。以相同方式做出 6 個零件。組合時，要在○處以黏膠固定。零件的組合法請參照 p.9。

# 貓頭鷹

紙張大小（和紙）
15cm×15cm…1張

photo to_ p.28
原案_ 湯浅信江

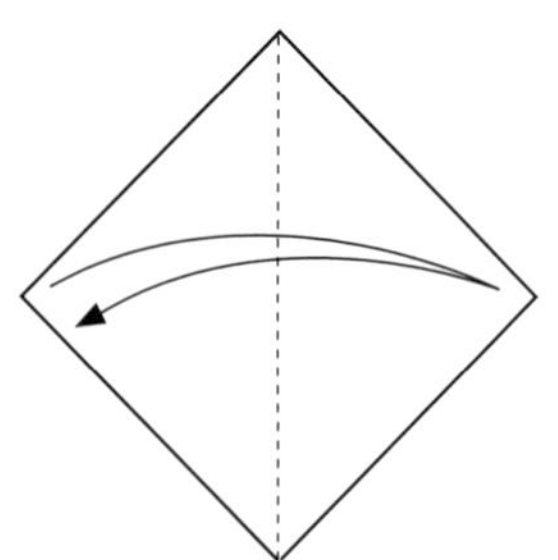

1 壓出摺線。

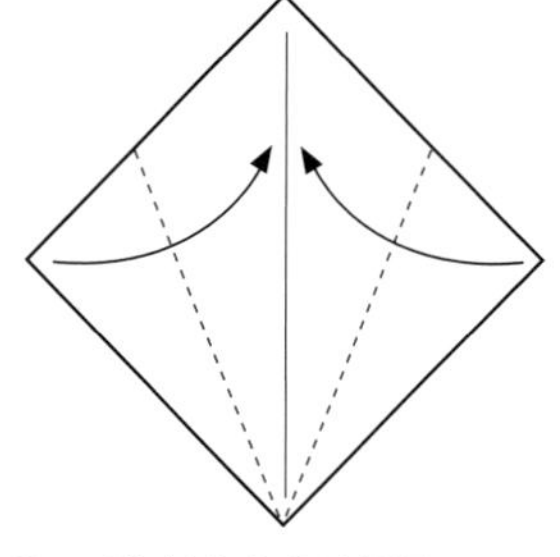

2 兩角對齊中央線摺疊。

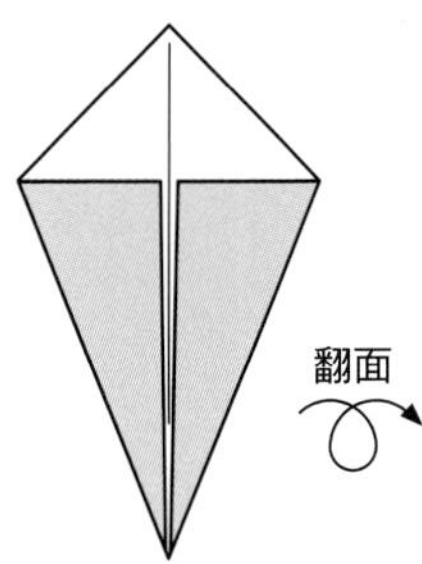

3 摺好的模樣。

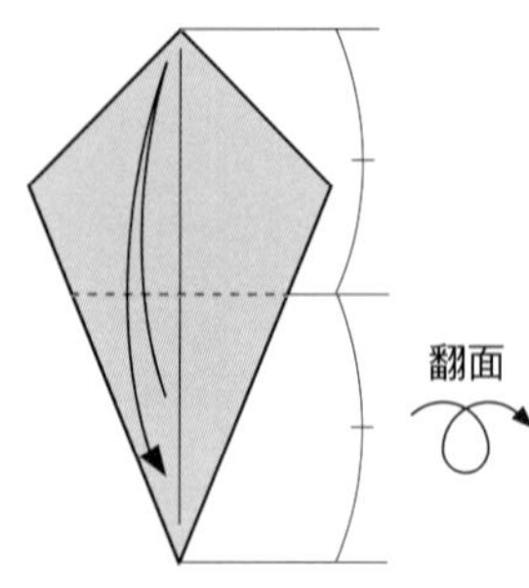

4 上下對摺，壓出摺線。

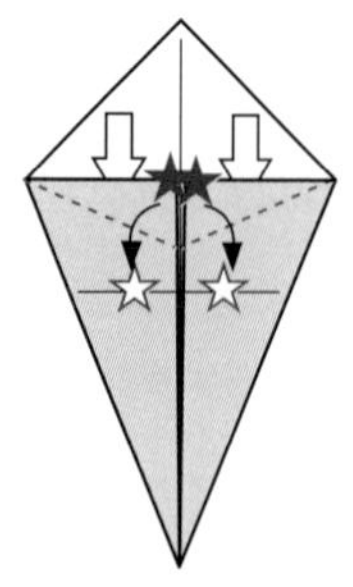

5 中間打開，兩側只將上面 1 張的★對齊☆，進行谷摺。

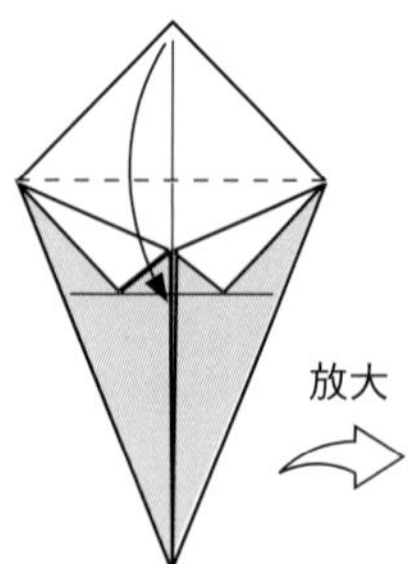

6 在圖示位置進行谷摺。

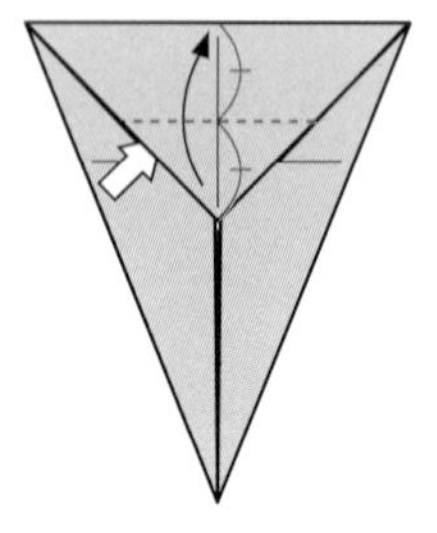

7 中間打開，只將上面 1 張往上對摺。

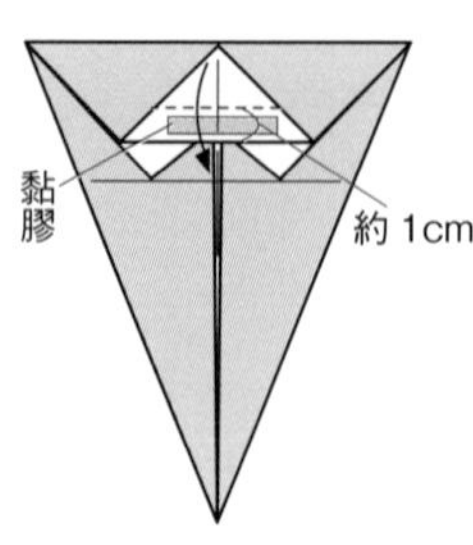

8 在圖示位置塗上黏膠後，進行谷摺。

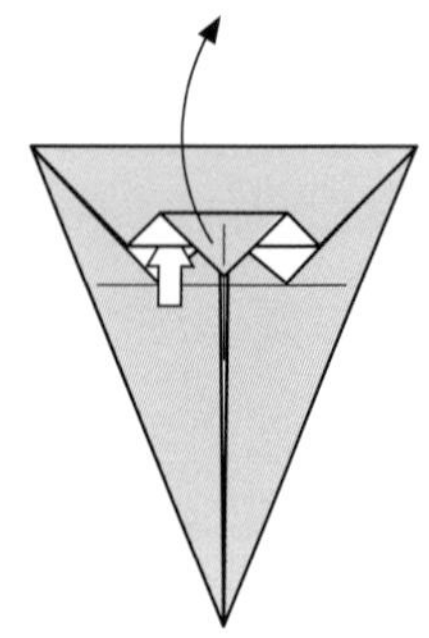

9 中間打開，直接往上翻開。

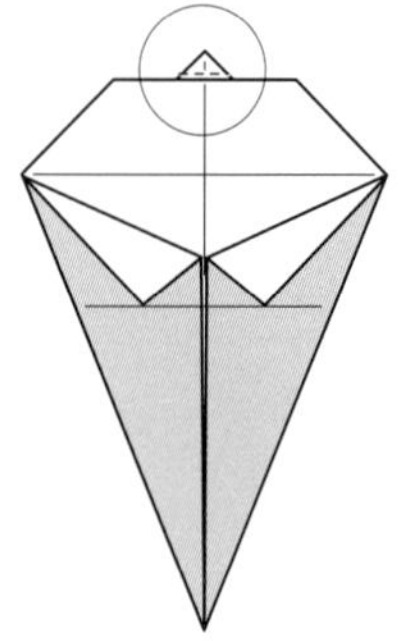

10 摺疊○內的部分。

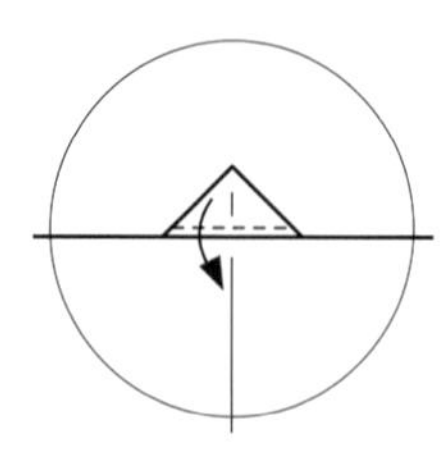

11 上面的三角形往下谷摺。

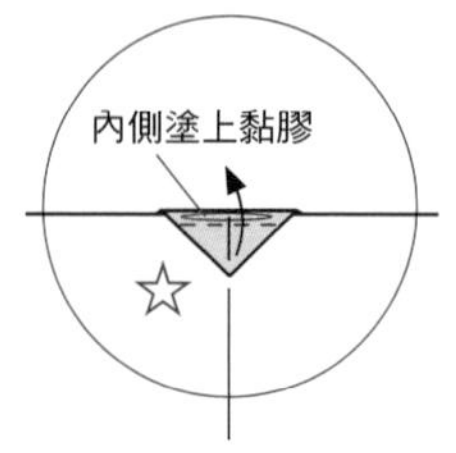

12 稍微拉開一點距離再往上摺。☆部分要在圖示位置以黏膠固定。

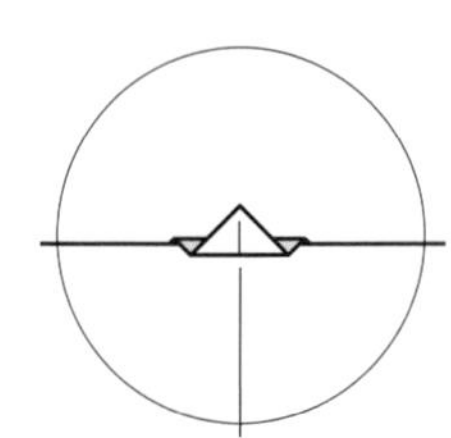

13 以黏膠固定好的模樣。

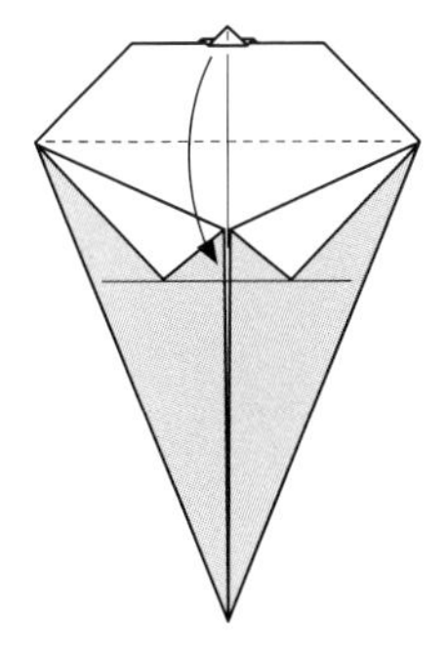

14 將 9 往上翻開的部分恢復原狀。

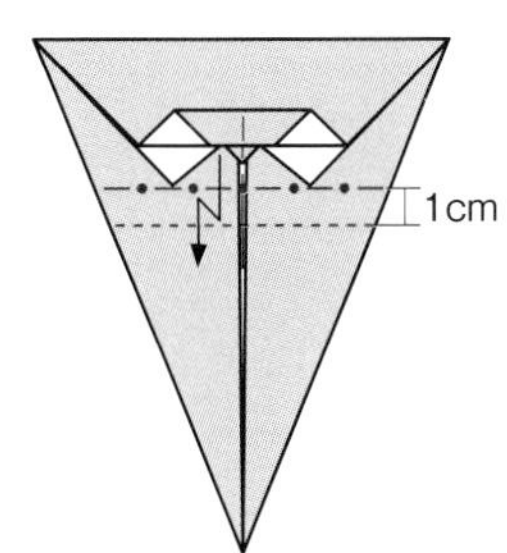

15 階梯摺。

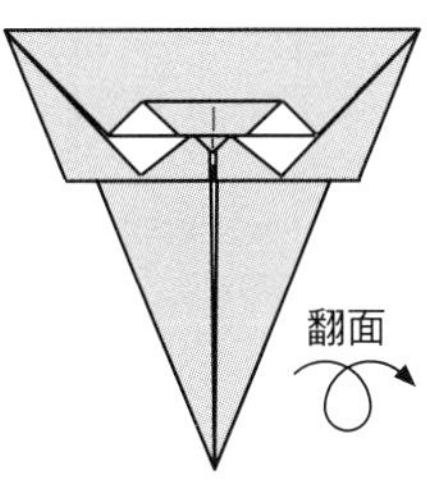

16 摺好的模樣。

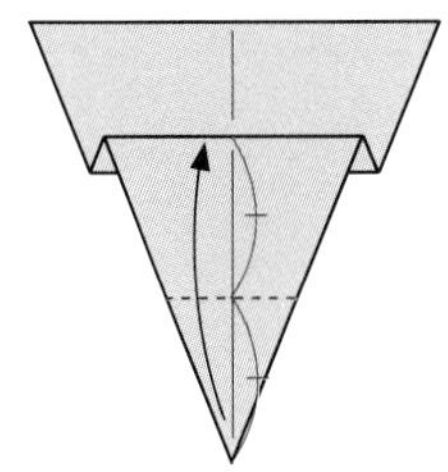

17 對摺。

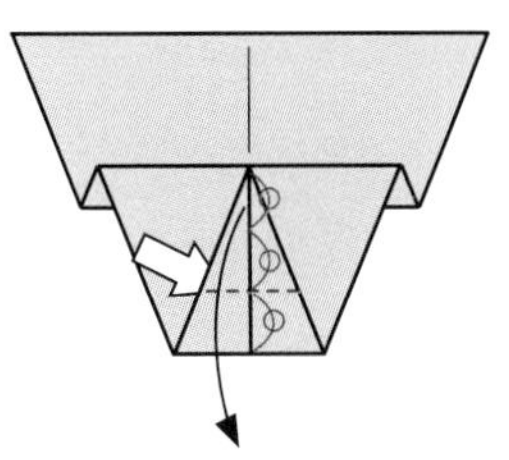

18 從中間打開，只將上面 1 張在圖示位置摺疊。

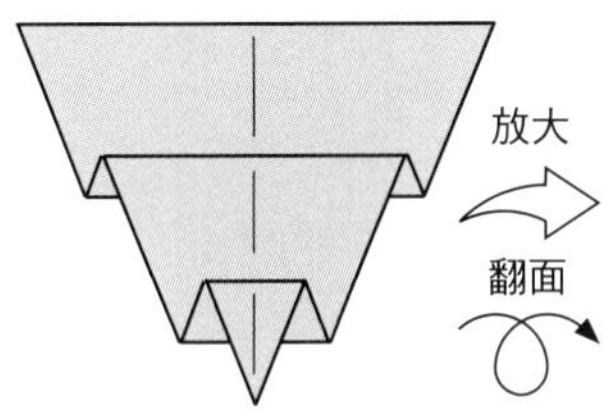

19 摺好的模樣。

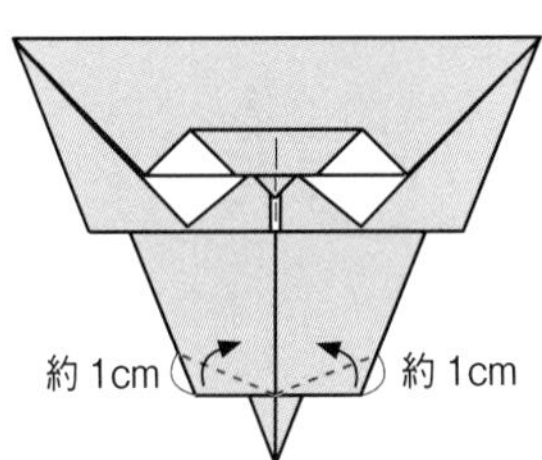

20 兩側都在圖示位置進行谷摺。

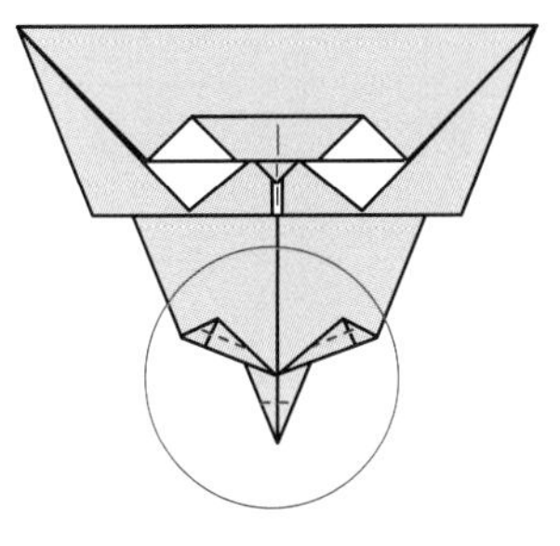

21 ○內的 3 處都進行谷摺。

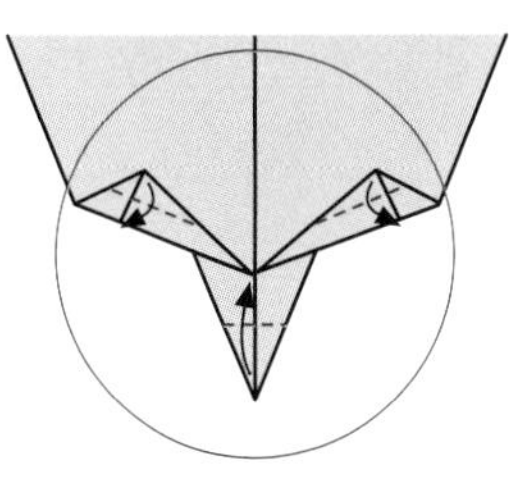

22 上面 2 處稍微摺成三角形，下面約在中間對摺。

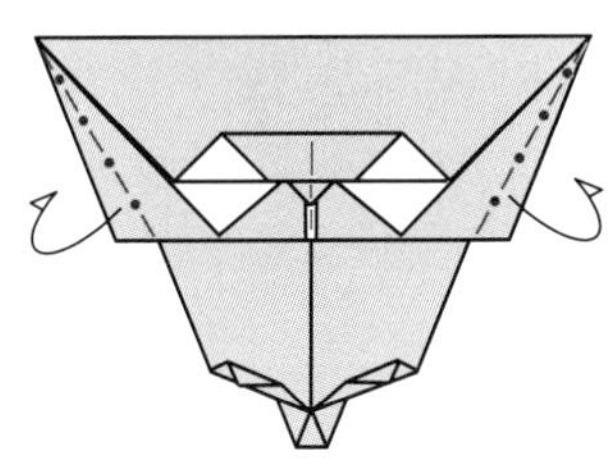

23 兩側做山摺。

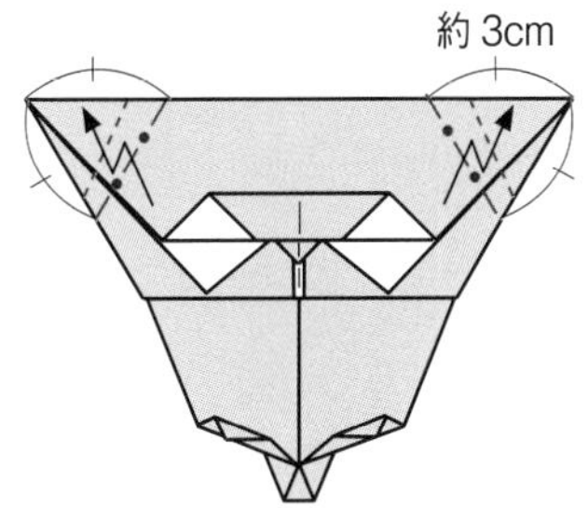

24 在圖示位置做階梯摺。

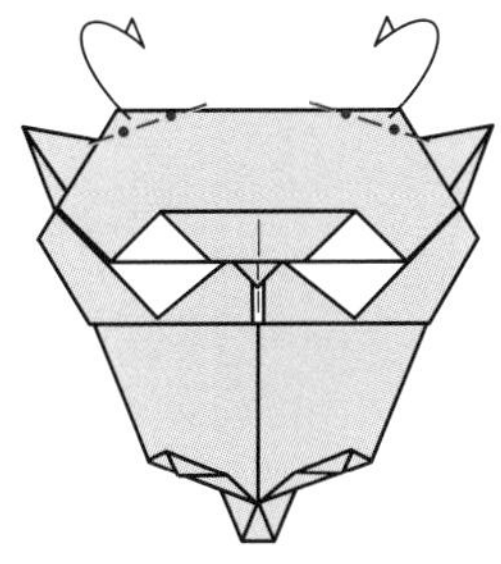

25 斜向山摺以消除尖角。

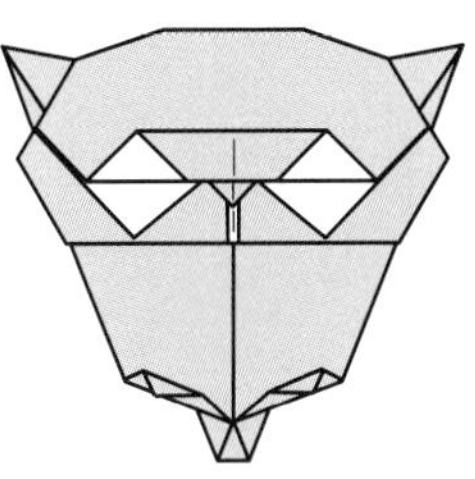

26 完成了。

# 天鵝

photo to_ p.29
改編_ 渡部浩美

紙張大小（和紙）
直徑23cm的圓形紙…1張
＊為了方便讀者理解，只在摺法圖的 1 保留蕾絲花邊，其餘省略。

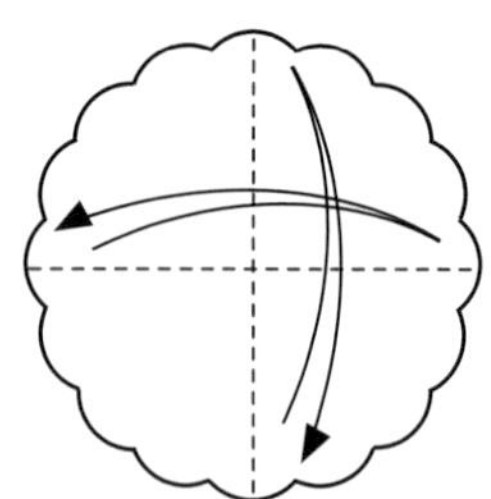

1 壓出摺線。

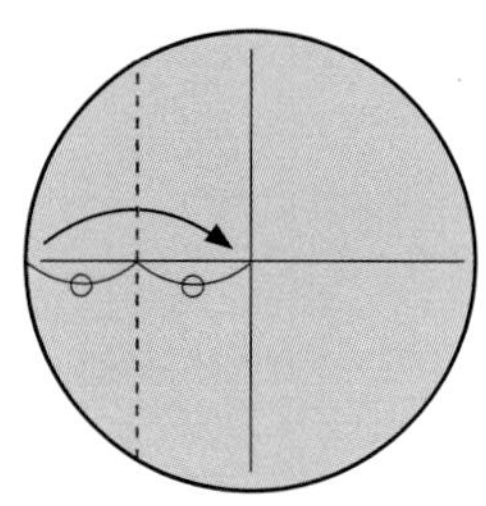

2 朝向中心點對摺。

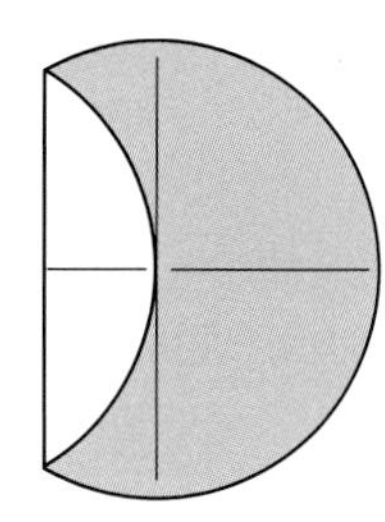

3 摺好的模樣。

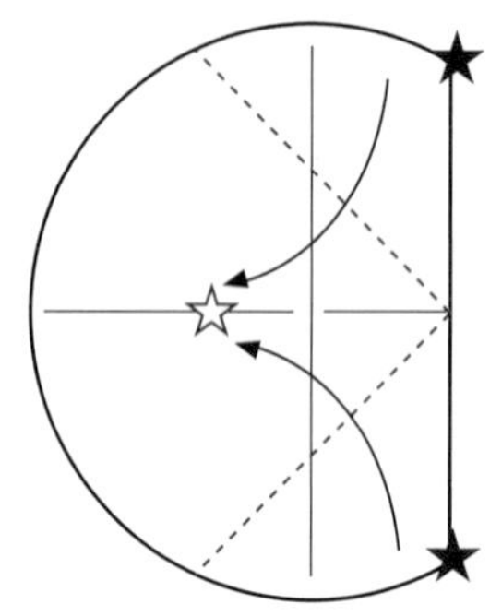

4 讓★對齊☆般地上下進行谷摺。

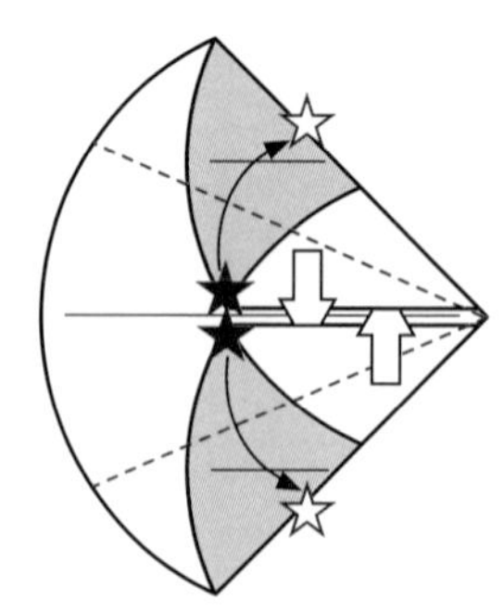

5 中間打開，讓★對齊☆般地上下進行谷摺。

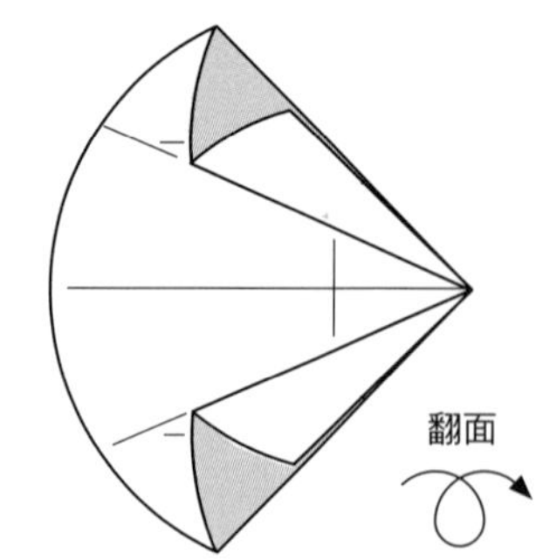

6 摺好的模樣。

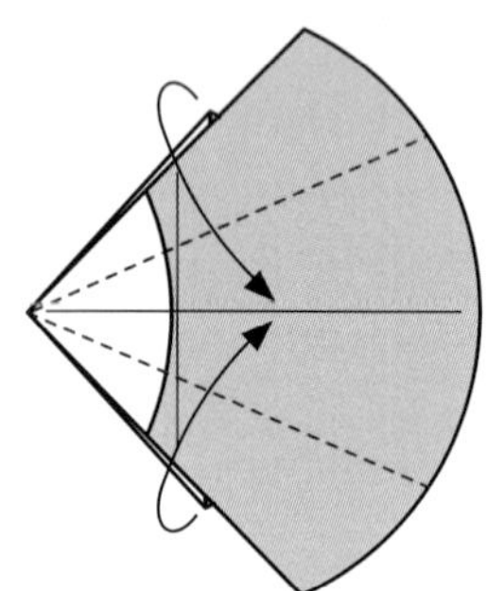

7 連同下面的紙張一起，對齊中央線摺疊。

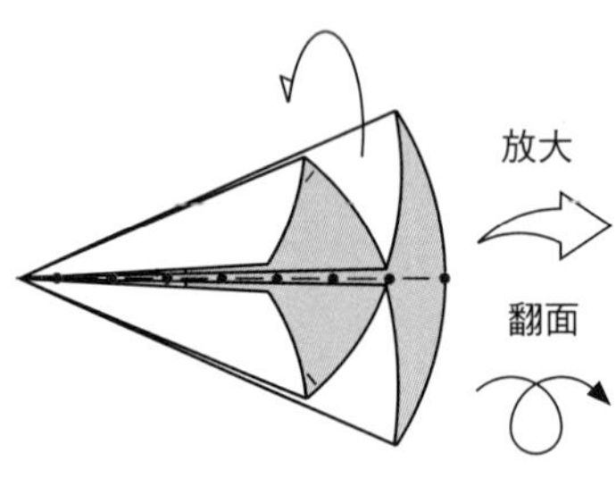

8 整體對半做山摺。

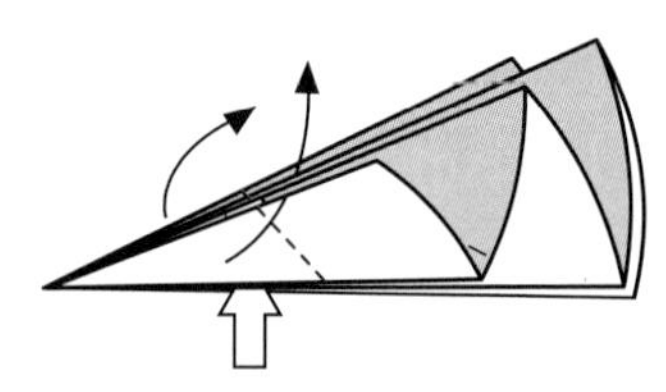

9 壓出摺線，一起向外翻摺。

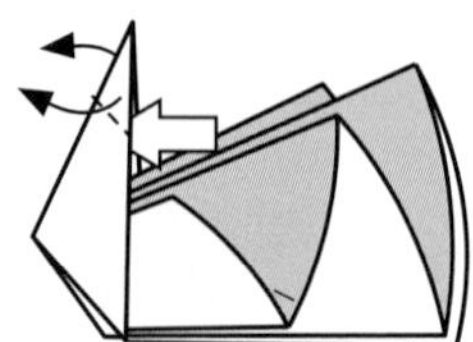

10 和 9 一樣向外翻摺。

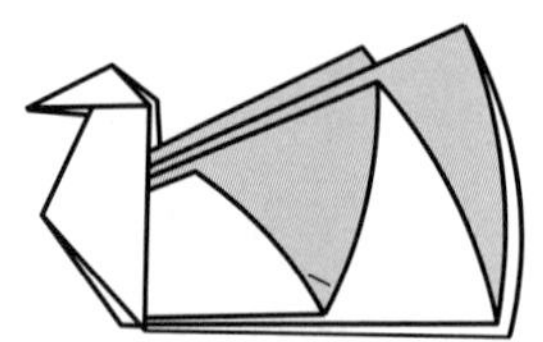

11 完成了。

# 樹木

紙張大小（和紙）
18cm×18cm…1張

photo to_ p.20

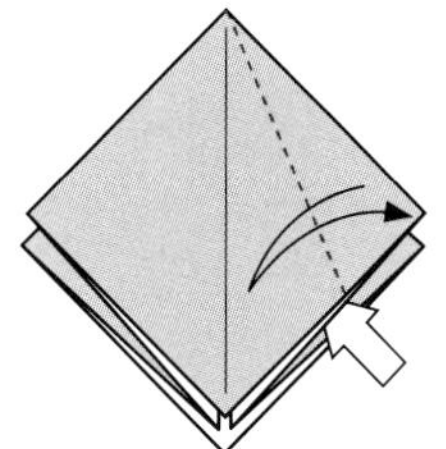

1 從四角摺開始，壓出摺線。

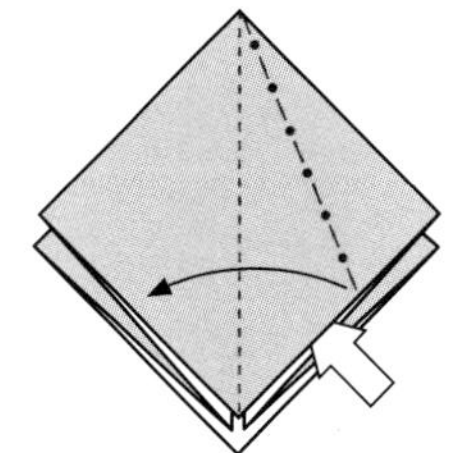

2 中間打開，依照摺線摺疊。

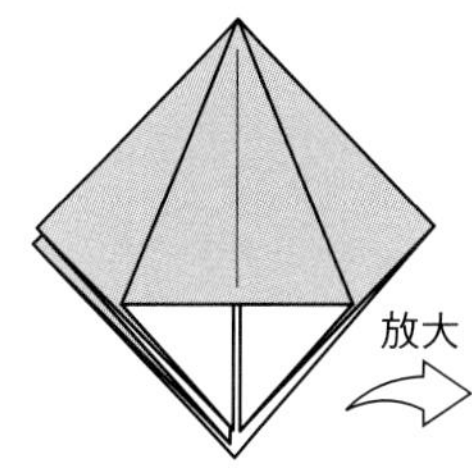

3 摺好的模樣。剩下 3 處的摺法也同 1、2。

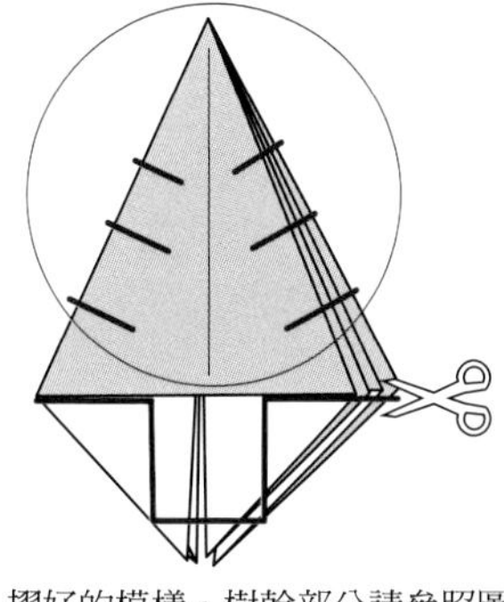

4 摺好的模樣。樹幹部分請參照圖示剪開。○內的部分剪開到距離中央線約一半的地方。

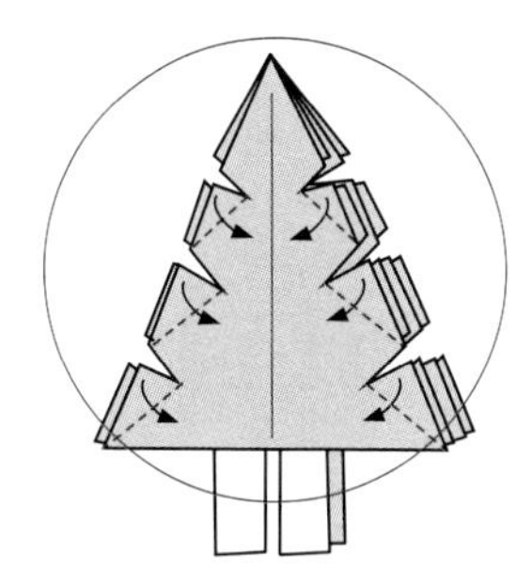

5 中間打開，將○內剪開的地方每一張都斜向進行谷摺。

6 展開並整理好形狀就完成了。

---

# 雪的結晶

紙張大小（和紙）
18cm×9cm…1張

photo to_ p.21
point lesson_ p.8
原案_ 渡部浩美

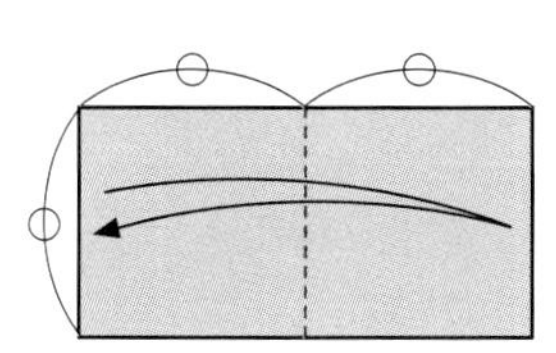

1 對摺，壓出摺線。

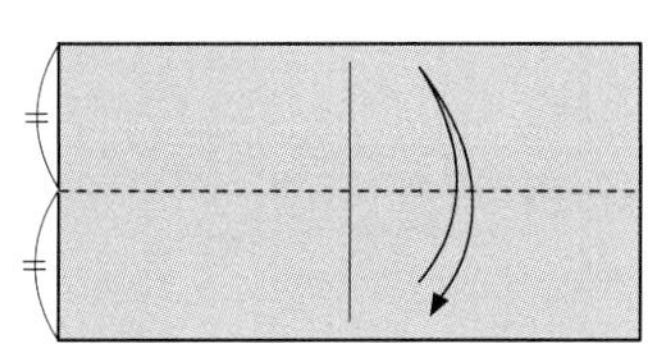

2 再對摺，壓出摺線。

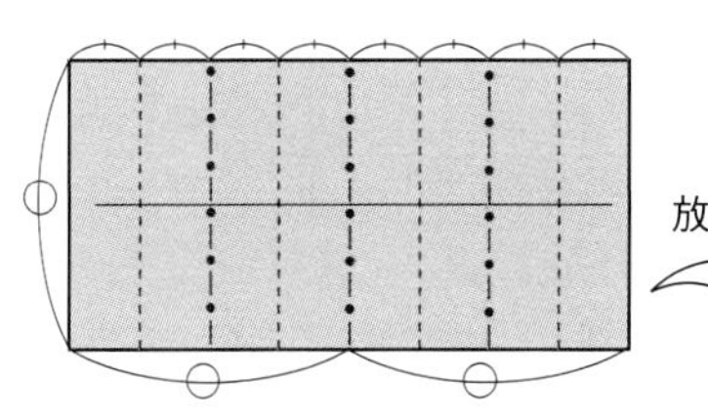

3 依照摺線摺疊。

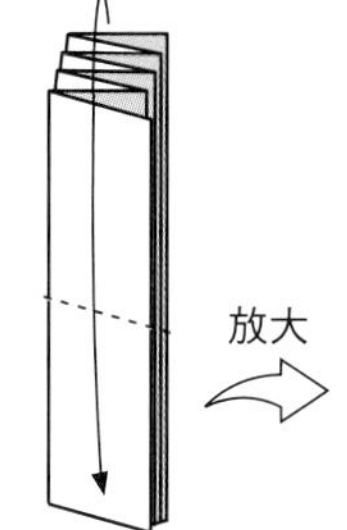

4 整體對摺。

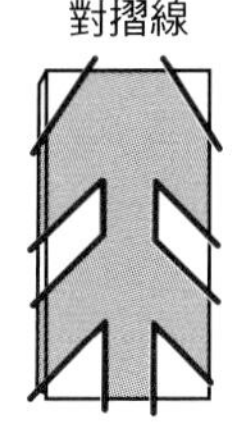

5 依照粗線剪開。稍微展開，做成 6 的形狀。

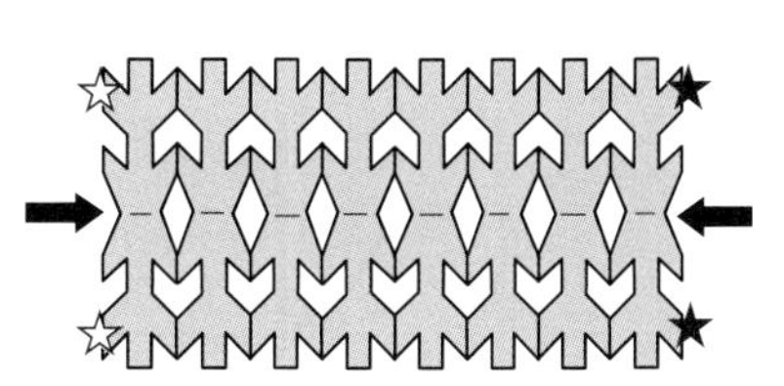

6 展開的模樣。將兩側的中心點往內擠壓，在★－★、☆－☆黏膠固定。

7 完成了。

# 橡樹果

photo to_ p.17
point lesson_ p.7
原案_ 湯浅信江

紙張大小（和紙）
果實　7.5cm×7.5cm…1張
殼斗　4cm×4cm…1張

## 果實

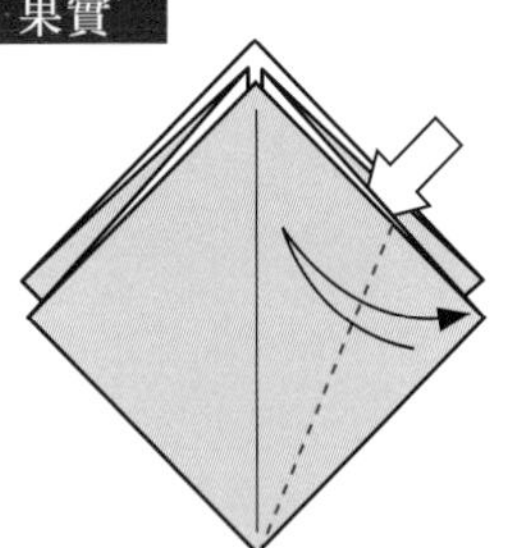
1 從四角摺開始，壓出摺線。

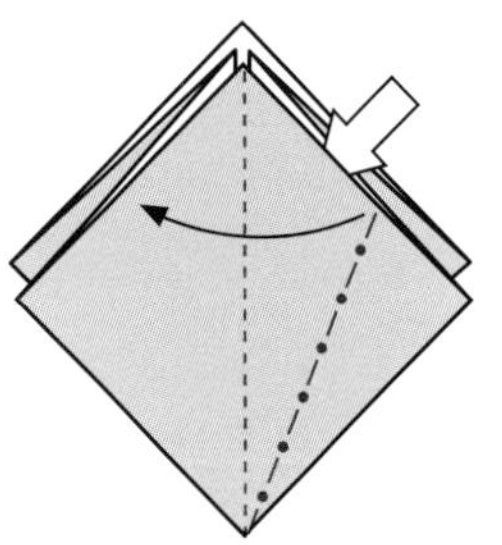
2 中間打開，依照摺線摺疊。

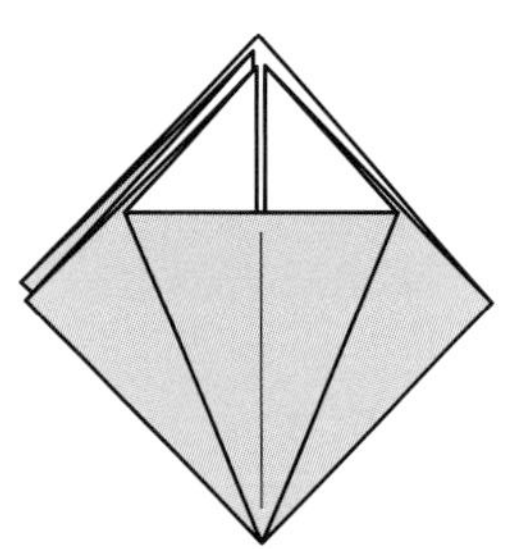
3 摺好的模樣。剩下 3 處的摺法也同 1、2。

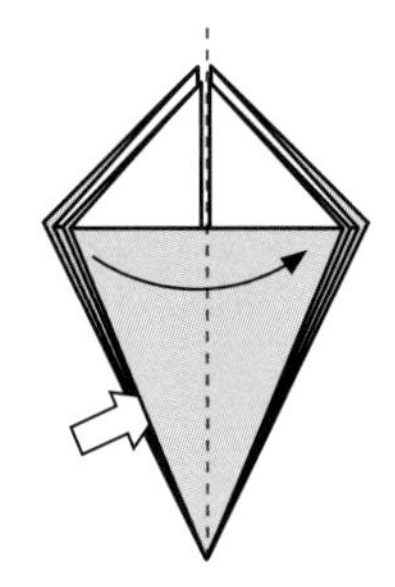
4 中間打開，只將上面 1 組翻到右邊。背面的摺法也相同。

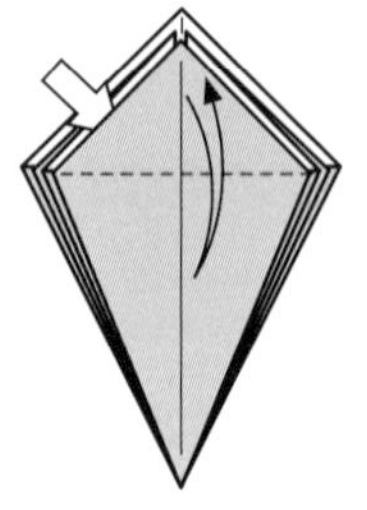
5 中間打開，只將上面 1 張壓出摺線。

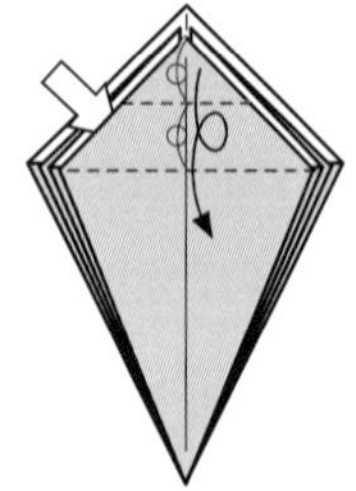
6 在圖示位置做捲摺。

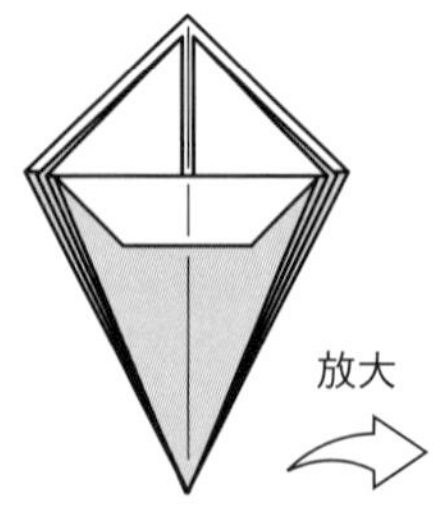

7 摺好的模樣。剩下 3 處的摺法也同 5、6。

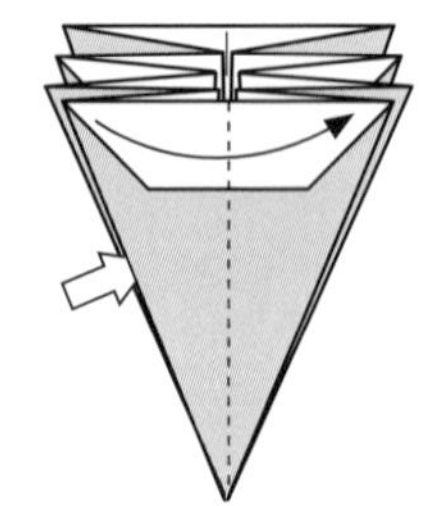
8 中間打開，只將上面 1 組翻到右邊。背面的摺法也相同。

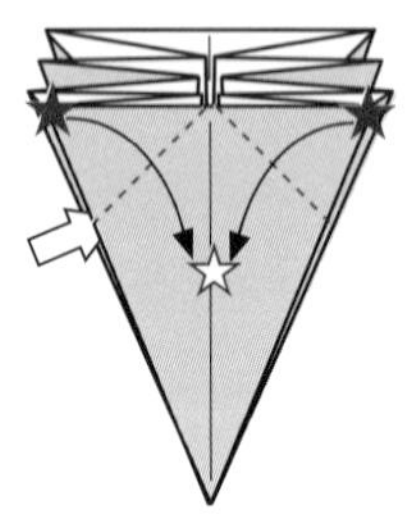
9 兩側都將★對齊☆般地進行谷摺。

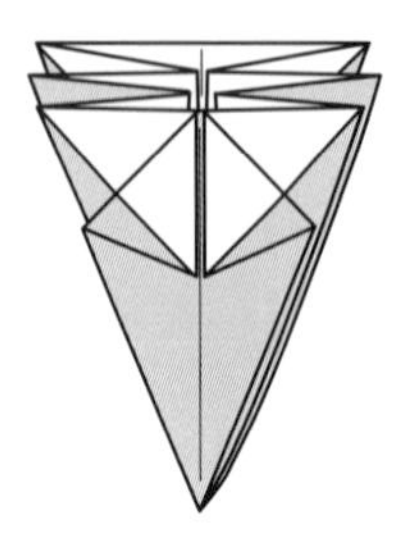
10 摺好的模樣。剩下 3 處的摺法也相同。

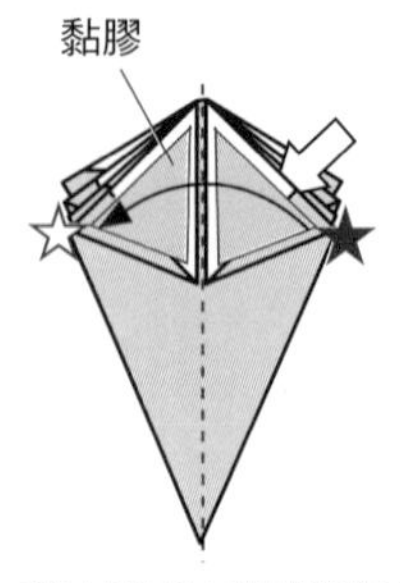

11 讓★對齊☆般地進行谷摺，以黏膠固定。剩下 3 處的摺法也相同。

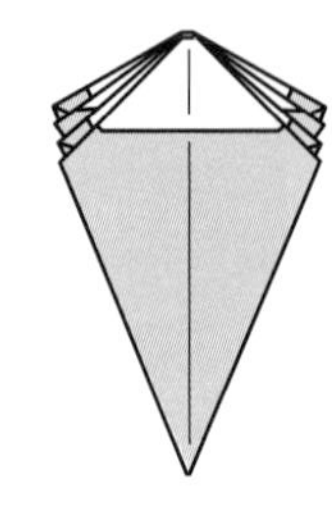
12 果實完成了。

## 殼斗

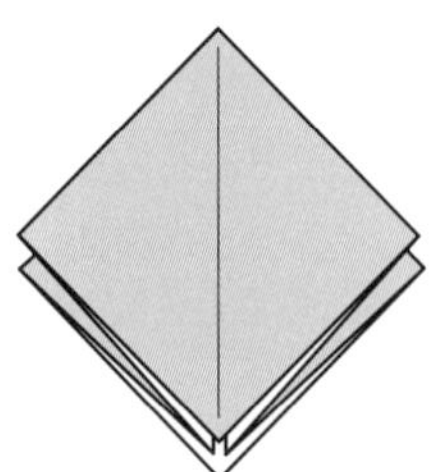
1 先摺出四角摺後，全部展開。

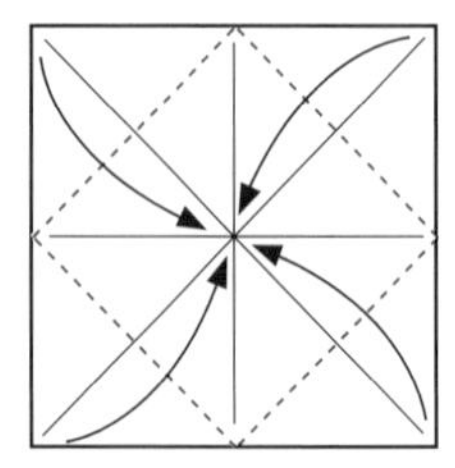
2 4 個角朝向中心點做谷摺。

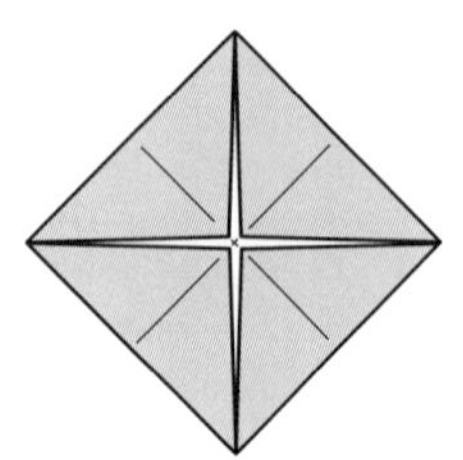
3 摺好的模樣。展開。

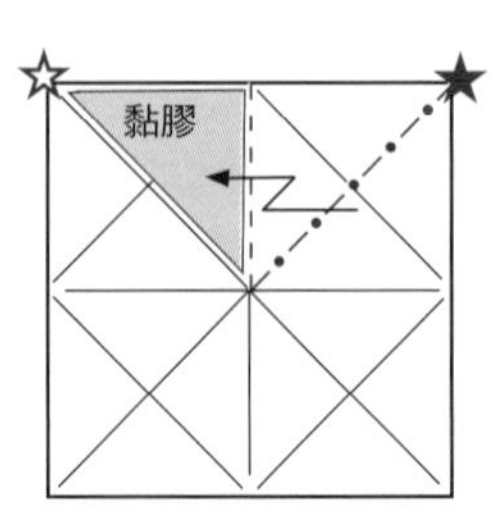

4 讓★對齊☆般地做階梯摺，以黏膠固定。

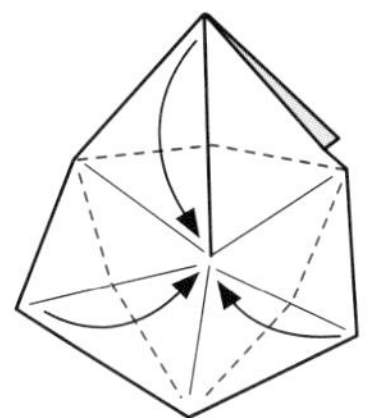

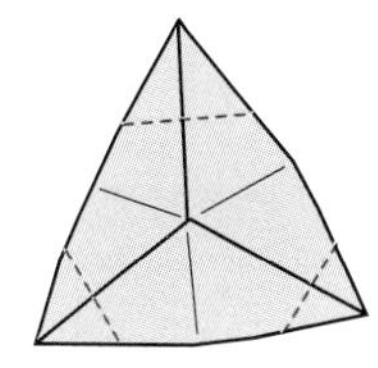

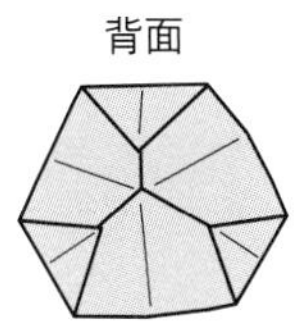

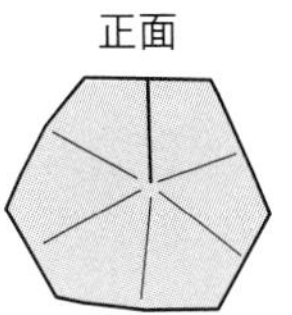

5 依照 2 壓出的摺線進行谷摺。

6 尖角稍微往內摺。

7 殼斗摺好的模樣。
和果實的組合法請參照 p.7。

# 骨頭

紙張大小（和紙）
5cm×3cm…3張

photo to_ p.12、13
原案_ 湯浅信江

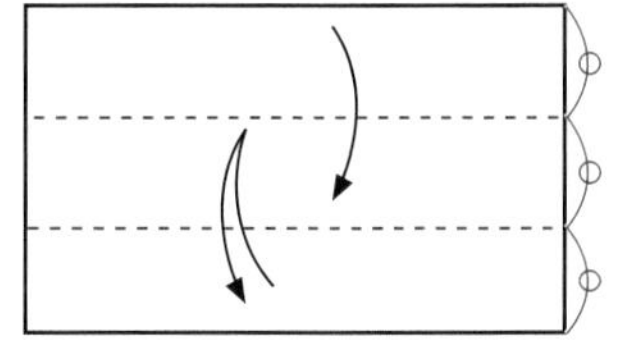

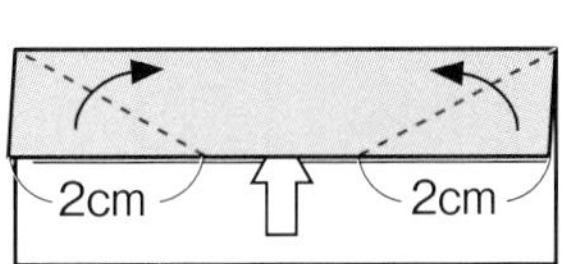

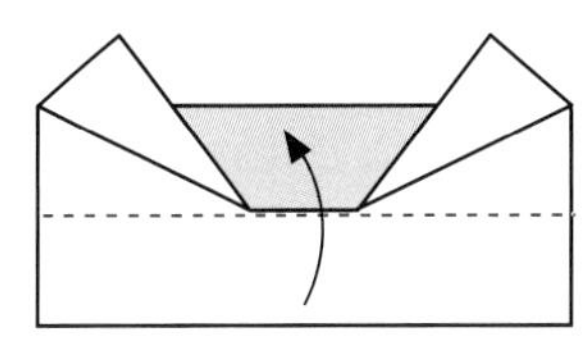

1 下面往上摺壓出摺線，上面往下做谷摺。

2 在圖示位置斜摺。

3 下面做谷摺，摺法同 2。

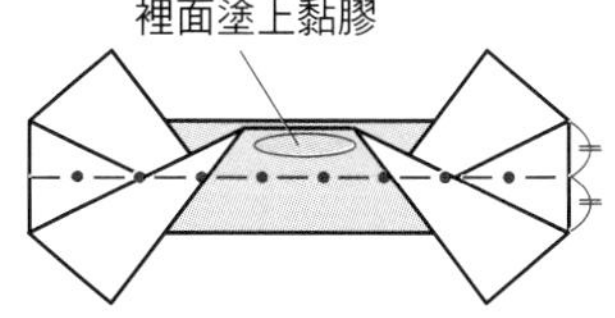

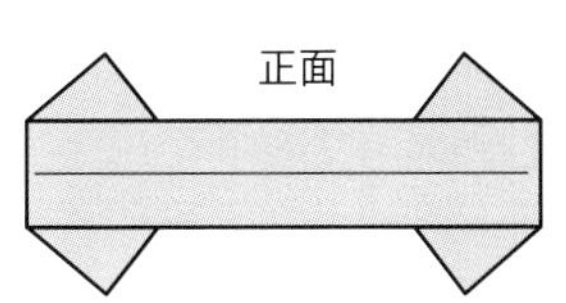

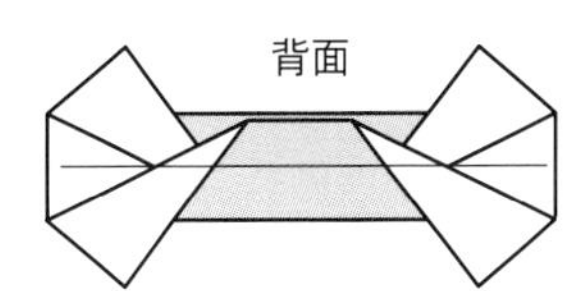

4 裡面以黏膠固定後對半做山摺，壓出摺線。

5 完成了。製作 3 件同樣的紙片。

**組合法**

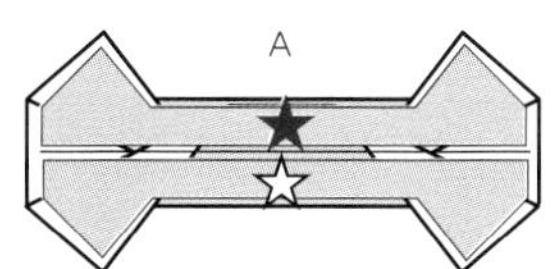

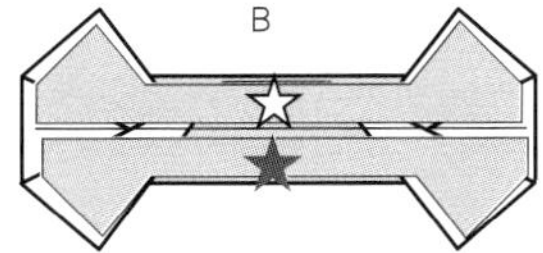

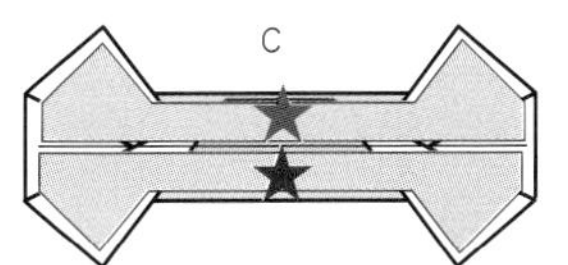

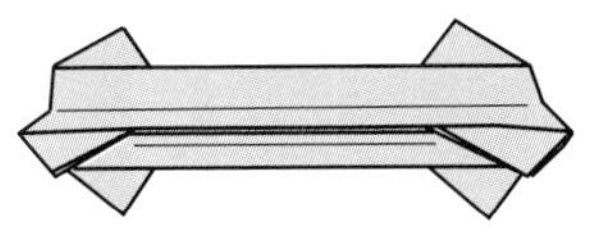

1 從背面依照骨頭 4 所壓出的摺線對摺，塗上黏膠後，將 A、B、C 各自的☆號（★ - ★、★ - ★、☆ - ☆）相互對齊黏合。

2 完成了。

製作方法 index

紙張的裁切法…p.5

・使用直尺裁切時

・使用紙型裁切時

上半身與下半身的組合法…p.5, 6

作者：小林一夫

1941年出生於東京・湯島。東京「御茶之水　摺紙會館」館長。內閣府認證NPO法人國際摺紙協會理事長。為安政5年（1858年）創業之和紙老店「湯島的小林」第4代社長。
致力於摺紙文化的普及與傳承，經常舉辦摺紙展示、開設摺紙教室、演講等。其活動範圍不僅限於日本，更遍及世界各國，在日本文化的介紹、國際交流上也不遺餘力。
近期著作有：《折り紙は泣いている》（愛育社）、《千代紙-CHIYOGAMI-》（角川ソフィア文庫）、《福を呼ぶおりがみ》、《花と蝶のおりがみ》（朝日新聞出版）等多數。

日文原著工作人員

書籍設計／林 瑞穂
攝影／原田 拳(作品) 本間伸彥(用具&材料・步驟)
造型／絵內友美
作品製作／湯浅信江 渡部浩美
摺紙圖製作／湯浅信江
編輯協力／田中たか子
步驟協力／湯浅信江 渡部浩美
企劃・編輯／E&G CREATES(薮 明子 木村明香里)

攝影協力
AWABEES TEL 03-5786-1600
〒151-0051
東京都渋谷区千駄ヶ谷3-50-11 明星ビルディング5F

UTUWA TEL 03-6447-0070
〒151-0051
東京都渋谷区千駄ヶ谷3-50-11 明星ビルディング1F

國家圖書館出版品預行編目資料

可愛動物隨手摺 = Cute animal origami/小林一夫作；
賴純如譯. -- 二版. --
新北市：漢欣文化事業有限公司, 2022.12
80面；26x19公分. --（愛摺紙；22）
譯自：折り紙で作るかわいい動物

ISBN 978-957-686-851-1(平裝)

1.CST: 摺紙

972.1　　　111018538

定價280元

愛摺紙 22

**可愛動物隨手摺（暢銷版）**

作　　者 / 小林一夫
譯　　者 / 賴純如
出 版 者 / 漢欣文化事業有限公司
地　　址 / 新北市板橋區板新路206號3樓
電　　話 / 02-8953-9611
傳　　真 / 02-8952-4084
郵撥帳號 / 05837599 漢欣文化事業有限公司
電子郵件 / hsbookse@gmail.com
二版一刷 / 2022年12月

本書如有缺頁、破損或裝訂錯誤，請寄回更換